2015—2016年
中国工业和信息化发展
系列蓝皮书

2015-2016年中国电子信息产业发展蓝皮书

The Blue Book on the Development of Information Technology Industry in China（2015-2016）

中国电子信息产业发展研究院　编著

主　编/卢　山

副主编/安　晖

人民出版社

责任编辑：石水忠

封面设计：信诺时代

责任校对：吕飞

图书在版编目（CIP）数据

2015-2016 年中国电子信息产业发展蓝皮书 / 卢　山　主编；

中国电子信息产业发展研究院　编著 . — 北京：人民出版社 , 2016.8

ISBN 978-7-01-016516-5

Ⅰ . ① 2… Ⅱ . ①卢… ②中… Ⅲ . ①电子信息产业—产业发展—

研究报告—中国— 2015-2016 Ⅳ . ① F49

中国版本图书馆 CIP 数据核字（2016）第 174770 号

2015-2016年中国电子信息产业发展蓝皮书
2015-2016NIAN ZHONGGUO DIANZI XINXI CHANYE FAZHAN LANPISHU

中国电子信息产业发展研究院　编著

卢　山　主编

人民出版社 出版发行

（100706　北京市东城区隆福寺街 99 号）

北京市通州京华印刷制版厂印刷　新华书店经销

2016 年 8 月第 1 版　2016 年 8 月北京第 1 次印刷

开本：710 毫米 × 1000 毫米　1/16　印张：20.25

字数：330 千字

ISBN 978-7-01-016516-5　定价：99.00 元

邮购地址　100706　北京市东城区隆福寺街 99 号

人民东方图书销售中心　电话（010）65250042　65289539

代　序

　　在党中央、国务院的正确领导下，面对严峻复杂的国内外经济形势，我国制造业保持持续健康发展，实现了"十二五"的胜利收官。制造业的持续稳定发展，有力地支撑了我国综合实力和国际竞争力的显著提升，有力地支撑了人民生活水平的大幅改善提高。同时，也要看到，我国虽是制造业大国，但还不是制造强国，加快建设制造强国已成为今后一个时期我国制造业发展的核心任务。

　　"十三五"时期是我国制造业提质增效、由大变强的关键期。从国际看，新一轮科技革命和产业变革正在孕育兴起，制造业与互联网融合发展日益催生新业态新模式新产业，推动全球制造业发展进入一个深度调整、转型升级的新时期。从国内看，随着经济发展进入新常态，经济增速换挡、结构调整阵痛、动能转换困难相互交织，我国制造业发展也站到了爬坡过坎、由大变强新的历史起点上。必须紧紧抓住当前难得的战略机遇，深入贯彻落实新发展理念，加快推进制造业领域供给侧结构性改革，着力构建新型制造业体系，推动中国制造向中国创造转变、中国速度向中国质量转变、中国产品向中国品牌转变。

　　"十三五"规划纲要明确提出，要深入实施《中国制造2025》，促进制造业朝高端、智能、绿色、服务方向发展。这是指导今后五年我国制造业提质增效升级的行动纲领。我们要认真学习领会，切实抓好贯彻实施工作。

　　一是坚持创新驱动，把创新摆在制造业发展全局的核心位置。当前，我国制造业已由较长时期的两位数增长进入个位数增长阶段。在这个阶段，要突破自身发展瓶颈、解决深层次矛盾和问题，关键是要依靠科技创新转换发展动力。要加强关键核心技术研发，通过完善科技成果产业化的运行机制和激励机制，加快科技成果转化步伐。围绕制造业重大共性需求，加快建立以创新中心为核心载体、以公共服务平台和工程数据中心为重要支撑的制造业创新网络。深入推进制造业与互联网融合发展，打造制造企业互联网"双创"平台，推动互联网企业构建制造业"双创"服务体系，推动制造业焕发新活力。

二是坚持质量为先，把质量作为建设制造强国的关键内核。近年来，我国制造业质量水平的提高明显滞后于制造业规模的增长，既不能适应日益激烈的国际竞争的需要，也难以满足人民群众对高质量产品和服务的热切期盼。必须着力夯实质量发展基础，不断提升我国企业品牌价值和"中国制造"整体形象。以食品、药品等为重点，开展质量提升行动，加快国内质量安全标准与国际标准并轨，建立质量安全可追溯体系，倒逼企业提升产品质量。鼓励企业实施品牌战略，形成具有自主知识产权的名牌产品。着力培育一批具有国际影响力的品牌及一大批国内著名品牌。

三是坚持绿色发展，把可持续发展作为建设制造强国的重要着力点。绿色发展是破解资源、能源、环境瓶颈制约的关键所在，是实现制造业可持续发展的必由之路。建设制造强国，必须要全面推行绿色制造，走资源节约型和环境友好型发展道路。要强化企业的可持续发展理念和生态文明建设主体责任，引导企业加快绿色改造升级，积极推行低碳化、循环化和集约化生产，提高资源利用效率。通过政策、标准、法规倒逼企业加快淘汰落后产能，大幅降低能耗、物耗和水耗水平。构建绿色制造体系，开发绿色产品，建设绿色工厂，发展绿色园区，打造绿色供应链，壮大绿色企业，强化绿色监管，努力构建高效清洁、低碳循环的绿色制造体系。

四是坚持结构优化，把结构调整作为建设制造强国的突出重点。我国制造业大而不强的主要症结之一，就是结构性矛盾较为突出。要把调整优化产业结构作为推动制造业转型升级的主攻方向。聚焦制造业转型升级的关键环节，推广应用新技术、新工艺、新装备、新材料，提高传统产业发展的质量效益；加快发展3D打印、云计算、物联网、大数据等新兴产业，积极发展众包、众创、众筹等新业态新模式。支持有条件的企业"走出去"，通过多种途径培育一批具有跨国经营水平和品牌经营能力的大企业集团；完善中小微企业发展环境，促进大中小企业协调发展。综合考虑资源能源、环境容量、市场空间等因素，引导产业集聚发展，促进产业合理有序转移，调整优化产业空间布局。

五是坚持人才为本，把人才队伍作为建设制造强国的根本。新世纪以来，党和国家深入实施人才强国战略，制造业人才队伍建设取得了显著成绩。但也要看到，制造业人才结构性过剩与结构性短缺并存，高技能人才和领军人才紧缺，基础制造、高端制造技术领域人才不足等问题还很突出。必须把制造业人才发展摆在更加突出的战略位置，加大各类人才培养力度，建设制造业人才大军。以提高现代经营管理水平和企业竞争力为核心，造就一支职业素养好、市场意识强、熟悉国内外经济运行规则的经营管理人才队伍。组织实施先进制造卓越工程师培养计划和专业技术人才培养计划等，造就一支掌握先进制造技术的高素质的专业技术人才队伍。大力培育精益求精的工匠精神，造就一支技术精湛、爱岗敬业的高技能人才队伍。

"长风破浪会有时，直挂云帆济沧海"。2016 年是贯彻落实"十三五"规划的关键一年，也是实施《中国制造 2025》开局破题的关键一年。在错综复杂的经济形势面前，我们要坚定信念，砥砺前行，也要从国情出发，坚持分步实施、重点突破、务求实效，努力使中国制造攀上新的高峰！

工业和信息化部部长

2016 年 6 月

前　言

2015 年，我国电子信息产业深入贯彻落实党中央、国务院的决策部署，加快推进结构调整，产业整体保持了平稳增长态势。规模以上电子信息制造业实现销售产值 11.3 万亿元，同比增长 8.3%，顺利完成"十二五"规划提出的发展目标。产业创新能力持续增强，集成电路、关键元器件等领域持续取得突破，产业链不断完善，国内专利申请量和国际 PCT 申请量再创新高。产业结构持续优化，内销比重已经提升至 54.5%，高端产品占比不断增长，内资企业日益成为拉动行业增长的主要力量。骨干企业国际竞争力不断提升，龙头企业品牌价值进一步提升，海外战略并购日益活跃。整体来看，电子信息制造业发展成效显著，生态体系不断完善，发挥了国民经济和社会发展的支撑引领作用。

一

当前，我国电子信息产业发展的内外部环境正在发生深刻变革，产业发展进入由大变强、由跟随并跑向并跑领跑转变的的重要战略节点，产业发展的驱动力量正在发生深刻改变，在未来一段时期内，产业发展将主要面临以下形势。

第一，产业创新呈现多元化趋势。全球正处于新一轮技术创新和产业变革浪潮之中，工业 4.0、工业互联网等新的产业发展理念引导产业变革，技术创新交叉融合、群体突破、系统集成特征更加突出，融合创新趋势更加突出，技术路径、产业形态、组织形式及生产模式多元化发展。云计算、大数据正引发计算架构的变化，智能硬件、智能网联汽车等新型智能终端加速孕育，特色发展模式不断出现，为产业发展拓展更多路径。把握全球产业创新发展机遇，依托已有的科研技术、产业基础，补齐产业短板，加快运用云计算、大数据、物联网等新技术、新方式，不断完善我国电子信息产业产业生态体系，在新一轮科技革命和产业变革中掌握先机。

第二，中国制造2025和"互联网+"行动带来产业发展新机遇。2015年，国务院出台《中国制造2025》和《关于积极推进"互联网+"行动的指导意见》两大战略规划。《中国制造2025》的实施，推动我国从制造大国向制造强国加速迈进，需要在集成电路、信息通信设备、操作系统等新一代信息技术领域实现突破，加快发展应用智能制造和工业互联网，为电子信息产业转型升级提供难得的契机。《关于积极推进"互联网+"行动的指导意见》的落地，将推动移动互联网、云计算、大数据、物联网等应用，需要密切跟踪信息技术变革趋势，努力发展新技术、新模式、新业态，构建以互联网为基础的融合型生态体系。

第三，产业融合态势要求树立产业发展新思维。近年来，智能硬件、虚拟现实、人工智能、移动支付等新技术、新产品、新业态不断演进，推动电子信息产业加速与医疗、教育、卫生、金融、交通等行业融合发展，需要树立新形势下产业发展新思维。一是由信息资源及其运用能力提升竞争力的新模式。在信息经济下，信息技术成为直接促进经济社会发展的通用性技术，在宏观经济决策、生产方式、营销方式和个人消费中的应用日益广泛深入，信息资源已经成为基本生产要素和重要战略资源，其保有量以及运用能力逐步成为决定企业竞争力的核心要素之一。二是产业跨界融合与竞争成为产业发展新常态。信息资源与物质资源的融合日益紧密，并对部分物质资源形成替代，使工业、农业等产业越来越"无形化"，进而逐渐打破产业边界，实现传统产业的价值提升。三是从封闭式创新向开放式创新拓展的新模式。信息经济实现了创新资源的开放共享和创新平台的建立优化，将所有个人、企业和组织都纳入到创新主体范围中，打破了既有创新思维和创新方式，激励企业加速从封闭式创新向开放式创新转变。

第四，产业增长动力处换挡期。以出口和人力资源优势等我国电子信息产业传统增长动力在"十二五"后期明显减弱，随着国内外电子市场结构性饱和，彩电、手机、计算机等传统产品规模接近天花板。我国人力成本不断攀升，全球组装加工制造向更具人力资源优势的中南亚、南美等地区加速转移。以资源要素和投资的驱动作用日益减弱，我国电子信息产业增速持续放缓。与此同时，信息技术创新速度不断加快，产业发展模式由垂直分工向水平分工转变，使得电子信息产业与市场结合更加紧密，技术和市场驱动作用愈加凸显，倒逼我国电子信息产业改变以往要素驱动和投资驱动模式，加速向创新驱动转变。坚定不移地实施创新驱动战略,加快创新成果产业化,培育产业增长新动力,推动电子信息产业转型升级。

二

为此,我们应当密切结合产业发展形势、深入把握产业发展规律,着力推进以下几项工作。

第一,强化核心关键基础技术研发,增强体系化创新能力。突破集成电路、传感器等具有全局影响力、带动性强的核心关键环节,打造全产业链协同创新机制,增强基础创新能力。强化核心基础元器件、先进基础工艺、关键电子材料和专用设备等支撑保障能力。突破高端存储设备、新一代移动通信设备与系统、智能传感、新型显示等新技术新产品,推进基础软硬件协调发展,实现群体式创新突破。瞄准新型计算、量子通信、人工智能、虚拟现实、生物智能传感等前沿关键技术开展联合攻关,抢占产业发展先机。积极研究发展电子信息产业领域的非对称技术和杀手锏技术,提升国家威慑力。

第二,促进产业链融合发展,健全产业生态体系。以新型信息消费需求为导向,强化软硬融合、制造与服务融合、网络与产品融合,延伸传统电子信息产业链条,培育产业新增长点。推动产业链各环节配套发展和产业链横向整合,形成产业链上中下游联动机制,增强产业链整体竞争力。跳出跟随发展模式,以骨干企业为引领,以掌握核心技术为基础,探索发展新模式,围绕绿色服务器、智能硬件等领域完善产业生态,打造自主可控产业生态体系。

第三,优化产业布局,推动产业转型升级。结合京津冀、长江经济带等国家重大区域战略,加快优势产业集群、区域新增长极形成,推进东部、中西部地区产业差异化发展,打造优势互补的一体化发展新格局。积极培育骨干龙头企业和"专精特新"的"小巨人"企业,形成结构合理、优势互补的企业发展格局,鼓励企业采用差异化发展策略,规避低水平、同质化恶性竞争。积极推进产业结构调整,逐步由低层次劳动密集型产业向以资本密集型和技术密集型产业转变,由初加工向资源精深加工转变。

第四,推动电子信息与传统领域融合创新,以应用促发展。落实《中国制造2025》,大力发展工业智能传感器、智能工控系统、工业机器人等核心技术产品和智能装备系统,加快提升生产过程数字化、网络化、智能化能力,推广个性化定制、网络化协同制造、服务型制造等新模式。落实"互联网+"行动指导意见,

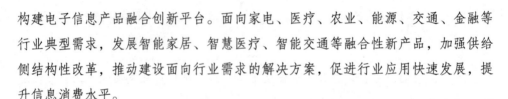

构建电子信息产品融合创新平台。面向家电、医疗、农业、能源、交通、金融等行业典型需求，发展智能家居、智慧医疗、智能交通等融合性新产品，加强供给侧结构性改革，推动建设面向行业需求的解决方案，促进行业应用快速发展，提升信息消费水平。

第五，发展壮大信息安全产业，保障国家网络信息安全。促进安全可控产品与服务的联合技术攻关和产业应用，突破云计算、大数据、工业控制以及其他重要领域信息系统所需关键软硬件产品，加快安全可靠通信设备、计算机、网络设备、工业控制系统等信息技术产品的研发与应用，构建关键软硬件产品和系统的安全性、可靠性仿真模拟测试平台，优化安全可控信息技术产品的推广机制。强化信息安全产品的评估认证工作，建立健全信息安全产品生产企业社会信用体系。加快发展信息安全产业，提高保障国家信息安全的产业支撑能力。

第六，优化产业出口结构，加强产业国际化布局。加快发展一般贸易，推动出口产品向高端发展，不断优化电子信息产业出口结构。推动电子信息产业"一带一路"等国际合作计划实施，结合海外重大项目建设积极推动IT系统、光伏等优势产能走出去。积极推动企业"走出去"，鼓励企业通过国际并购和国际研发团队引入获取高新技术，建立健全全球研发、生产和营销体系，加强国际资源利用，提升产业国际化布局和运营能力，扩大自主品牌国际影响力。发挥企业、协会、标准化组织等多方力量，积极参与国际技术合作研发、标准制修订，建立多层次、多渠道沟通交流合作机制，提升产业国际话语权。

三

基于上述思考，赛迪智库研究编撰了《2015-2016年中国电子信息产业发展蓝皮书》。本书从推动产业转型升级、实现由大变强的角度出发，系统剖析了我国电子信息制造业发展的特点与问题，并根据当年产业发展情况，对产业运行、行业特征、重点区域、特色园区和企业近况进行了全面阐述与展望。全书分为综合篇、行业篇、区域篇、园区篇、企业篇和展望篇共6个部分。

综合篇，从2015年我国电子信息制造业基本发展情况、整体发展特点、产业政策环境等角度展开分析，并总结论述了2015年我国电子信息制造业的热点事件。

行业篇，选取计算机、通信设备、家用视听设备、集成电路、平板显示、太阳能光伏、半导体照明（LED）、电子材料、元器件及专用设备等重点行业进行专题分析，对各重点行业及细分领域在2015年的发展情况进行回顾，并总结了2015年各行业的发展特点。

区域篇，根据我国电子信息制造业发展态势，选取长三角、珠三角、环渤海、福厦沿海、中西部等国内重点发展区域和新兴增长区域，对各区域的整体发展情况、产业发展特点、主要行业发展情况和重点省市发展情况展开分析。

园区篇，结合已有的国家级电子信息制造业园区和电子信息类新型工业化产业示范基地，在全国范围选取了中关村国家自主创新示范区、深圳市高新技术产业园区、苏州工业园区等十三个重点电子信息制造业园区，对园区发展历程、发展特点、发展情况及发展趋势进行分析。

企业篇，依托于行业篇，在每个行业选取若干家经营规模、技术水平、核心竞争力居于前列或富有特色的企业展开研究，主要分析企业在2015年的总体发展情况和重大战略举措。

展望篇，结合我国电子信息制造业发展面临的国际国内形势、发展现状与趋势以及国内外重点研究机构的预测性观点，对我国电子信息制造业2016年运行情况做了展望，并同时展望了行业篇与区域篇选取的重点行业与重点区域的2016年发展走向。

当前，我国电子信息制造业已进入攻坚克难的关键阶段，由大变强、转型升级的任务显得尤为迫切。面对世情、国情的深刻变化，面对全球产业分工和竞争格局剧烈变革带来的机遇和挑战，我们既要肯定过往实践中取得的发展成果和经验，更要正视积累形成的结构性矛盾和深层次问题，要坚持贯彻"创新、协调、绿色、开放、共享"发展理念，以落实"中国制造2025"和"互联网＋"行动等国家战略为依托，推动电子信息制造业实现跨越式发展！

工业和信息化部电子信息司司长

目　录

行 业 篇

区 域 篇

园 区 篇

企 业 篇

展 望 篇

综合篇

第一章 2015年中国电子信息产业基本发展情况

"变"是 2015 年的主题。2015 年以来，电子信息制造业的产值、进出口、主导产品都发生了变化。首先，电子信息制造业进入较为平稳的 8% 左右的增长区间，在国内外经济形势不确定性再次增加的情形下，产业增速和出口情况不容乐观。其次，计算机、家用视听、通信设备等成熟领域产品保持低速增长，但集成电路、彩电等细分领域运行良好。最后，全年产业进出口仍然为负增长，并持续徘徊在正负增长之间，产业仍然在从外向型向出口、内需平衡型转变的进程中。而从细分领域来看，各行业领域表现出不同的发展态势，一方面，科技研发和产品研制都显示出非常活跃的态势，另一方面，行业一直缺乏具有代表性、引领性的产品问世，带动整体行业向上发展。

第一节 电子信息制造业整体稳中趋缓

一、产业增速将进入8%左右的稳定区间

从 2015 年产业发展的整体情况看，自 4 月开始，月度累计产值增速分别是 8.7%、8%、8%、8.2%、8.2%、8.5%、8.5%、8.8% 和 8.7%，2015 年各月我国电子信息制造业累计增速为 8%—9%，销售产值达 12.3 万亿元。相比于 2013 年、2014 年 10%—10.5% 的增速区间，2015 年的产业增速出现了明显下滑，下降约 2 个百分点。

与电子信息产业自身相比，这是产业发展进入成熟阶段后增速降低的显著时期。自 2013 年起，电子信息制造业增速出现明显的下滑，首先是在经历了 2008 年的波动后，产业发展增速已经明显降低，从 20% 以上的增长区间进入 10%—

20%的平稳增长区间。其次是自2014年年初产业增速骤降至10%以下(7%)以后，产业发展经历了大大小小的波折区间，2014年底产业增速终于保持在10%以上(10.4%)，而2015年以来则全年低于10%，并且在8%—9%之间徘徊。但也应理性看待，与工业与制造业整体增速的显著下滑相比，我国电子信息制造业增速较为缓和，仍然作为我国国民经济的战略性、基础性和先导性支柱产业，在创新驱动发展的新时期，发挥着重要的引领作用。

二、成熟领域缺乏快速、有力的增长支撑

通信设备行业、家用视听行业和计算机行业都是历经20余年发展的较为成熟的行业，目前产品市场和用户市场也都表现出较为稳定的发展态势，我国的行业规模和产品数量也都位居世界首位。2015年，这些成熟行业领域也都因市场饱和与颠覆性创新缺乏，增速持续下降，直接带动了电子信息制造业整体增速明显下滑。特别是在全球市场萎缩的大背景下，虽然国产品牌在家用视听、计算机、通信设备等市场的占比不断提升，但增长压力仍持续加大。

2015年，我国电子信息制造成熟领域出现了不同程度的下滑。其中，通信设备行业实现销售产值为22896.7亿元，增长13.2%，较上年下降3.4个百分点；计算机和家用视听行业的增速均降至5%以下，销售产值分别为22819.4亿元和8013.8亿元，增速分别为0.4%和4.8%，较上年同期增速下滑2.5和0.6个百分点；电子元件销售产值为18255.3亿元，同比增速则为7.6%，较上年同期增速下滑2.7个百分点。电子器件行业是唯一一个出现增长的主要领域，增速为10.5%，较上年同期提高0.3个百分点，销售产值为16777.4亿元。

三、集成电路、平板显示等引领投资企稳增长

固定资产投资增速维持高位，新增固定资产投资稳定增长，新开工项目数量持续增加。2015年，电子信息制造业500万元以上项目完成固定资产投资额达13775.3亿元，同比增长14.2%，比上年同期高1.3个百分点。新增固定资产9658.9亿元，同比增长20.6%。电子信息产业新开工项目9614个，同比增长19.76%。从地区来看，东中西地区投资增速不一，东部地区逆势崛起，超越中部、西部地区和东北地区，成为电子信息制造业投资增长最快的区域，全年东部地区、中部地区、西部地区和东北地区分别完成投资6748.5亿元、4278.8亿元、2251亿元和496.86亿元，增速分别为20.3%、8.1%、11.8%和2.7%。

从细分行业看，通信设备行业、计算机设备行业和电子元件行业新投资实现超高速增长，新开工项目数分别增长 32.7%、35.9% 和 20.6%。集成电路投资热情带动电子器件行业投资增长，全年电子器件行业实现投资额 3032.1 亿元，同比增长 7.3%。在中央财政资金和地方财政资金的共同支持下，我国新型显示产业投资明显向好。截至 2015 年第三季度，全国有 3 条 8.5 代线建成投产，新建产线有 3 条，总投资规模达千亿元。从我国集成电路、平板显示产线布局看，2016 年仍将有较大规模的投入资金，有望继续拉动产业投资的稳定快速增长。

四、集成电路、彩电取代手机成为年度产业增长点

2015 年，电子信息产业主要产品产量增速同上年相比出现显著变化。根据工信部运行局数据，2015 年 1—12 月，全年我国生产手机 18.1 亿台，同比增长 7.8%；生产微型计算机 31418.7 万台，同比下降 10.4%。移动通信基站的信道产量增长相较于 2014 年数月高于 150% 的增速大幅放缓，考虑到 4G 基站布局进入平稳阶段，预计后续也难以出现高速增长。

有可能拉动产业增长的两大产品是集成电路和彩色电视机，成为新的年度增长点。2015 年，我国集成电路产量超过 1000 亿块，增速为 7.1%，并且已经有数个地方进行产线布局，未来集成电路产业有望进一步提高增速。受国内外市场的回暖态势持续影响，彩色电视机今年产量出现快速增长，共生产 1.45 亿台，同比增长 2.5%，其中智能电视产量 8383.5 万台，同比增长高达 14.9%。

第二节　我国电子信息产业发展环境特征

一、从内部看，"十三五"我国电子信息发展更加注重融合发展

2015 年是我国"十二五"收官之年。比照"十二五"发展规划，我国电子信息制造业总体来看较为良好地完成了任务目标，提前一年完成了总体规模产值的目标，在新技术、新产品、新服务等方面也实现了快速增长，但同时也有缺憾，比如未能完成培育 5000 亿元规模龙头企业的目标。"十二五"期间，我国电子信息制造业发展的内外环境都发生了显著变化，信息技术的传播和影响范围越发广泛，增进了信息产业与其他产业之间融合发展态势。

因此，"十三五"期间，电子信息制造业的发展将以产业转型升级和培育新

兴增长点为核心，坚持创新引领、应用驱动、融合发展，着重突破集成电路等重点领域核心关键技术，夯实产业发展基础，深化信息技术应用，提升内需市场，优化产业布局，着力提升产业核心竞争力。推动产业由大变强，引导产业占据全球价值链高端，加速推进电子信息制造业结构调整。特别是要把握信息技术融合化的趋势，推动产业模式创新，围绕产业链促进融合发展。以新型信息消费需求为导向，着力推动软硬融合、制造与服务融合、网络与产品融合，延伸传统信息技术产业链条，发展新一代信息技术产业，培育以智能终端为代表的产业新增长点。鼓励和引导产业链各环节配套发展和产业链横向整合，提升产业链整体竞争力。

二、从外部看，产业的进出口环境再度恶化

受美国量化宽松货币政策退出以及加息预期的影响，欧美等国宏观经济下行压力持续存在，发达国家和地区市场需求萎缩给我国产业出口造成长久的影响。自 2014 年以来，我国信息产品进出口额增长由正转负，产品进出口增速一直在低位徘徊，形势较为严峻。2015 年 1—12 月，我国电子信息产品进出口总额 13088 亿美元；其中，出口 7811 亿美元，同比下降 1.1%，降幅与 1—11 月持平；进口 5277 亿美元，同比下降 1.2%，降幅略有收窄。

从分行业来看，从出口金额看，排名前五名的行业领域分别是通信设备行业（2148 亿美元）、计算机行业（1941 亿美元）、电子器件行业（1399 亿美元）、家用电子电器行业（1057 亿美元）和电子元件行业（808 亿美元）；从出口增速看，排名前三名的行业领域分别是通信设备行业（8.7%）、电子器件行业（6.2%）、电子元件行业（3%），其他行业增速均为负数；从进口金额看，排名前五名的行业领域分别是电子器件行业（2994 亿美元）、计算机行业（533 亿美元）、通信设备行业（505 亿美元）、电子元件行业（480 亿美元）、电子仪器设备行业（453 亿美元）；从进口增速看，排名前两名的行业领域分别是通信设备行业（9.8%）和电子器件行业（2.2%），其他行业增速均为负数。

第三节　细分领域增长态势继续分化

一、数字视听领域

显示技术持续多元化发展，中国品牌有望实现"弯道超车"。显示技术正迎来新的爆发期，ULED、量子点、激光电视、曲面电视、超薄电视等技术陆续取

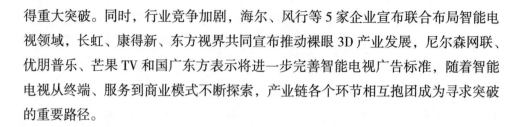

得重大突破。同时，行业竞争加剧，海尔、风行等 5 家企业宣布联合布局智能电视领域，长虹、康得新、东方视界共同宣布推动裸眼 3D 产业发展，尼尔森网联、优朋普乐、芒果 TV 和国广东方表示将进一步完善智能电视广告标准，随着智能电视从终端、服务到商业模式不断探索，产业链各个环节相互抱团成为寻求突破的重要路径。

二、通信设备领域

通信设备产品市场规模的快速增长不可持续，通信设备产业的增长将从技术进步带来的投资驱动转变为信息服务和应用创新驱动。5G 技术的研发和商用规划将推进通信设备产业的技术和产品创新。宽带化、移动化、泛在化和融合化将是网络的发展趋势。全方位超宽带接入、新一代移动技术、睿智光传输网络、新型 IP 网络等技术将成为产业创新主要发力点。

三、计算机和智能终端领域

在平板电脑、智能手机、可穿戴设备等移动互联设备的冲击下，全球 PC 市场持续低迷。商用市场的需求相对稳定，但难有大幅增长，PC 行业依然缺乏提振因素。服务器方面，国内以开放 POWER 处理器为核心的产业生态圈将成型，具有自主定义能力的 POWER 芯片服务器将推出并进入国内市场。云计算的进一步落地将使服务器的融合架构和集成系统获得快速发展，高端定制化服务器市场将成为厂商争夺的焦点。

四、集成电路领域

2015 年全球芯片销售额增长预计仅为 2.2%，主要原因是传统市场推动力不足。例如，笔记本电脑、超级本等电脑产品销售将从 6.2% 降至 1.9%；手机销售量的年度成长率可能仅为 0.7%。内存部分，因为三星与海力士的新产能上线，DRAM 在 2015 年下半年出现供应过剩。因此，全球集成电路增速也难出现逆势增长，我国集成电路产业只有做牢基础，才可能实现弯道超车。

五、新型显示领域

新产能、技术、市场应用等方面都保持良好态势，从技术发展看，我国大陆骨干企业在高分辨率、宽视角、低功耗和窄边框、曲面等新技术上加大投入，新技术导入和应用提速，多条高世代线投产推动产业整体高速增长，新增投资拉动全球产业发展，外资配套企业纷纷落户中国大陆，推动我国新型显示产业上游材料和零组件配套发展。

六、太阳能光伏领域

整体维持良好增长态势，2016 年全球光伏装机量将达到 60GW，与 2015 年的 55GW 相比，增长 9%，其中中国约为 20GW；2016 年全球光伏组件产量将达到 68GW，同比增速约为 13%，其中，中国组件产量约为 50GW，约占全球总产量的 73.5%，全球光伏贸易壁垒逐步降低。

第二章　2015年中国电子信息产业整体发展特点

第一节　《中国制造2025》和"互联网+"行动战略落地，信息产业发展迎来新纪元

2015年，国务院出台了一系列重大战略，其中与信息技术相关的两个文件引起了地方政府和企业的高度关注，一个是《中国制造2025》，一个就是"互联网+"行动。《中国制造2025》和"互联网+"行动指导意见的出台，体现了党中央、国务院立意高远、顺势而为，积极响应当前全球科技革命兴起之势，意在全球新一轮经济政治格局调整中把握先机、塑造优势、抢占鳌头。工信部牵头负责《中国制造2025》，也是"互联网+"行动指导意见的重要执行者，工信部在这两个战略的落实和执行过程中担负着重要的责任。

6月15日，李克强总理到工业和信息化部考察时强调，在新形势下，实施"中国制造2025"，推动制造业由大变强，要在技术含量高的重大装备等先进制造领域勇于争先，并着重强调了智能制造的重要性。《中国制造2025》已经明确了要将智能制造作为两化深度融合的主攻方向，要制定智能制造发展战略和规划，形成企业、研究机构和政府各方分工协作的智能制造发展格局。在这里，电子信息产业既是技术创新的发源地，又是融合应用的主战场。一方面，互联网技术代表了当前科技革命的前沿，云计算、大数据、物联网等一系列技术不断走向成熟；另一方面，电子信息制造，包括计算机、手机、集成电路等也是当前工业互联网应用的重要领域。

自2015年《政府工作报告》明确提出要制定"互联网+"行动计划以来，社会各界高度关注"互联网+"发展现状以及"互联网+"行动制定情况。7月1日，《国务院关于积极推进"互联网+"行动的指导意见》（国发〔2015〕40号）正式

出台，明确了"互联网+"的内涵、原则和重点行动。以"大力拓展互联网与经济社会各领域融合的广度和深度"为主线，以坚持开放共享、融合创新、变革转型、引领跨越为基本原则，制定了"互联网+"协同制造等11个领域的重点行动以及一系列分工明确的保障措施，对于推动信息产业的自主创新和融合发展指明了新的方向。2015年以来，我国还颁发了推动云计算创新发展、大数据发展、集成电路发展等国家战略，以及推动创新创业（"双创"）的国家战略，以信息产业为核心的国家战略体系正在完善，不断培育信息产业新兴增长点，既有助于推动形成"十三五"期间信息产业新生力量，又有助于我国抢占全球信息产业制高点。

第二节　信息产业融合发展催生信息经济，要求建立产业发展新思维

2015年，信息产业融合发展态势不断加剧，以虚拟现实技术为代表的人工智能技术，以智能手表为代表的可穿戴设备，以NFC等支付为代表的移动支付等技术、产品、业态不断演进，带领着信息产业加速与医疗、教育、卫生、金融、交通等行业融合发展，推动了信息经济的拓展与深化。这就要求我们对信息产业要有新的认识，才能推动产业向纵深发展。一是由信息资源及其应用能力决定产业竞争力的新模式。在信息经济下，信息资源成为基本生产要素和重要战略资源，信息技术成为直接促进经济社会发展的通用性技术，在宏观经济决策、生产经营决策和个人消费决策中的应用日益广泛深入；二是产业跨界融合与竞争成为产业发展新常态。无形资源与物质资源的融合日益紧密，并对部分物质资源形成替代，使工业、农业等产业越来越"无形化"，进而逐渐打破产业边界，实现传统产业的价值提升；三是从企业创新向万众创业创新拓展的新模式。信息经济实现了创新资源的开放共享和创新平台的建立优化，将所有个人、企业和组织都纳入到创新主体范围中，打破了既有创新思维和创新方式，激励企业加速从封闭式创新转为开放式创新。

因此，推动信息产业发展需要尊重信息经济的发展规律，尽力推动信息产业与其他产业的跨界融合。一方面，既要立足信息技术产业，又超越信息技术产业。既要以新技术、新产品、新业态的发展为基础，这就需要继续将信息技术产业作为信息经济的根基，又不能自我设限，既要发展信息技术产业、推进各领域信息

化，要扶持电子商务、数字内容、互联网金融、智能汽车等新领域发展。另一方面，要加强发展模式创新。既要推动信息技术为核心的新一轮科技革命发酵，又要推动模式创新及其与科技创新融合的融合，挖掘技术创新与发展模式创新融合的巨大价值。

第三节 产业发展缺乏增长支柱，智能终端产业进入转折期

智能终端是引领当今信息技术产业发展的重要领域，其发展状况直接影响着整个信息技术产业的发展态势。随着移动通信向下一代互联网演进，以及云计算、大数据、移动互联网、物联网等新技术的发展和成熟，智能终端产业的内涵和外延都在发生巨大的变化，具体的产品形态逐渐从单一的智能手机延伸至包含平板电脑、可穿戴设备、智能家居乃至各种传感类产品。当前，智能终端产业已进入新一轮转折期，具体表现为：

一是颠覆性创新低潮期。前几年的智能终端发展热潮，以智能手机与平板电脑为核心产品，以持续出现的颠覆性创新为主要动力。但自2012年起，围绕智能手机、平板电脑的颠覆性创新越来越少。第一，产品外观形状未现大变化。新近推出的手机、平板电脑等产品的外观，依然遵循乔布斯时代的设计方案，没有大的突破，不同品牌产品间以及同品牌多代产品间基本雷同。第二，基础硬件架构未有大变革。虽然芯片处理速度有所提升，芯片核数从2核提升至8核，内存容量从1GB/2GB拓展到3GB/4GB水平，但整体技术架构未有突破。第三，软件基本功能未展现显著创新。尽管操作系统版本持续升级，软件界面不断美化，但核心基础功能变化不大，可算作亮点的升级少且不明显。

二是新产品形态分化期。在手机、平板电脑创新乏力的同时，智能终端产品形态越来越多，给产业发展带来更多可能，也使产业发展路径更加眼花缭乱。第一产品种类快速增加。可穿戴设备、智能家居成为热点。在此大标签下，又有类型繁多的产品种类。例如，仅可穿戴设备已出现头戴式、腕戴式、脚戴式以及设备类、服装类、配饰类等多种类型。第二终端功能独立性存在差异。一些智能终端具备联网、环境感知、人机交互、自数据处理等独立功能，但目前多数终端本身只能完成简单的环境感知和数据采集，对智能手机、平板电脑等依赖性大，不具备独立性。第三市场参与主体更加多样。由于新兴智能终端产品及其产业格局

都尚未定型，加之研发门槛相对较低，因此在短期内涌入难以计数的企业和创新团队，导致市场竞争更加激烈和混乱。

三是新消费痛点探寻期。无论是智能手机、平板电脑等成熟领域的新产品，还是可穿戴设备、智能家居等新兴产品，都很难再让用户有强烈购买欲望，究其原因是对智能终端消费的新痛点把握不足。智能手机和平板电脑方面，未击中高阶消费功能的升级换代需求痛点。智能手机和平板电脑的处理能力远弱于台式机和笔记本电脑，若无法推出有竞争力的新功能，用户的升级换代需求就难以被激发。可穿戴设备方面，未击中大众用户的日常消费需求痛点。已推出的可穿戴设备产品的新功能、新特色不明显，在功能上对手机、平板电脑没有替代性，加之在续航能力等方面存在短板，暂时无法在日常生活应用中赢下一席之地。智能家居方面，未击中综合应用场景的一体化需求痛点。智能家居的产品标准和联网方式不统一，技术路径和应用场景设计路径不明确，难以实现一体化环境下便捷操作需求，容易成为"鸡肋"。

第四节　新旧桎梏仍然存在，信息产业发展面临严峻挑战

一是核心基础领域仍然是阻碍产业升级的薄弱环节。长期以来，我国信息产业基础领域能力较弱，特别是与我国信息产业规模与整机制造能力相比，具有较大差距，产业整体发展呈现出应用强、基础弱的"倒三角"形态。近年来，除了集成电路、平板显示等基础领域，我国仍然在 IGBT、电感器、传感器等关键产品方面落后于国际先进水平，在物联网等新兴领域发展急需的高精度传感器等领域也处于较为落后地位，而集成电路、平板显示关键设备以及自动贴片机、薄膜流延机等核心专用设备则长期依赖进口。在我国构建自主创新的信息产业的过程中，核心基础产业仍然是需要突破的缺口，需要引起持续高度重视。

二是新兴产业发展模式和应用市场未能形成重要支撑。传统优势行业增速明显放缓，新的增长点正在形成但规模偏小。2015 年以来，通信设备行业一直是电子信息制造业增长的主要推动力，保持 20% 以上的高速增长，这主要是得益于智能手机市场的急剧膨胀。但由于产量规模基数不断扩大，智能手机普及率快速提升，2014 年以来市场增速显著下滑。微型计算机、笔记本电脑等传统产品的增速都降到了 5% 以下。更为严峻的是，新兴增长点尚未形成市场规模。可穿

戴设备、智能家居、云计算、大数据等领域虽然业已成为市场关注热点，然而这些领域当前市场规模较小，在规模上要替代传统优势行业还有很大的差距。

三是部分领域不良竞争不利于构建良性的产业生态环境。近年来，我国在信息领域涌现出一批具有较大影响力和较强竞争力的大型企业，在技术创新、产业发展、国际竞争等方面发挥了积极作用，但同时，由于我国反垄断审查制度与法律还不够完善，在市场竞争中，部分行业领域也出现了大型企业利用既有优势限制中小企业创新发展的倾向，不利于构建"大、中、小"协调发展的产业生态体系。如在通信设备领域，存在大型企业过度使用专利诉讼、产品质疑和论证等打击竞争对手的行为，影响了市场竞争秩序的公平性和稳定性；在互联网领域，出现了大型企业利用市场支配地位，无限制地扩大业务领域，挤压中小企业创业创新发展空间的情况，一定程度上抑制了行业的充分竞争和创新热情，与国外"百花齐放"的互联网产业生态相比，中国互联网行业面临产业生态荒漠化的潜在风险。

第三章　2015年中国电子信息产业政策环境

第一节　国务院关于促进云计算创新发展培育信息产业新业态的意见（国发〔2015〕5号）

为促进我国云计算产业创新健康发展，《国务院关于促进云计算创新发展培育信息产业新业态的意见》（以下简称《意见》）于2015年1月6日发布。

一、政策背景

云计算是信息技术应用模式和服务模式创新的集中体现，是信息技术产业发展的重要方向，能够推动经济社会的创新发展，是世界各国积极布局、争相抢占的新一代信息技术战略制高点。《国务院关于促进云计算创新发展培育信息产业新业态的意见》即是在认真研究和充分考虑国际国内云计算发展形势的基础上制定的。

从全球看，云计算正不断创新信息处理方式和服务模式，日益成为信息时代经济社会发展的关键基础设施。云计算不仅能够促进服务、软件、硬件的深度融合和系统性创新，对信息技术产业发展模式带来巨大变革，而且已经成为构建国家新优势的战略焦点。美欧日韩等国家和地区纷纷将云计算作为其抢抓经济科技发展新机遇、重塑国家竞争新优势的战略重点。国际知名IT企业也积极发展云计算，努力构建先行优势，争做全球云计算技术和应用的领跑者。

从国内看，我国当前正处于"四化"同步发展的关键时期，加快云计算发展已经成为提高信息化水平和创新能力的重要举措，对于扩大内需、培育壮大战略性新兴产业、促进经济结构战略性调整具有重要的现实意义。云计算与生产制造和服务创新的结合，将推动生产方式向数字化、网络化和智能化变革，激发创新创业活力，有力促进产业结构的优化升级。云计算应用于政府管理和社会生活，有利于解决长期存在的信息共享和业务协同困难问题，将使电子政务和教育、医疗、商务等服务更加便捷高效，加快社会资源优化配置和服务型政府建设，成为全面建成小康社会的有力支撑。

从基础看，2009 年以来，国家有关部门对我国云计算发展进行了深入研究和积极探索，陆续开展了组织云计算服务创新发展试点示范、实施云计算示范工程、在电子信息产业发展基金和"863"等科技计划中系统部署关键技术研发等工作，努力推动云计算服务创新、关键技术研发和应用示范，取得了积极进展，服务创新能力不断提高，关键技术研发和应用取得突破，产业配套体系不断健全完善，标准、评测等支撑能力和公共服务能力显著增强，已形成一定的产业基础和创新能力。

总体来看，全球云计算仍处于发展初期，产业格局尚未定型，潜在市场需求巨大，我国正处在发展云计算的重要机遇期，有望实现关键技术、产品和服务等领域的整体突破，加速信息产业转型升级，形成自主的信息服务能力和信息资源优势。同时，积极培育信息产业新业态新模式，催生新的经济增长点，也需要充分发挥云计算在落实创新驱动发展战略、转变经济发展方式方面的引领支撑作用。有魄力、有动力、有基础、有需求，《意见》的出台适逢其时。

二、政策内容

《意见》立足于对我国云计算发展现状和国际发展趋势的分析，明确了云计算发展的指导思想、基本原则和发展目标，主要任务和保障措施。

《意见》提出了指导思想、基本原则和发展目标。指导思想强调以全面深化改革为动力，以提升云计算创新发展能力、深化云计算应用为主线，着力培育云计算服务骨干企业，创新服务模式，扩展应用领域，强化技术支撑，切实保障安全，优化设施布局，完善发展环境，充分发挥云计算整合利用信息资源的作用。为促进云计算健康快速发展，《意见》提出了"市场主导、统筹协调、创新驱动、保障安全"的基本原则，明确了我国云计算近期在服务能力、应用示范、创新能力、基础设施、安全保障等方面的阶段性发展目标和到 2020 年的总体发展目标，即到 2020 年，云计算应用基本普及，云计算服务能力达到国际先进水平，掌握云计算关键技术，形成若干具有较强国际竞争力的云计算骨干企业。云计算信息安全监管体系和法规体系健全。大数据挖掘分析能力显著提升。云计算成为我国信息化重要形态和建设网络强国的重要支撑，推动经济社会各领域信息化水平大幅提高。

《意见》提出了六个方面的主要任务。一是支持云计算服务创新发展。大力发展公共云计算服务，引导企业利用安全可靠的云计算解决方案有序发展专有云。二是提升云计算自主创新能力。以形成自主云计算解决方案为核心，推动产业链协同创新。三是探索电子政务的云计算发展模式。鼓励应用云计算技术实现各领域政务信息系统整体部署和共建共用，大幅减少政府自建数据中心的数量。四是加强大数据开发与利用。充分发挥云计算对数据资源的集聚作用和处理能力，开展大数据挖掘分析。出台政府机构数据开放相关管理规定和相关目录，开展相关改革试点和应用示范工作。五是统筹布局云计算基础设施。引导大型云计算数据中心布局，加快信息网络基础设施优化升级。六是提升云计算安全保障能力。通过完善政策法规、加强安全防护和提升支撑能力，确保云计算环境下的信息安全。

《意见》提出七个方面的保障措施：一是完善市场环境。完善云计算服务的市场准入制度，制定云计算服务质量评估等管理规定。二是建立健全政策法规。完善互联网信息服务管理办法，加快制定信息网络安全法规，制定政府和重要行业使用云计算服务的相关规范。三是加大财税政策扶持力度。强调利用多种资金渠道支持云计算发展，完善政府采购云计算服务的配套政策，明确相关适用税收优惠政策。四是完善投融资政策。包括引导设立创业投资基金，加大信贷支持，完善担保体系和支持直接融资等。五是建立标准规范体系。加快完善云计算标准规范体系，研究制定云计算技术、服务、设施和安全保密等方面的标准规范。六是加强人才队伍建设。重点培养和引进云计算领军人才和技术带头人，完善人才激励机制，支持应用人才培训。七是推进国际合作。支持云计算相关企业整合国际创新资源，加强国内外企业研发合作，积极参与国际标准制定。

三、政策分析

思路原则充分考虑发展现状和趋势。《意见》提出了"以提升能力、深化应用为主线"的指导思想和"市场主导、统筹协调、创新驱动、安全保障"四项基本原则，与对云计算发展要素的理解紧密相关。云计算的发展，一方面要靠产业自身能力的提升，包括技术创新能力、服务创新能力、环境创新能力等；另一方面，应用已成为关系云计算发展不可或缺的部分，用户的应用水平直接决定云计算发展质量的高低和推进速度的快慢。当前，我国云计算发展已经有了一定的能力和应用基础，但核心关键技术差距较大，重设施建设、轻应用服务的现象仍比较突出，发展环境尚不够完善，信息安全挑战日益突出，围绕提升能力、深化应用开展工作，充分发挥市场配置资源的基础作用，加强政策引导和规划，才能将云计算发展向纵深推进。

重点任务充分考虑与大数据发展相衔接。云计算与大数据息息相关，相辅相成，其结合发展是重要的技术和应用趋势。云计算强大的计算与存储能力，促进了数据资源的集聚、融合与共享，提升了对海量数据的分析处理能力，推动了大数据挖掘、应用、服务及相关产业发展。大数据的分析应用依赖于强大的云计算平台，同时也能充分发挥云计算的效用。当前，数据资源已成为战略性资源，对数据资源的掌控能力和运用能力日益成为综合国力的重要体现，大力推进大数据发展，对于促进云计算创新发展具有重要战略意义。因此，《意见》将大数据开发和利用作为主要任务之一，提出要把云计算能力建设与加强大数据开发与利用结合起来，充分利用云计算开展大数据的挖掘分析，同时在推动政府和公共事业机构信息系统向云计算迁移的过程中，实现数据资源的融合共享，服务经济社会发展。

政策措施充分考虑市场环境完善。《意见》将"完善市场环境"作为首要的保障措施，这主要是因为，云计算的发展是产业化行为，最终需要依靠市场自身的培育与成长，强大的市场需求和完善的市场竞争环境才能支撑云计算业务与服务的持续健康发展。我国云计算仍处于发展的初期阶段，市场需求还不是很强，适应云计算发展的制度、法规、市场竞争环境尚未建立，因此需要完善市场环境作为保障措施之一，建立适应云计算发展的市场准入、经营资质环境，研究适应云计算业务发展需求的网络政策，支持开展针对云计算服务的评估测评工作，引导国有企业应用安全可靠的云计算产品和解决方案。

第二节　国务院关于印发《中国制造2025》的通知
（国发〔2015〕28号）

国务院2015年5月8日印发《中国制造2025》，是我国实施制造强国战略第一个十年的行动纲领。《中国制造 2025》是党中央、国务院总揽国际国内发展大势，站在增强我国综合国力、提升国际竞争力、保障国家安全的战略高度做出的重大战略部署，其核心是加快推进制造业创新发展、提质增效，实现从制造大国向制造强国转变。

一、政策背景

制造业是国民经济的主体，是立国之本、兴国之器、强国之基。新中国成立尤其是改革开放以来，我国制造业持续快速发展，建成了门类齐全、独立完整的产业体系，有力推动工业化和现代化进程，显著增强综合国力，支撑我世界大国地位。然而，与世界先进水平相比，我国制造业仍然大而不强，在自主创新能力、资源利用效率、产业结构水平、信息化程度、质量效益等方面差距明显，转型升级和跨越发展的任务紧迫而艰巨。为把握新一轮科技革命和产业变革与我国加快转变经济发展方式形成历史性交汇，国际产业分工格局正在重塑的重大历史机遇，把我国建设成为引领世界制造业发展的制造强国，为实现中华民族伟大复兴的中国梦打下坚实基础，我国制定了《中国制造 2025》

二、政策内容

《中国制造 2025》可以用"一二三四五五十"概括。

"一"就是一个目标，要从制造业大国向制造业强国去转变，最终要实现制造业强国的一个目标。

"二"就是通过两化融合发展来实现这个目标。党的十八大提出了用信息化和工业化深度融合来引领和带动整个制造业的发展，这也是我国制造业所要占据的一个制高点。

"三"就是要通过"三步走"的战略，大体上每一步用十年左右的时间来实现我国从制造业大国向制造业强国转变的目标。

"四"就是四项原则。分别是市场主导、政府引导；既立足当前，又着眼长远；全面推进、重点突破；自主发展和合作共赢。

"五五"是有两个五，第一是有五条方针，即创新驱动、质量为先、绿色发展、结构优化和人才为本。还有一个是实行五大工程：制造业创新中心的建设工程；强化基础的工程，即强基工程；智能制造工程；绿色制造工程；高端装备创新工程。

"十"就是十个重点领域，包括新一代信息技术、高档数控机床和机器人、航空航天装备、海洋工程装备及高技术船舶、先进轨道交通装备、节能与新能源汽车、电力装备、农机装备、新材料、生物医药及高性能医疗器械。这其中，新一代信息技术又包括集成电路及专用装备、信息通信设备、操作系统及工业软件等重点。

三、政策分析

电子信息产业是实施《中国制造2025》的基石。实施《中国制造2025》，促进两化深度融合，加快从制造大国转向制造强国，需要电子信息产业有力支撑。大力发展新一代信息技术，加快发展智能制造和工业互联网；制定"互联网+"行动计划，推动移动互联网、云计算、大数据、物联网等应用，需要产业密切跟踪信息技术变革趋势，探索新技术、新模式、新业态，构建以互联网为基础的产业新生态体系。实施国家信息安全战略，需要尽快突破芯片、整机、操作系统等核心技术，大力加强网络信息安全技术能力体系建设，在信息对抗中争取主动权。与此同时，信息产业各行业边界逐渐模糊，信息技术在各类终端产品中应用日益广泛，云计算、物联网、移动互联网、大数据、3D打印等新兴领域蓬勃发展。价值链重点环节发生转移，组装制造环节附加值日趋减少，国际领先企业纷纷立足内容及服务环节加快产业链整合，以争夺产业链主导权。制造业、软件业、运营业与内容服务业加速融合，新技术、新产品、新模式不断涌现，对传统产业体系带来猛烈冲击，推动产业格局发生重大变革，既为我国带来发展的新机遇、新空间，也使我国面临着新一轮技术及市场垄断的严峻挑战。强化自主创新，加快突破核心技术环节，构建新一代电子信息体系，对加快工业转型升级，实现《中国制造2025》的战略目标，具有重要的战略意义。

电子信息产业支撑能力在三方面有待提高。经过改革开放30多年来的发展，我国电子信息产业实现了持续快速发展，产业规模位居世界首位，产业规模稳步扩大，关键技术不断取得突破，骨干企业实力逐步壮大，国际地位显著增长。电子信息产业已经成为国民经济的战略性、基础性和先导性支柱产业，对于促进社会就业、拉动经济增长、调整产业结构、转变发展方式具有重要作用。2014年我国电子信息制造业实现主营业务收入10.3万亿元，同比增长9.8%，占工业总体比重达到9.4%，比上年提高0.3个百分点。2014年，我国生产手机、微型计算机和彩色电视机分别为16.3亿部、3.5亿台和1.4亿台，占全球出货量比重均达 50% 以上。但应该注意到，我国电子信息产业基础产业核心竞争力不强、系统集成创新能力较弱、产用衔接存在盲区等深层次问题仍很突出，为产业支撑服务《中国制造 2025》造成较大压力。一是电子基础产业核心竞争力亟待增强。长期以来，我国基础电子领域的追赶和跨越进展缓慢，覆铜板、磁性材料、电阻器、电容器、PCB 等产品以中低端为主，电感器、传感器、IGBT 等普遍落后国际先进水平 1—2 代，集成电路量产技术落后国际主流两代，集成电路、平板显示等关键专用设备长期依赖进口。这是造成我国电子信息产业基础不牢、根植性弱的根本因素，同时也造成了我国智能制造所必备的工控设备、机器人、智能信息系统等产品水平偏低，高端基本依赖进口。二是系统集成创新能力较弱。受制于核心技术缺失、资本人才储备不足、商业模式创新能力弱等因素，我国电子信息骨干企业当前仍以消费电子产品为主，而对要求更高的系统集成产品如数控机床、智能装备、机器人等投入力量明显不足，创新能力较弱，产品更多停留在低端水平，难以满足《中国制造 2025》需求。除了核心电子元件自给能力不足外，软硬件系统集成运用的能力偏弱已经成为制约发展的瓶颈因素。三是产用脱节现象较为严重。尽管在我国两化深度融合政策的大力推动下，制造业部分领域取得了显著成果，更多的是企业信息化水平得到明显提高，但就整个制造业而言，信息化和工业化融合程度还偏低，尤其是从原材料调配、生产控制、产品转运全流程制造智能化水平与国际差距十分明显。突出问题之一就是产用脱节现象较为严重，信息技术产品生产企业和应用企业没有发挥协同作用，导致信息技术产品针对性不强、应用企业需求难以得到满足，部分需要联合攻关的核心技术瓶颈依然存在，在很大程度上影响了我国两化深度融合的推进。

四大举措补强电子信息产业支撑《中国制造 2025》。当前，我国经济正在由传统态势转入新常态，经济增长从高速转向中高速发展阶段，国内外环境错综复杂，经济发展面临不少困难和挑战。与此同时，新一轮科技革命和产业变革正在孕育兴起，信息技术领域创新仍然活跃，正在向泛在、融合、智能和绿色的多元化方向发展，为我国制造业转型升级提供了难得的发展机遇。紧紧抓住这一历史机遇，围绕"构建现代电子信息产业体系，支撑服务《中国制造 2025》"这一中心任务，通过"强基础、促融合、推合作、保安全"四大举措，实现软硬融合、两化融合、产业与服务融合，助推实现《中国制造 2025》的战略目标。一是强基础。强化自主创新，围绕产业核心领域薄弱和瓶颈环节，集中力量突破一批集成电路、传感器、信息存储设备等关键产品，推动技术成果产业化，着力提升电子信息产业基础领域的创新能力，夯实产业支撑《中国制造 2025》战略的基础。二是促融合。把握产业融合趋势，推动产业模式创新，围绕产业链促进融合配套发展，大力提升机器人、工控设备、信息系统等智能硬件发展水平，提升数控机床、智能生产设备、全自动生产线等，着力推动软硬融合、制造与服务融合、网络与产品融合，形成结构优化、具备国际竞争优势的现代产业体系。三是推合作。抓住《中国制造 2025》和"互联网 +"的机遇，引导和支持信息技术企业与传统工业企业对接，加强"官产学研用"结合，推动应用电子产品和系统的研发及产业化，促进安全可靠信息技术和产品在工业各领域的广泛应用，实现以用兴业、促进两化深度融合。四是保安全。大力发展基于自主技术的信息安全产业，支持安全芯片、数据安全等信息安全产品的研发与应用，加快安全可靠通信设备、计算机、打印机、网络设备等终端产品和信息系统的研发与应用，建立保障信息安全的产业支撑体系，提高产业保障《中国制造 2025》战略信息安全的能力。

第三节　国务院关于积极推进"互联网 +"行动的指导意见力（国发〔2015〕40 号）

为加快推动互联网与各领域深入融合和创新发展，国务院 2015 年 7 月 1 日发布《关于积极推进"互联网 +"行动的指导意见》。

一、政策背景

近年来，我国互联网异军突起，创新力和竞争力不断增强，形成了独特的比较优势。习近平总书记在几天前举行的中美互联网论坛上指出，中国将重视发挥互联网对经济建设的推动作用，实施"互联网 +"政策，鼓励更多产业利用互联网实现更好发展。李克强总理强调，"互联网 +"是促进产业升级、推进市场化改革的关键举措。推进实施"互联网 +"行动计划，对于认识、适应和引领经济发展新常态，开启"十三五"时期创新发展的新篇章，具有十分重要的战略意义。

"互联网 +"是培育发展新动力的战略抓手。党的十八届五中全会指出，创新是引领发展的第一动力，必须把创新摆在国家发展全局的核心，让创新在全社会蔚然成风。近年来的实践证明，"互联网 +"已成为释放新需求、创造新供给、重塑创新体系的重要驱动力量。一方面，当前我国经济发展的结构性矛盾，突出表现为供给侧不能有效适应需求侧的升级变化。实施"互联网+"行动，就是要充分发挥互联网在优化要素资源配置方面的作用，打破信息不对称，以用户为中心，促进供给侧与需求侧的紧密联系和精准对接，供需两侧共同发力，大幅提升分工协作水平和生产效率，提升精准化供给能力，优化供给侧产业结构，促进产品和服务迭代升级，提高供给体系的质量和效率，推动我国产业迈向中高端水平，为实现"双中高"提供有力支撑。另一方面，互联网大大降低了创业创新成本，激发了新一轮创新创业浪潮，为推进"双创"、打造"双引擎"注入了强大动力。互联网催生的众创、众包、众扶、众筹等创新理念和模式，不仅帮助精英高端人才创新创业，更重要的是，让广大"草根"也加入到创新创业行列中来，真正使社会大众成为创新活动的重要参与者，这将加快形成以市场需求为导向的开放式创新体系，促进创新成果及时转化为产业活动，加速推动我国经济发展从要素驱动向创新驱动转变。

"互联网+"是拓展发展新空间的战略重点。党的十八届五中全会提出，要用发展新空间培育发展新动力，用发展新动力开拓发展新空间。实施"互联网+"行动，将不断创造新技术、新产品、新业态和新模式，形成创新驱动、开放共享、绿色发展、以人为本的新型经济形态，在拓展新空间方面发挥重要作用，可以概括为"三个拓展"。一是拓展增长空间。实施"互联网+"，深入推进互联网在经济社会各领域的融合应用，一方面，将为互联网行业提供新的发展机遇和更大空间，极大促进共享经济、社区经济、O2O（Online to Offline）等新兴经济形态的蓬勃发展。另一方面，将补齐互联网与传统产业融合的"短板"，让传统产业插上互联网的"翅膀"，实现"如虎添翼"、"凤凰涅槃"，为传统增长动力添火加力、加油续航。同时，3D打印、大规模个性化定制、服务型制造、工业云等生产领域的新业态新模式也将加快发展,形成新的增长点。二是拓展投资空间。实施"互联网+"行动，将有效带动宽带网络、4G移动通信等信息基础设施的加快投资建设，据测算，未来3年，该方面投资将超过1.3万亿元。互联网等新一代信息技术与制造、能源、材料等行业的融合应用及关键核心环节的突破，也将形成一大批新的投资热点，这将对我国经济增长发挥重要拉动作用。三是拓展消费空间。互联网与市场联系紧密，能够催生大量个性化、多样化需求，新技术、新模式也将创造更多新的消费产品和服务。预计2015年的信息消费规模将同比增长14.3%，是 GDP 增速的 2 倍多。未来,随着互联网在机器人、汽车等领域的深度融合应用,智能服务机器人、智能汽车等智能产品,也将加快形成新的消费热点,激发万亿级消费市场。

"互联网 +"是增强发展新优势的战略要求。"互联网 +"是基于我国互联网多年发展形成的先发优势和未来巨大潜力凝练提出来的。一方面,具有较强的产业和市场优势。我国拥有全球最大的网络规模,两年内建成了世界最大的 4G 网络,基本实现全覆盖。目前,我国网民数已突破 7 亿,普及率约 50%,接近人口的一半。以 BAT(百度、阿里巴巴、腾讯)、华为、中兴等为代表的骨干企业迅猛发展,我国已成为仅次于美国的互联网大国,互联网产业实力迅速增强。另一方面,具有融合创新的广阔空间。近年来,互联网跨界融合创新也取得积极成效,互联网正从消费侧的销售、服务环节向生产侧的研发、设计、制造等环节快速渗透,产业互联网快速兴起,传统制造企业借助互联网积极向"制造 + 服务"提供商转型。可以说,我国互联网已与发达国家站在了同一起跑线上,处于"并行者"地位,甚至在某些领域处于世界领先水平,具备了厚积薄发、登高望远的条件。实施"互联网 +"行动,加快互联网在更广范围、更深程度、更高层次的融合创新,壮大新经济、打造新动能、形成新优势,既是发展所需,更是大势所趋。

二、政策内容

《关于积极推进"互联网 +"行动的指导意见》的内容可以概括为一条主线、四个着力点、五条原则、四大目标、十一个重点行动、七方面政策举措。

一条主线,即大力拓展互联网与经济社会各领域融合的广度和深度。

四个着力点,即着力深化体制机制改革,释放发展潜力和活力;着力做优存量,推动产业体质增效和转型升级;着力做大增量,培育新兴业态,打造新的增长点;着力创新政府服务模式,提升公共服务水平。

五条原则,一是坚持开放共享。营造开放包容的发展环境,将互联网作为生产生活要素共享的重要平台,最大限度优化资源配置,加快形成以开放、共享为特征的经济社会运行新模式。二是坚持融合创新。鼓励传统产业树立互联网思维,积极与"互联网 +"相结合。推动互联网向经济社会各领域加速渗透,以融合促创新,最大限度汇聚各类市场要素的创新力量,推动融合性新兴产业成为经济发展新动力和新支柱。三是坚持变革转型。充分发挥互联网在促进产业升级以及信息化和工业化深度融合中的平台作用，引导要素资源向实体经济集聚，推动生产方式和发展模式变革。创新网络化公共服务模式，大幅提升公共服务能力。四是坚持引领跨越。巩固提升中国互联网发展优势，加强重点领域前瞻性布局，以互联网融合创新为突破口，培育壮大新兴产业，引领新一轮科技革命和产业变革，实现跨越式发展。五是坚持安全有序。完善互联网融合标准规范和法律法规，增强安全意识，强化安全管理和防护，保障网络安全。建立科学有效的市场监管方式，促进市场有序发展，保护公平竞争，防止形成行业垄断和市场壁垒。

四大目标，分别是社会服务进一步便捷普惠、发展环境进一步开放包容、基础支撑进一步夯实提升、经济发展进一步提质增效。从总体上看，希望到 2018 年，互联网与经济社会各领域的融合发展进一步深化，基于互联网的新业态成为新的经济增长动力，互联网支撑大众创业、万众创新的作用进一步增强，互联网成为提供公共服务的重要手段，网络经济与实体经济协同互动的发展格局基本形成。更进一步，到 2025 年，网络化、智能化、服务化、协同化的"互联网 +"产业生态体系基本完善，"互联网 +"新经济形态初步形成，"互联网 +"成为经济社会创新发展的重要驱动力量。

十一个重点行动，分别是"互联网 +"创业创新、"互联网 +"协同制造、"互联网 +"现代农业、"互联网 +"智慧能源、"互联网 +"普惠金融、"互联网 +"益民服务、"互联网 +"高效物流、"互联网 +"电子商务、"互联网 +"便捷交通、"互联网 +"绿色生态、"互联网 +"人工智能。

七方面保障支撑，分别是夯实发展基础、强化创新驱动、营造宽松环境、拓展海外合作、加强智力建设、加强引导支持、做好组织实施。其中，在"夯实发展基础"部分，提出要"做实产业基础"，主要内容是着力突破核心芯片、高端服务器、高端存储设备、数据库和中间件等产业薄弱环节的技术瓶颈，加快推进云操作系统、工业控制实时操作系统、智能终端操作系统的研发和应用。大力发展云计算、大数据等解决方案以及高端传感器、工控系统、人机交互等软硬件基础产品。运用互联网理念，构建以骨干企业为核心、产学研用高效整合的技术产业集群，打造国际先进、自主可控的产业体系。

三、政策分析

变革和创新是"互联网 +"的重点。简而言之，"互联网 +"战略的核心内容有两方面，一是运用互联网促进传统产业转型升级和发展水平提升，二是催生以互联网为基础的新兴业态和新的经济增长点。由此可见，"变革"和"创新"是"互联网+"的重点，而这种变革和创新的对象，是产业、是经济，目标是推动产业和经济发展走出创新驱动的新道路。

聚焦核心内容确保"互联网+"战略成功实施。促进互联网应用和推进"互联网+"战略，有联系也有差别。但从上面的分析可以知道，无论如何解读"互联网+"这一概念，但要想使其按照预想发挥作用，使"互联网+"战略能够落到实处、创出新意，就必须聚焦传统产业升级和新经济增长点培育这两大核心内容开展工作。否则，互联网应用推进得再迅速、再广泛，对"互联网+"而言也只是边边角角，未入其中。

找准以"互联网+"推动产业创新升级的着力点。一是发展基于互联网思维的研发创新模式。通过互联网搜集研发创意灵感，依托互联网平台建立用户广泛参与的协同设计（众包）模式。通过大数据、云计算深度探析市场需求，增强研发设计环节与用户需求的匹配度和精准度。鼓励发展具备互联网功能或与互联网紧密结合的新产品，提高产品的网络化、智能化水平，不断向价值链高端跃迁。二是打造基于互联网的智能化生产制造流程。建立具备数字化、智能化、网络化等特征的自动化生产系统和制造执行系统，顺应制造业产业形态和生产模式变革。建设互联网工厂，打造面向大型企业的分布式智能生产系统，支持企业通过远程诊断、远程管理实现动态制造过程。支持企业打造开放化平台，提升供应链协同和商务协同水平，带动产业链上下游共同发展。三是壮大以电子商务为核心的流通服务体系。加快发展涵盖信用管理、电子支付、物流配送、身份认证等关键环节的集成化电子商务服务。基于互联网、移动互联网的电子商务平台，建立全程可追溯、互联共享的产品质量追踪反馈体系，提升售后服务能力和品牌知名度。建立以电子商务为核心的供需有效接口，实现企业与客户和供应商的资源有效整合，促进资源优化和产业链的合理化，提高资源利用水平。四是打造适应互联网环境的产业组织体系。以具备更快反应能力、更佳运营能力、更强市场竞争能力为目标，以互联网为工具，加速推进实现企业内外部资源的有效整合，促进资源优化和产业链的合理化，提高资源利用水平。支持企业基于互联网开发和应用远程诊断、远程管理等工具，建设跨区域的产业管理系统，打造形成互联网化的业务集群、产业集群。五是建设依托互联网的产业链协同体系。发挥互联网在促进产业链上下游企业紧密对接的作用，支持企业打造开放化的供应链管理平台，提升供应链协同和商务协同水平，提高产业链整体竞争能力。建立全程可追溯、互联共享的产品质量追踪反馈体系，促使合作伙伴企业集中资源，提升产品质量，优化用户体验，实现全环节创新升级发展。

第四节　国务院关于印发《促进大数据发展行动纲要》的通知
（国发〔2015〕50 号）

2015 年 8 月 31 日,国务院发布了《促进大数据发展行动纲要》(以下简称《行动纲要》),这是指导我国大数据发展的国家顶层设计和总体部署。

一、政策背景

新一代信息技术与经济社会各领域的深度融合,引发了数据量的爆发式增长,使得数据资源成为国家重要的战略资源和核心创新要素。据统计,全球所掌握的数据,每两年就会翻倍。到 2020 年,全球的数据量将达到 40ZB,其中我国所掌握的数据将占 20%。大数据的广泛深入应用,使人类社会逐渐走向数据经济时代。据国际知名咨询公司 Gartner 预测,2016 年全球大数据相关产业规模将达到 2320 亿美元。

利用大数据分析,能够总结经验、发现规律、预测趋势、辅助决策,充分释放和利用海量数据资源中蕴含的巨大价值,推动新一代信息技术与各行业的深度耦合、交叉创新。大数据的发展将对经济社会发展乃至人们的思维观念带来革命性的影响,同时也能够为国家发展提供战略性的机遇。因此,从出现伊始,大数据就受到各方的热切关注。有关发达国家相继制定出台大数据发展的战略性指导文件,大力推动大数据的发展和应用。

我国发展大数据拥有丰富的数据资源和巨大的应用市场优势。近年来,经过各方的共同努力,我国大数据得到了快速发展。产业规模不断扩大,在部分关键技术上实现突破,涌现出一批骨干企业,在各行业中的应用也得到了深入推广,形成了一大批典型的示范案例。大数据已经日益成为推动经济增长、加速产业转型的重要力量。例如,阿里公司根据中小企业的交易情况对银行的财务和诚信情况进行筛选,并提供无担保的贷款。目前,已累计发放贷款 2000 多亿元,服务

80余万家企业,有力地缓解了中小企业融资难的问题。百度公司利用大数据技术,可以实时展示流感等流行病的动态,预测发病趋势,为应对疫情变化,优化医疗卫生资源配置提供了有力帮助。

未来,随着我国经济发展进入新常态,大数据将在稳增长、促改革、调结构、惠民生中承担越来越重要的角色,在经济社会发展中的基础性、战略性、先导性地位也将越来越突出。同时,大数据也将重构信息技术体系和产业格局,为我国信息技术产业的发展提供巨大机遇。《行动纲要》的出台,赋予了大数据作为建设数据强国、提升政府治理能力推动经济转型升级的战略地位。工业和信息化部将按照国务院部署要求,深入贯彻落实《行动纲要》,推动大数据产业健康快速发展,为建设数据强国提供有力支撑。

二、政策内容

《行动纲要》的内容可以概括为"三位一体",即围绕全面推动我国大数据发展和应用,加快建设数据强国这一总体目标,确定三大重点任务:一是加快政府数据开放共享,推动资源整合,提升治理能力;二是推动产业创新发展,培育新业态,助力经济转型。三是健全大数据安全保障体系,强化安全支撑,提高管理水平,促进健康发展。围绕这"三位一体",具体明确了五大目标、七项措施、十大工程。并且据此细化分解出75项具体任务,确定了每项任务的具体责任部门和进度安排,确保行动纲要的落地和实施。

五个目标,一是打造精准治理、多方协作的社会治理新模式;二是建立运行平稳、安全高效的经济运行新机制;三是构建以人为本、惠及全民的民生服务新体系;四是开启大众创业、万众创新的创新驱动新格局;五是培育高端智能、新兴繁荣的产业发展新生态。

七项措施,分别是完善组织实施机制、加快法规制度建设、健全市场发展机制、建立标准规范体系、加大财政金融支持、加快专业人才培养、促进国际交流合作。

十项工程,分别是政府数据资源共享开放工程、国家大数据资源统筹发展工程、政府治理大数据工程、公共服务大数据工程、工业和新兴产业大数据工程、现代农业大数据工程、万众创新大数据工程、大数据关键技术及产品研发与产业化工程、大数据产业支撑能力提升工程、网络和大数据安全保障工程。

三、政策分析

《行动纲要》的出台，标志着我国大数据规划政策体系进一步健全完善。大数据的发展需要做好顶层规划设计。反过来，国家层面发展战略的缺失一直被视为制约我国大数据发展的关键问题之一。2015 年以来，《国务院关于促进云计算创新发展培育信息产业新业态的意见》和《国务院办公厅关于运用大数据加强对市场主体服务和监管的若干意见》等文件的出台，都可以视为国家在大数据领域的总体发展思路的部分体现。《行动纲要》的发布，则提供了更加全面的顶层规划设计。这些文件和已启动制定的《大数据产业"十三五"发展规划》等文件一起，将有望组成较为完备的规划政策体系，统一和深化各方面认识与理解，形成合力，推动我国大数据的快速发展。

《行动纲要》的出台，为大数据发展重点方向的确立和相关瓶颈问题的解决指明了方向。很多人都感觉大数据的发展是知易行难，知道其有巨大价值，但没有清晰具体可行的发展路径，也面临很多不知道如何解决的问题。许多地方的大数据文件所以难以落地也缘于此。《行动纲要》在制定过程中，坚持需求导向、问题导向，围绕经济社会发展的迫切需求以及数据资源的积累建设不足、公共数据开放共享不足、产业基础薄弱、应用模式不成熟、体制机制与法规政策不适应大数据发展等关键核心问题，提出了大数据发展的若干重点方向、重点领域、重点任务乃至具体的重点工作。这种全面分析、整体考虑、系统解决的方法，有助于统一各方面意愿与行动，集中合力实现重点突破，加速我国大数据发展与应用步伐。

《行动纲要》的出台，能够给各行业领域带来新的发展动力。大数据的重要作用，不仅在于形成一种新的产业形态和一个新的经济增长点，而且能够给各行业、各领域发展带来积极的促进作用。前期，《国务院关于积极推进"互联网+"行动的指导意见》中很多地方都明确提出了发展和应用大数据，原因即在于此。此次，《行动纲要》围绕各方面应用需求，特别是产业转型、服务民生、提升政府治理能力、实现创新驱动发展等当前我国发展的重点焦点，提出有指导性的内容，使利用大数据助力经济升级、服务改善民生、释放万众创新潜力成为可能，使大众创业、万众创新能够获得新的基础和工具支撑。在此基础上，我国大数据产业链的构建和大数据产业生态的完善，也将拥有坚实的应用支撑。

第四章　2015年中国电子信息制造业热点事件

第一节　国家发改委对高通的反垄断调查结案

一、事件背景

近年来，手机专利费已成为手机成本的重点。根据市场调研数据测算，2014年智能手机平均销售价格约为 330 美元，其中软硬件专利授权费用高达 120—130 美元，已经超越手机硬件成本，成为手机厂商的主要成本负担。

在手机芯片领域，高通凭借其在 CDMA 专利标准中的主导地位，长期占据全球基带芯片龙头的位置，并使这一优势在 4G 时代得以延续和加强。高通 LTE 多模芯片的市场份额高达 80% 以上，已形成事实上的垄断，主导了行业的利润分配，成为现行手机专利格局中最大的受益者。

高通专利收费模式对国内整机企业造成事实负担。我国手机企业利润偏低甚至整体为负的一个重要原因在于芯片端成本高企，其核心是高通安卓平台芯片收费过高。高通收费模式可归纳为三个层次：一是由高通向手机厂商一次性收取的 Licence 许可费，几十万至上百万美元不等；二是高通芯片的购买费用，约 10—20 美元；三是手机销售时由整机厂商向高通缴纳的专利费，约是整机价格的 5%—6%。

二、主要内容

2013 年 11 月，国家发改委启动了对高通公司的反垄断调查，同时向国内外多家手机制造企业、芯片制造企业调查取证。经分析论证，高通公司在 CDMA、WCDMA、LTE 无线通信标准必要专利许可市场和基带芯片市场存在收取不公平高额专利费、没有正当理由搭售非标准必要专利许可、在基带芯片销售中附加不合理条件等诸多滥用市场支配地位的行为。

高通的上述行为,有悖于市场公平竞争原则,阻碍和抑制了手机技术的创新和产业发展,损害了消费者利益,违背了我国《反垄断法》的有关规定。2015年2月,国家发改委做出对高通60.88亿元人民币的判罚,同时要求高通公司在中国的专利收费模式和标准做出相应的整改,内容包括:

一是取消专利捆绑。高通将面向中国手机厂商,独立提供3G和4G专利授权,不再与高通其他专利捆绑授权。

二是不强制"反授权协议"。作为授权谈判的一部分,高通如果寻求从中国专利持有方获得反向授权,将需提供合理对价。

三是下调收费基准。高通面向中国手机厂商收取的专利费基准,由原来的整机售价调整为按实际价格的65%计算。

三、事件评析

一是对我国当前手机芯片市场格局影响甚微。对比高通公司过去五年300亿美元的专利费用来说,约合9.75亿美元的罚单并不会对其收入造成本质影响。专利收费模式的调整也不会从根本上改变国产手机技术专利标准话语权不足的事实。手机芯片市场上,高通依然是大多数安卓智能手机厂商追捧的对象,特别在LTE领域,联发科主攻低端市场,Intel、海思、展讯的4G芯片或市场份额均较小或尚处于投放起步阶段,高通的主导优势仍十分明显。未来随着国产4G芯片成熟度不断提高,市场格局或将出现松动,国产芯片的综合性价比优势或将得以显现。

二是对于重建通信领域公平竞争环境具有要意义。高通反垄断调查彰显了中国重视知识产权保护的决心,坚决反对任何滥用知识产权限制竞争的行为。在反垄断执法中对中外企业执行同一标准,充分体现了依法治国的精神。此案判罚将有助于通信行业知识产权保护的改善,营造公平竞争的创新环境,激发国内企业研发创新的积极性。

第二节 手机行业"中华酷联"格局解体

一、事件背景

进入3G和4G时代以来,手机领域运营商渠道份额逐年下降。中兴、华为、酷派、联想与三大运营商合作紧密，经运营商渠道的出货量一度占到80%—90%，四家企业由此实现了市场份额的快速提升，占比总和一度接近国内智能手机市场的半壁江山。然而，这种合作的效果喜忧参半。喜的是，"中华酷联"通过与运营商的深度合作及低价策略，打破国外品牌一统天下的局面，并逐步掌握国内市场的主动权。忧的是，"中华酷联"等国内品牌手机企业的发展也被运营商过多限制，在市场份额大幅提升的同时，并未获得利润和品牌方面实质性的提升。当运营商渠道快速萎缩且连续3年大幅降低终端补贴时，小米、vivo、OPPO等企业趁机依靠互联网和电商平台实现崛起，加速了"中华酷联"的"解体"。

从2014年开始，全球手机产业的人口红利逐渐消失，市场销量增速趋缓，国内外手机市场需求疲软。其中，成熟市场出货量增长率降至12%左右，远低于高峰时期的100%以上。多家知名市场研究机构的数据均显示，2015年全球智能手机市场需求增速还将继续下滑，预计全年出货量增速低于15%，我国市场的出货量增速将低于10%。在此背景下，国内外不少企业手机业务严重缩水，索尼、诺基亚、HTC等传统手机厂商的业务营收和市场份额大幅下滑，利润出现负增长。其中，微软已于2014年关闭诺基亚全球多处手机工厂并大幅裁员，2015年又宣布对旗下手机硬件业务进行重大重组。索尼2014年亏损21亿美元，已缩减了在多国的手机业务。HTC 2014年第四季度利润率只有0.4%，面临销量严重下滑的局面。联想、中兴、酷派等企业也同样受到影响，比如，联想收购摩托罗拉移动后市场份额下跌四成，中兴出货量更是跌出全球市场排名前十的位置，酷派的国内市场占有率从2014年的9.4%降至2015年第一季度的8.4%。

联想、中兴、酷派等企业在智能手机领域战略规划频频出现问题。近年来，联想由于过分迷信摩托罗拉品牌在中国市场的影响力而将其贸然引入，结果在中低端市场造成其与原有品牌互搏，非但没能在高端市场实现突破，反而陷入到低端市场的激烈竞争中，甚至在关键时期引发了高层人事变动。近期，联想旗下的神奇工厂又推出ZUK品牌，但仍未解决其手机业务品牌繁多且缺乏清晰定位的问题。2014年上半年，酷派曾凭借4G千元机在国内手机市场风生水起，但下半年的形势就急转直下，不得不把刚成立的大神品牌卖给360，并向乐视出售股份。酷派排名的下降，源于其在手机领域缺乏核心竞争力、在高端市场创新匮乏。中兴走的是一条从低端迅速跳到高端的发展路线，但由于长期在千元级市场厮杀，其固化的低端品牌形象无法支撑其高端市场品牌溢价。加之中兴在成立终端事业部后，短时间内先后推出努比亚、大 Q、红牛、青漾、星星一号、天机等多个子品牌，品牌形象混乱，导致用户黏性不强。

二、主要内容

2015 年上半年，华为、小米手机出货量分别为 5000 万部、3470 万部，高于联想、中兴和酷派；vivo、OPPO 智能手机销量同比增速超过 54% 和 33%，魅族同比增速更是高达 540%。昔日曾一度雄霸国内手机市场的四大传统手机企业"中华酷联"，只有华为依然位居国内外智能手机市场前列，其他三家均已退出第一阵营，"中华酷联"时代终结。

同时，"华米维欧（华米 VO）"替代"中华酷联"成为时下国内新一届四大强者。从市场调研机构 CINNO Research 公布的《2015 年 6 月份国内手机销量》监测数据看，苹果在我国 2000 元以上价位手机市场依然占据半壁江山；OPPO 以单月销售过 100 万台的成绩排名第二，市场占比为 13.5%；三星、华为市场占比分别为 7.5% 和 6.2%，排名分别为第三和第四；vivo 市场占比 5.8%，排名第五；小米市场占比 2.8%，排名第六。市场调研机构 IHS 数据显示，在国内智能手机市场，2015 年第二季度小米、华为、vivo 和 OPPO 占比分别达到 18%、16%、10% 和 8%，均超过联想、中兴和酷派的市场占比。从以上数据不难看出，"华米维欧"不仅在数量上实现了超越，在中高价位市场上也正在加速赶超国际一线品牌。依靠运营商崛起的"中华酷联"老阵营已经被依靠电商、线下渠道各具优势的"华米维欧"新阵营所取代。从"中华酷联"到"华米维欧"，不仅是企业市场地位的更迭，更代表了逐步走向高品质、高价位的国产手机获得了市场认可，是手机"中国制造"迈向中高端的重要体现。

三、事件评析

一是积极引导企业把握市场需求。科学把握和顺应市场需求是企业制胜的关键。广大手机厂商应借鉴"华米维欧"的成功经验，积极进行自主创新，通过创新型技术和产品来造就和引领新的市场需求。例如，华为依靠在芯片、通信等技术上的进步和对全球资源的统筹整合，以及向高端市场的成功转型，成功应对了手机行业格局变革。小米作为国内第一个真正意义上的互联网手机品牌，依靠在营销和商业模式上的创新取得了巨大成功。vivo、OPPO 两家则拥有着竞争力强的娱乐营销能力和强大的线下渠道。其中，vivo 坚持本分的品牌发展理念，始终正确定位企业发展方向，大幅提升研发能力，赢得了消费者认可。OPPO把用户体验摆在第一位，坚持为消费者做最极致的产品，旗下Find系列、N系列品牌均体现了OPPO将手机做到极致的态度。此外，OPPO重金打造的线上线下渠道体系也是其成功的关键要素。可见，在扶持国产品牌发展壮大的同时，政府还应积极引导企业通过自主创新模式来引领市场新需求，重视公开渠道的重要性，不断调整企业发展战略和市场营销策略，以赢取市场份额。

二是支持和推动企业加速战略转型。联想、中兴、酷派市场份额的下滑充分表明，在新的时代背景下，手机企业必须积极进行转型调整，在汲取教训的同时，充分利用和抓住现阶段移动互联网的发展新机遇，加快战略转型，创新商业模式和服务模式，以避免被淘汰。从政府的角度看，应支持企业不断提升核心竞争力，强化芯片、操作系统、高性能触控面板、高性能电池等关键技术和产品的研发；引导组建专利协同作战机制，通过自主研发、外部收购、建立共享机制等方式强化知识产权，提高企业专利诉讼应对能力。应加大对企业商业模式创新的支持，借助互联网思维创新商业模式，围绕用户体验创新并提升产品附加值，差异化发展高端特色市场，进而推动企业积极转型，实现赶超发展。

三是鼓励并引导企业拓展中高端市场与国际市场。针对我国手机企业整体盈利能力远低于苹果、三星等企业的不利现状，应积极支持和引导国内企业向中高端业务领域拓展，重点发展核心芯片、关键元器件、软件与信息服务等高利润环节，大力推进手机生产过程的"智能制造"，提高企业盈利水平。此外，应积极引导和支持企业面向全球，把握海外新兴市场发展需求，通过深入实施"走出去"战略积极拓展海外市场，实现企业可持续发展。针对未来几年全球智能手机的增量市场将主要来自印度等新兴市场的趋势，国产手机厂商正在掀起新一轮的"出海"大潮：小米、金立等重金屯兵印度市场，华为荣耀已拓展全球74个市场，中兴加大了对美国和拉美市场的投入，vivo、OPPO等也在努力拓展印度和东南亚等市场。近日有消息称，华为、小米、联想都将在国外建厂生产自有品牌手机，实现制造资源的全球化布局。从市场数据看，新兴市场是我国企业走向全球的主战场，并且也将成为企业突破发展瓶颈、取得成功的关键。

第三节　儿童智能手表热销拉动可穿戴产业发展

一、事件背景

智能可穿戴设备在经历了初期的投融资热潮后，已经进入发展瓶颈期，作为一类个人消费品，可穿戴设备必须考虑精细化的市场定位，才有可能迅速打开市场突破口。而儿童消费市场所瞄准的用户群体实际上是儿童及其家庭成员，潜在空间巨大，因此成为众多商家抢夺的战略要地。据 2015 年发布的《中国儿童发展指标图集（2014）》显示，我国 0—17 岁儿童有 2.74 亿人，占全国人口总数的 20%，但儿童人口规模在 2000—2013 年下降了 21%。这使得儿童在家庭中的地位日益突出，儿童消费逐步成为家庭消费的核心。相关调查显示，普通家庭的消费总支出中，儿童消费占比达 40% 以上。

二、主要内容

2015 年 6 月份以来，儿童智能手表忽然迎来火热销售的局面。6 月 1 日，360 儿童卫士三代手表开启首批预售，5000 台手表在 12 秒内售罄；6 月 25 日起，30 万台三代手表在 3 天内抢购一空，日销量达 10 万台。8 月 13 日，360 儿童卫士三代在 360 商城开放购买，每天 3000 台的现货均在 2 秒内抢购一空。8 月 27 日和 9 月 1 日，华为荣耀小 K 儿童通话手表登陆华为商城和京东两大销售平台，在两轮销售中，全部机型均瞬间售完。与此同时，腾讯、阿巴町、小天才等多个品牌的儿童智能手表产品纷纷推出，无论是渠道宣传热度，还是销售实际情况，以及相关网站的用户关注度与评价度，都有出色表现。儿童智能手表的热销，为一直不温不火的智能可穿戴设备市场注入了新鲜活力，也提振了我国可穿戴设备产业的发展信心。

三、事件评析

一是找准市场需求痛点，推动产品应用。积极引导企业对接市场需求加强研发。引导企业结合市场特点，在医疗服务、健康管理、运动健身、安全保障、休闲娱乐等方面创新开发，研制符合市场需求特征和应用习惯的可穿戴设备，并建立与之配套的软件、应用以及云端服务系统。大力支持企业加强研发创新型应用，防止可穿戴设备同质化、低端重复发展乱象，鼓励杀手级、互补型、专用型产品的开发和推广。通过政府采购、工程带动等手段，鼓励发展面向妇女、儿童、老人、残障人士等群体的可穿戴设备，提升产品实用性，找准智能可穿戴设备的真正"利基"市场。

二是强化终端服务体系，提升用户体验。针对可穿戴设备的体验度要求比较高的特征，选择在交通便利、人流密集的商圈设立集展示、路演及测试平台于一体的体验性展馆，提升可穿戴设备的消费者认知度，也为企业提供产品展示、品牌宣传、对接需求的平台。针对可穿戴设备后端服务需求，支持建设云服务开放平台，开发智能应用软件和应用商店，突破面向海量用户数据的大数据挖掘技术，为用户提供高效率、针对性强的应用服务。创新沟通服务方式，充分利用互联网、移动互联网等手段，建立用户高度参与的双向互动沟通和服务模式，提升用户体验。

三是优化产业发展环境，突破关键瓶颈。推动建立可穿戴设备产业生态孵化器、加速器，在资金、技术、市场应用及推广方面给初创企业以扶持。联合可穿戴设备产业链各环节建立可穿戴产业创新发展联盟，推动可公共穿戴设备的资源整合、技术发展以及行业应用标准的制定。推动产业核心技术攻关、提升产业创新能力，支持产业链关键环节培育和引进以及重点企业发展。四是完善公共服务，依托科研院所、高等院校、行业协会、服务商等专业机构建立专家服务团队，着力培育一批认证认可、信息咨询、技术转让、技术评估、教育培训、设备租赁、融资担保等公共服务平台和机构。

第四节　海信发布国内首颗自主画质引擎芯片

一、事件背景

芯片一直被认为是 IT 行业技术皇冠上的明珠，主要的技术掌握在少数外资巨头手中。近年来，中国一直谋求在芯片自主研发设计能力上的突破。包括以海信、长虹、创维为代表的中国老牌彩电巨头则一直致力于自主知识产权的彩电芯片研发，其中海信在芯片方面的动作最大。

2005 年，海信曾成功研制出中国首款电视视频画质处理芯片"信芯 1 代"，填补了我国在数字视频处理超大规模专用集成电路设计领域的空白，打破了国外公司长期对我国彩电产业关键专用芯片技术的垄断局面。当时,"信芯1代"主要以国内自用为主。

二、主要内容

2015 年 11 月,海信集团宣布搭载自主研发 SOC 级画质芯片 Hi-View Pro 的智能电视正式上市。这是海信继 2005 年发布中国首颗自主彩电芯片之后的又一壮举。该芯片能大幅度提高液晶电视画面的动态范围、动态对比度、色域、清晰度和运动流畅性,是国家"核高基"计划高端芯片产业化的优良成果。

据海信透露,Hi-View Pro 芯片第一年将量产 100 万片,并于 2015 年底在海信旗舰产品 ULED 高端智能电视中实现整机量产。海信表示,Hi-View Pro 引擎芯片不仅会赋予 ULED 更多差异化价值,还将向其他电视厂商开放;同时,Hi-View Pro 芯片背后的核心算法也可以应用到专业显示领域,这将加快推动海信进军医疗、绘图、电影监视等专业领域。

三、事件评析

一是海信画质芯片的研发,将有利于提升海信在彩电高端市场的话语权。高端电视的配置一般由主芯片加上一颗 TCOM 芯片组成。随着 4K、8K 片源的普及以及视频流媒体的播放和解析需要,画质芯片需求日益增加,画质芯片与主芯片和 TCOM 芯片三组芯片相互依赖、同时运行,将会大幅度提高运算性能。作为中国企业,海信第一个进入"三组芯"时代,通过采用自主研发的画质芯片,在产品与芯片搭配方面将具备更大的自主权,能通过底层芯片的创新进一步配置自身应用创新,不再受到三星、索尼等外资企业的约束。

二是海信芯片面临市场推广难题。海信虽然自主研发了画质芯片,但如何让其他品牌(特别是竞争对手)使用自己的芯片,将是海信即将面临的考验,也是这款产品能否成功的一个重要标志。当前,海信的芯片将首先通过海信内部的渠道销售,但一时难以在开放市场成为主流。因此,建议海信采用通过芯片给终端产品带来差异化价值,而不是简单地用自己的芯片替代其他供应商的同质芯片的策略。通过这种战略,海信可以不断积累核心 IP,同时可以根据市场需求整合芯片行业资源,进行协同创新,最终在终端产品中体现差异化,又能在细分市场中形成一定的垄断,从而带来更大的价值。此外,为了加快芯片公司的壮大,海信应尝试通过合作或者并购的方式来加快芯片业务的发展。

第五节　电子信息制造业迎来"外资撤离潮"和"破产倒闭潮"

一、事件背景

近年来，国外政府开始重新重视制造业，部分国家通过制造业回流来提振本国经济。以美国为例，国际金融危机之后，美国为了重振国内制造业，推出"再工业化"战略，并颁布一系列政策鼓励本国制造业发展，为促进在外制造业回归做足了准备。同时，美国"再工业化"战略推行后，民众对于制造业回归的呼声越来越高，不少美国大型企业都面临着为本国创造就业机会以降低失业率的政治压力，而政治因素很大程度上影响了制造业方面的决策。此外，在信息技术革命的背景下，制造业向服务化转型成为趋势。特别是近年来，工业互联网、工业4.0等新战略推动传统制造业与信息技术加速融合，全球制造业发展模式因此发生深刻的变革，过往仅仅依靠有形产品自身的功能和质量来维持竞争力的时代一去不复返，而融合产品和服务功能成为制造业发展的新要求。因此，国内大量外资制造业亟须进行战略调整，资本撤离可看作是战略调整的一环。

在制造业发展的新背景下，企业基于成本要素变化和淘汰落后产能进行市场战略调整。一是我国人工成本高涨，失去吸引外资的最大优势。数据显示，目前我国珠三角地区人工成本达到600—650美元，而印度尼西亚约为300美元，越南只有250美元左右，柬埔寨则更便宜，大约100美元。如此人工成本落差，使得珠三角地区的外资制造业更多地瞄向东南亚国家寻找活路。同时，近十年来我国制造业每小时人工成本增速超过200%，加上能源价格的走低及人民币升值的影响，中国对美国的制造业成本优势到2020年或将不复存在。中国在人工成本方面的优势渐渐丧失，是导致外资撤离的最大诱因之一。二是制造企业淘汰落后产能的需要。目前，我国制造业产能过剩问题成为常态，为淘汰落后产能，我国通过两化融合、智能制造等战略不断对制造业进行转型升级改造，一些处于产业链下游环节的制造企业不断被淘汰。从本轮外资撤离情况来看，撤离的企业和业务环节均处于制造业产业链下游环节，而资金撤离更像是企业淘汰落后产能的正常战略部署。

二、主要内容

发达国家制造环节重回本土。金融危机之后，发达国家意识到"回归实体"的重要性，于是纷纷反思"去工业化"战略，转而推行"再工业化"政策。2015年1月，松下中国正式宣布终结山东松下电子信息有限公司事业，并计划将其在日本本土以外生产的洗衣机、微波炉、家用空调等家电产品，约40余种型号回迁至日本静冈县袋井市工厂；夏普计划在日本栃木县矢板市工厂和大阪府八尾市工厂分别生产更多机型的液晶电视和冰箱，推进生产制造业务回迁；日本大金工业公司计划进一步把家用空调的生产从中国迁回位于滋贺县的工厂；TDK业计划将部分电子零部件的生产从中国转移至日本秋田县等地的工厂。

外商投资转向成本更低的东南亚国家。伴随着东南亚国家工业化步伐的迈进，制造业在东南亚国家国民经济中的地位不断提升。与此同时，发达国家因为东南亚国家加工制造成本更为低廉而加大了对其的投资和转移力度，尤其是美国、日本、德国和韩国自2006年至2013年期间对东南亚国家的直接投资增速远高于中国，这造成外资企业将中国制造企业生产基地迁至东南亚地区，呈现"转移潮"。三星决定从2015年起，其一半以上的智能手机都将在越南生产。三星电子旗下子公司三星显示器还宣布，该公司已获准在越南投资10亿美元兴建一座显示模组装配工厂，这是三星显示器在越南投建的第一座制造工厂。

国内一批制造业企业在双重夹击下遭遇停产。中国制造业企业在要素成本上升的情况下，也出现了停产和倒闭的现象。2015年1月，山东松下电子信息有限公司终结山东松下电子信息有限公司事业，意味着松下在中国区域内的电视生产和制造业务彻底结束。2015年2月，西铁城精密（广州）有限公司宣布清算解散，千余名员工被解除劳动合同，限期离厂。2015年10月8日华为中兴的一级供应商、深圳市明星企业福昌电子技术有限公司宣布破产之后，之后三家手机零配件生产商深圳中显微集团、位于惠州市的创仕科技以及深圳领信光电有限公司相继关门停产。2015年10月22日，全球三大面板厂之一的中国台湾中强光电集团宣布关闭旗下璨宇光学（南京）有限公司。据不完全统计，2015年以来，珠三角地区共有76家企业关门，其中东莞占27家，比例超过关门企业总数的1/3。仅2015年10月，珠三角和长三角就至少有20家大型电子制造企业破产或停产。

三、事件评析

一是影响有限，我国仍具备全球制造业竞争力。短期来看，外资撤离给我国制造业尤其是电子信息制造业带来了一定不利影响，如少量企业倒闭潮和人员失业潮、市场竞争加剧、产业空心化、专业知识以及产业配套环节流失等，但外企撤离的规模和数量都比较小，就业岗位也只是数以百计或数以千计，且只出现在某些特定情景下，并未形成规模性的撤离。长期来看，影响有限，我国仍将是全球制造业最具竞争力的国家之一。波士顿咨询集团预计2015年我国制造业薪酬升至每小时4.4美元，但远低于美国的26.1美元。相对于发达经济体而言，我国仍保持劳动力低成本的竞争力。同时，我国制造业经过多年的发展，已形成完整的配套产业链以及工业体系，特别是沿海地区，产业协作和产业内部的配套都比较完善，这是东南亚等新兴国家在短期内难以建立起来的。未来，依托产业链和庞大市场，我国制造业竞争优势仍将存在。

二是机遇并存，我国迎来产业转型升级调整重要时期。一是产业格局调整将提升外资质量。在跨国企业制造业生产线撤离我国的同时，另一批以服务业为主的外资企业却在积极进入我国。进入服务业的FDI（外商直接投资）首超制造业，表明我国已从过去过度重视制造业转到更加重视服务业上来。随着劳动力成本上升，我国在劳动、资源密集型产业吸收外资逐渐减少，而在高端产品制造业、服务业吸收外资却逐步增加。二是吸引外资的结构正在深度调整。虽然劳动力工资和生产成本持续上升，部分劳动密集型低端制造业的外资企业将生产基地迁往低收入国家，但流入我国高端制造业和高科技产业的外资却有增无减。在制造业中，通信设备、计算机、电子设备、交通运输设备等高端制造业吸引外资保持较好规模。同时，医疗、养老、物流运输和电子商务等服务业领域外资规模也不断扩大。

总之，在产业升级和经济结构调整的大背景下，外资撤离淘汰了落后产能和低端制造环节，也带来了发展机遇。随着国内企业创新水平的提高，产业链上游的研发设计环节与下游的销售服务环节一起，成为制造业整体层次提升及竞争力增强的动力。面对撤离后的产业空心化，我国可以统筹整合现有资源发展中高端制造业和服务环节，进而促进产业转型升级和结构调整。

第六节 思科被我国政府剔除出政府采购名单

一、事件背景

自美国"棱镜门"事件出现以后，许多大企业纷纷出面澄清自己未参与美国政府的"棱镜"项目，思科也多次向公众澄清，自己是"清白的"，并强调并未在路由器中"开后门"监听中国政府和消费者。

无论思科是否涉及"棱镜门"，我国政府已经认识到信息安全的重要性，进而加速了国家信息安全战略的实施，而思科等美国品牌也在这一大趋势下逐步被边缘化。2015年，我国政府采购政策开始向国内企业倾斜，这一方面是出于信息安全和网络空间安全的考量，另一方面，华为、中兴通讯、华三通信等国产厂商在网络设备制造、系统服务及解决方案等领域的竞争力也在增强，我国具备了逐渐摆脱依赖外国产品的条件。

二、主要内容

2015年2月，据中国国家机关政府采购中心中央政府采购官方网站显示，思科已从政府采购名单中被剔除。

而根据路透社称，2012年我国国家机关政府采购中心的名单上共有60款思科的产品，而到了2014年底，这一数量已经减少为零。与此同时，苹果公司，还有英特尔旗下的计算机安全解决方案McAfee公司和应用交付基础架构解决方案提供商思杰系统公司（Citrix System）也是严重受害者。

据统计，在两年的时间内，中国国家机关政府采购中心名单上的商品数量增加了2000多个，目前总数量将近5000个，而增加的这些商品几乎全部为本土品牌。与此同时，被批准和采购的国外科技产品的数量下滑了1/3，不到1/2的安全相关产品得以幸存。

三、事件评析

一是在被剔除出采购名单以及业务持续下滑的情况下，思科等公司可能将采取相应策略进行反制。首先是上诉WTO。思科很可能会采取这类行动，上诉WTO，借助WTO协议继续给予中国政府压力。希望能够为中国政府的"安全可

39

控"策略松绑。其次是采取同样策略，围堵华为等中国公司。思科很有可能会进一步采取反制措施，向华为等海外的中国公司进行封锁围堵，迫使中国政府重新回到谈判桌前。这一点最有可能实施，而且思科也曾经尝试过，并且该方法也是最见效的，思科会借助美国国会的力量对中国IT公司驻海外机构采取同样策略加以限制。遭殃的很可能是华为等中国公司的海外机构。最后是效仿Google，集体撤出中国。这一个策略是最后的无奈之举，此举必将会造成两败俱伤，从思科彻底被剔除后，思科在中国的生存状况每况愈下，所以不排除思科迫不得已做出撤出中国市场的可能。如果思科联合IOE（IBM、甲骨文、EMC）集体撤出的话，将对中国政府和企业产生深远的不利影响。

二是中国政府应做好积极应对思科等公司的下一步反击的准备。首先，中国不会对美国IT公司全面清剿，思科成为首要目标主要源于斯诺登事件，而此次事件美国政府对此负有一定责任，所以中国政府的担忧也无可厚非。所以选择拿思科开刀，不会受到国际社会一致反对。其次，借此机会逐步削弱美国IT公司在中国政府和企业中的影响，多年来我们对国外IT产品的依赖程度过高，也是中国政府对美国IT公司政府采购名录限制的原因。再次，效仿Google美国IT公司集体撤出的预案。美国IT公司集体撤出，对于中国政府和企业的影响是巨大的，但是从目前来看，中国政府也做出了相应的防范，逐步淡化美国IT公司对中国政府和企业的影响，但同时也会扶持一些美国的二线IT公司进入中国政府采购名录，这样即可以增加更多的谈判砝码和空间，也能防止因为思科等公司采取激进行为而带来的损失。所以我们会看到Juniper等公司依然在中国政府采购名单中。最后，加强国有厂商的地位和能力，中国政府应积极推动美国一线IT公司与中国本土厂商在技术上和研发上的合作，以政府采购等方式迫使思科等美国IT公司同意对中国本土科技企业进行技术输出。

第七节　紫光集团控股"新华三"

一、事件背景

自"棱镜门"事件以来，包括中国在内的大多数国家都开始加强对网络信息安全保护的重视，惠普、思科等美国科技公司因而面临了巨大发展压力，而华三（H3C）作为一家总部在中国本土的公司，控股权又在惠普这家美国公司手中，其身份极为尴尬。2015 年，国内三大电信运营商的设备集采中几乎没有看到华三的身影。因此，惠普不断尝试通过出售多数股权给中国本地厂商，通过"借壳"规避中国政策的壁垒，打通销售市场，同时继续保持自己在核心技术创新的自主优势的发展策略。

紫光集团由芯片设计向存储和服务器等领域覆盖的全产业链发展战略渐次展开。紫光集团首先大力发展集成电路产业。紫光董事长赵伟国曾用"芯片是事业，其他是生意"来阐释紫光集团的集成电路战略。为此，紫光集团在资本市场和产业发展中动作不断。2013 年，紫光集团大举进军芯片领域，以 17.8 亿美元私有化展讯，并于 2014 以 9.1 亿美元收购了锐迪科，紫光集团由此一跃成为国内集成电路产业设计领域龙头。其次，紫光集团制订了"成为中国第一、世界前三、市值千亿美元的芯片巨头"的目标，自此，紫光集团收购触角从芯片设计延伸到到存储和服务器领域，结合惠普的发展战略，此次收购一拍即合。

二、主要内容

2015 年 5 月 21 日，紫光集团宣布，将以不低于 25 亿美元的股价向惠普公司控股子公司 H3C 发起收购。随后紫光集团发布定增预案，拟募集资金不超过 225 亿元，其中，拟投资 188.51 亿元收购 H3C 51% 股权，并开始解决员工持股问题，抛出两个涉及合计高达 9500 人的员工持股计划。

收购完成后，"新华三"将成为惠普服务器、存储、网络产品和硬件支持服务在中国境内的独家提供者。"新华三"将包括惠普公司的全资子公司华三通信与惠普中国有限公司的服务器、存储和技术服务业务，总估值约 45 亿美元（不含现金及负债）。中国惠普仍将继续 100% 拥有其在华的企业服务、软件、惠普Helion 云、Aruba 网络产品和打印与个人系统业务。

三、事件评析

在紫光集团入股之前，尽管股权发生几次变更，H3C 还是在管理架构和营销模式上始终保持了独立运营，此次紫光入主，是驾驭还是吞并，给市场留下大大的问号。

同时，此前由于惠普持股，H3C 一直披着合资企业的外衣，却始终在政府主导的网络设备采购中处处受阻。紫光收购后，H3C 顺理成章回归民族品牌的阵营，国有控股的身份将使得它可以更好地应对国产化趋势的挑战，向联想、华为、浪

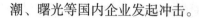

潮、曙光等国内企业发起冲击。

此外，此前阻挠 H3C 发展的内忧仍然存在。近年来，H3C 内部问题重重，股东方与独立的 H3C 沟通不畅、利益纠葛不断，人事调整不当更是让华三内部矛盾激发，多次发生员工罢工情况。而如今，紫光接手之后，新任掌门人是谁，谁能带领内部矛盾重重、派系争斗激烈的 H3C 重整旗鼓，一直是个悬念。

第八节　美国对我国光伏产品二次"双反"案终裁

一、事件背景

美国商务部曾于 2012 年裁定对中国产晶体硅光伏电池征收 18.32% 至 249.96% 的反倾销税，以及 14.78% 至 15.97% 的反补贴税，但并未完全堵死中国光伏组件入美之路。2014 年 1 月 23 日，美国商务部正式宣布，对从中国大陆进口的晶体硅光伏产品发起反倾销和反补贴（"双反"）调查，启动对我国光伏产品的第一次"双反"，此次产品范围从"晶体硅光伏电池"扩大至包括电池、组件、层压材料在内的"晶硅体光伏产品"，同时对从中国台湾地区进口的晶体电池产品发起反倾销调查。

二、主要内容

2014 年 6 月 3 日，美国商务部宣布，初步裁定中国大陆出口到美国的晶体硅光伏产品获得了超额政府补贴，补贴幅度为 18.56% 至 35.21%；7 月 25 日，美国商务部又公布了对华晶体硅光伏产品反倾销初裁结果，认定中国大陆和中国台湾地区输美晶体硅光伏产品存在倾销行为，其中中国大陆产品的倾销幅度为 26.33% 至 165.04%，台湾地区产品的倾销幅度为 27.59% 至 44.18%。2014 年 12 月 16 日，美国商务部宣布对华输美光伏产品"双反"调查终裁，认定中国大陆输美晶体硅光伏产品存在倾销和补贴行为，中国大陆厂商的倾销幅度为 26.71% 至 165.04%，补贴幅度为 27.64% 至 49.79%，台湾地区厂商的倾销幅度为 11.45% 至 27.55%。2015 年 1 月 21 日，美国国际贸易委员会公布第二起对华光伏"双反"案终裁结果，认定自中国进口的晶体硅光伏产品对美国产业构成实质损害，美方将据此征收"双反"关税。

三、事件评析

一是中国出口光伏产品仍可采用首次"双反"税率。美国首次"双反"主要针对中国产晶硅光伏电池以及由该电池加工而成的组件，其中还包括第三国进口中国产电池在海外组装并出口美国的产品。美国商务部终裁报告上指出采用第三国产的晶硅电池在中国加工而成的组件出口美国不在征税范围内，因此首次"双反"裁决后，我国部分光伏企业采取进口我国台湾地区电池在国内组装为组件再出口美国的方式合理规避关税。而二次"双反"将首次"双反"中明确被排除的征税情况予以恢复并加强，堵死了国产光伏电池及组件出口美国市场的所有避税途径，并对中国台湾地区征收 11.45% 至 27.55% 的反倾销税率。但二次"双反"主要针对进口第三国电池组装并出口的中国产品，目的在于堵死首次"双反"的避税途径。根据终裁报告，产自中国的光伏电池及组件出口的关税仍沿用首次"双反"裁定的结果，因此，这部分光伏产品的出口并未受到二次"双反"的影响。根据首次"双反"终裁结果，无锡尚德和天合光能的合并税率分别为 35.97% 和 23.75%，其余 59 家应诉企业合并税率为 30.66%，非应诉企业的合并税率 265.2%，较二次"双反"税率低。并且据我国台湾地区媒体报道，普遍厂商的一次"双反"税率由 30% 降至 17.5%。因此，绝大多数中国厂商出货将选择在中国自行生产电池片，封装成组件后以 2012 年的"双反"税率出货美国。

二是对我国光伏产品对美出口造成影响。从 2012 年及 2014 年美国光伏"双反"初裁发布及美国光伏"双反"初裁税率出台后，我国光伏产品对美出口额均出现了大幅下滑。2012 年 3 月，一次"双反"初裁发布后，我国对美光伏产品出口额环比下滑了 46.4%；2014 年 6 月，二次"双反"初裁发布后，我国对美出口额环比下滑了 65.9%。但从光伏产品出口总额看，两次"双反"发布后，全年出口总额出现了截然不同的变化。2012 年我国光伏产品对美出口额为 14.02 亿美元，同比下滑了 42.75%；但 2014 年对美出口额为 18.61 亿美元，同比增长了 54.3%。这一方面由于此次"双反"调查仅针对采购第三方电池片组装成组件出口美国市场的行为，而对于采用国内产电池片组装组件出口美国市场的可采用第一次"双反"税率，近日美国商务部对部分企业第一次"双反"合并税率做出了部分下调，一定程度上对我国光伏产品对美出口有一定程度的促进作用。此外，2014 年美国新增光伏装机量达到 6.2GW，同比提升 30%，持续的市场增至拉动我国光伏产品对美出口。

三是"双反"背景下，我国光伏企业抗压能力逐步增强。"双反"的洗牌效应淘汰了一批规模较小、产能落后、出口市场单一的企业，留下了一批生命力强的龙头企业，再加上企业采取的积极灵活的经营策略，二次"双反"中我国企业抗压能力显著增强。首先，首次"双反"后，包括日本、韩国、中国香港、中国台湾等新兴市场出口占比迅速加大，特别是近两年日本已经超越美国成为我国光伏产品出口第一大市场，2014年占据我国总出口额的35.4%，新兴市场的整体布局已经形成，从而降低了系统的贸易摩擦风险。其次，国内光伏市场迅速扩大，随着我国光伏市场政策环境逐渐完善、资本的持续进入以及企业的持续，我国光伏市场以每年10GW以上的速度增长，2015年新增装机量达到15GW以上。国内市场开拓步伐的逐步加快使我国光伏产品依赖出口的局面逐步减弱，再加上我国光伏制造企业纷纷往下游系统集成与电站运营延伸，我国光伏企业面对国际贸易保护时的抗压能力显著增强。

第九节　中国OLED显示产业联盟成立

一、事件背景

过去十年，液晶电视最终完胜等离子电视，而下一个十年，究竟是液晶电视引领主流还是OLED电视开辟新世界，也引发了当下彩电从业者的激烈争论。

以创维为代表的厂商力挺OLED技术。"OLED之父"邓青云教授曾指出，因为自发光特性，相比LCD液晶，OLED可以省去背光源等附件，因而在生产制造上也因此更具竞争力。同时从可折叠、可穿戴、透明等优秀性出发，OLED才是新一代的显示技术。创维总裁杨东文也认为，OLED能从小尺寸做到大尺寸，从手机屏做到100多英寸的电视屏，加上对比度高、响应速度快、应用范围广、能卷能曲等优势，未来市场潜力巨大。

以海信、TCL、三星为代表的厂商更看好液晶显示电视。海信集团董事长周厚健表示，对于电视制造业来说，OLED电视包括以下缺点：使用寿命更短、存在残余影像、工作效率较低、比液晶显示屏电视价格高，OLED电视分辨率仍低于2K，而液晶显示器电视已经达到了4K的超高分辨率阶段。TCL多媒体副总裁王汝林认为，通过量子点、导光板等技术，液晶电视在色域、厚度上都与OLED差异不大，且物美价廉。而三星在2013年就宣布停止OLED电视生产，显然与海信、

TCL 站在同一阵营。

未来，围绕谁是下一代主流电视的争论仍将持续，但相比于发展较为成熟的液晶显示电视来说，OLED 仍面临技术、成本、市场等方面的诸多发展瓶颈，而中国 OLED 显示产业联盟成立则是打破 OLED 发展瓶颈的有益探索。

二、主要内容

2015 年 9 月 16 日，由中国电子视像行业协会牵头，LG Display 等国内外近30 家彩电业上下游产业链和研究机构，共同成立中国 OLED 显示产业联盟，共同推进 OLED 发展，以加快 OLED 电视的普及。

联盟推举创维集团担任联盟理事长单位，除了创维集团外，联盟内彩电整机厂商还有康佳、长虹、海尔、LG 等，而面板及上游厂商主要有 LGD、京东方、华星光电、中电熊猫等。同时，北京大学、华南理工大学、电子科技大学、中国电子技术标准研究院等一众著名大学、研究机构也参与其中，形成了集产、商、学、研上下游于一体的联盟体。

目前，联盟内的彩电厂商已经占据市场的半壁江山。根据世界权威面板市场调研机构 Display Search 在 2015 年第一季度发布的调研数据，位居中国 OLED 显示联盟中的电视机厂商在我国所占据的市场份额高达 50%。此外，中国两大家电卖场流通企业苏宁和国美也为 OLED 电视助阵，其在国内运营 3000 多个卖场，在业界影响力巨大。由此来看，OLED 阵营实现了战略扩大，得到了市场主流力量的全面支持。Display Search 预测称，到 2018 年国内 OLED 电视市场将以每年约 80% 的速度大幅增长，2020 年全球 OLED 电视的市场渗透率将达到 15%—20%。

三、事件评析

一是联盟成立有望打破 OLED 技术瓶颈。OLED 产品已于几年前在全球上市，但是由于成品率不高等问题，目前仍难以量产。而中国 OLED 显示产业联盟的成立表明，以往制约 OLED 普的技术障碍将被清除，这为其将来普及应用铺平了道路。目前，OLED 在生产上已经实现了重大突破，以 55 英寸 FHD 全高清面板为基准，LCD 液晶的生产良率达到 80% 前后共花了 10 年的时间，而 OLED 仅仅耗时 1 年 6 个月便已达成。未来，OLED 厂商通过加大投入进一步改善生产良品率，并通过节约材料成本，稳健而快速地提升 OLED 的核心市场竞争力。

二是联盟面临不确定未来。2014年以来我国彩电行业受内销下跌和出口增速下滑的影响，行业发展压力很大。同时，互联网企业进入电视市场后，更是给中国彩电行业造成市场蓝海和利润"红海"的复杂局面，彩电商们为此进入相互厮杀阶段，围绕谁是未来主流电视的争论愈演愈烈。此次，海信、TCL、三星等彩电业龙头企业均未此加入联盟，这与当前的阵营之争相符。未来，液晶显示和OLED两大阵营之争会更加惨烈，在中国液晶面板巨大拥有巨大市场规模和产能的背景下，OLED电视要替代液晶显示电视既面临技术、成本问题，也面临液晶面板产能消化的现实困境。因此，OLED电视和中国OLED显示产业联盟发展不会一帆风顺。

第十节　百度、阿里巴巴、腾讯布局智能汽车

一、事件背景

智能汽车被认为是继智能手机和平板电脑之后的下一代移动智能终端，市场前景极为广阔。法国证券研究机构 Exane BNP Paribas 预计，未来十年全球智能汽车市场规模将增长到500亿美元。市场调研机构 Navigant Research 报告称，全球无人驾驶汽车销量将从2020年的不到8000辆，升至2030年的9540万辆。麦肯锡研究报告预测，到2025年全球无人驾驶汽车可以产生2000亿至1.9万亿美元的产值。咨询机构 HIS 预测，2025年左右无人驾驶的智能汽车将走进寻常百姓家，2035年全球智能汽车销量将达到1180万辆，占据同期全球汽车总销量的9%左右。

智能汽车的发展吸引了整车企业、芯片企业、通信企业和互联网企业等巨头企业的广泛参与。沃尔沃、福特、通用、奥迪、宝马、奔驰等传统汽车制造商与微软、谷歌、脸谱等信息技术企业开展合作，探索汽车信息化和智能化的发展方向。英伟达、高通、英特尔等芯片巨头纷纷挺进智能汽车领域，推出车载芯片。AT&T、中国移动等通信运营巨头积极拓展车联网服务。谷歌、苹果科技巨头各自建立起汽车操作系统联盟（谷歌主导建立"开放汽车联盟"、苹果推出"Carplay"计划），微软、Facebook 等互联网企业也开发推出车载智能系统。

在智能汽车发展浪潮，以及国外整车企业、芯片企业、互联网企业和通信企业纷纷进军智能汽车的背景下，百度、阿里、腾讯（BAT）等我国互联网巨头也

紧跟发展潮流，通过多种方式大举布局智能汽车行业，积极探索智能汽车发展方向，抢占智能汽车发展先机。

二、主要内容

百度布局情况。一是推出基于百度地图的车联网终端 CarNet。CarNet 可将智能手机与车载系统相连接，实现"人、车、手机"之间的互联互通。二是发布车联网解决方案 CarLife。百度 CarLife 是我国首个跨平台车联网解决方案，百度希望借此全面布局车联网领域，打造车联网领导品牌。三是宣布将研发推出智能汽车。据百度 CEO 李彦宏透露，百度正与宝马等汽车制造商合作，着手开发智能汽车，并将于 2015 年底推出自主研发的智能汽车产品。与谷歌无人驾驶汽车不同的是，百度智能汽车将安装雷达、相机、卫星导航、同步传感器等电子设施，最终要实现对交通信号灯、汽车、行人信息以及路况等各类信息的整合，实现自动行驶功能。

阿里巴巴布局情况。一是成立汽车事业部。2015 年 4 月，阿里宣布成立阿里汽车事业部，涉足汽车行业，整合资源向车主提供全链路汽车电商 O2O 一站式服务。二是与上汽合作开发"互联网汽车"。2015 年 3 月，阿里与上汽车宣布共同出资 10 亿元设立"互联网汽车基金"，并组建合资公司，联合双方优势资源，打造全新的"互联网汽车"。阿里"互联网汽车"将集成阿里"YunOS"操作系统、高德导航、阿里通信、阿里云计算等资源和上汽的整车与零部件开发、汽车服务贸易等资源，并整合双方线上线下资源，为用户提供智慧出行服务。

腾讯布局情况。一是推出车联网入口产品"路宝"。"路宝"产品包括路宝 APP、路宝盒子，以及同中国人保和壳牌两家巨头共同成立的"i 车生活平台"。路宝盒子配合路宝 App，为车主提供导航、故障诊断、驾驶习惯分析等服务；"i 车生活平台"为车主提供更多本地服务。二是斥资 11.73 亿元收购四维图新 11.28% 股份，布局地图导航业务。通过并购，腾讯借助四维图新在基础数据和车联网核心业务的优势切入到车联网领域，腾讯联手四维图新推出车载互联网整体解决方案趣驾 WeDrive，整合了腾讯车载 QQ、QQ 音乐、腾讯新闻、大众点评、自选股、腾讯看比赛和四维图新趣驾导航、趣驾 T 服务等双方的优质资源。三是联手富士康，布局"互联网＋智能电动车"。2015 年 3 月，腾讯与富士康、和谐汽车共同签订战略合作框架协议,将在河南省郑州市展开"互联网＋智能电动车"

领域的合作。在该合作中，腾讯将主要负责提供互联网开放平台。

三、事件评析

一是从企业层面看，BAT等互联网企业布局智能汽车将推动传统车企向智能化转型。传统汽车企业和汽车电子企业在汽车行业深耕多年，掌握了包括汽车零部件生产和组装、汽车系统集成、整车集成、汽车测评等成熟的汽车技术，同时积累了丰富的行业经验。但是，智能汽车的快速发展，尤其是BAT等互联网巨头企业的介入，给汽车行业带来数据、平台、用户和思维等方面的诸多新挑战、新变革。在此背景下，传统车企在夯实自身原有优势的基础上，开始与互联网企业等信息通信技术企业在研发模式、营销理念、智能化方向等方面积极开展合作，共享大数据资源、互联网平台、海量用户等资源，统一车载信息服务平台，提升一体化智能汽车解决方案，加快向智能化转型升级，实现可持续发展。

二是从政府层面看，需要采取有效措施对智能汽车行业发展进行积极引导。BAT等互联网企业大举布局智能汽车领域，既推动了智能汽车行业的发展，也带来了标准、安全等方面的诸多新问题。特别是，互联网企业将信息化、智能化系统和平台等大量引入智能汽车领域，带来严重的信息安全隐患，对汽车安全性造成较大影响。对此，政府需要发挥引导作用，采取有效措施对智能汽车行业发展进行规范，推动智能汽车行业健康、快速发展，包括研究出台促进智能汽车产业发展的政策和规划，建立统一规范的智能汽车系统和平台标准，健全智能汽车信息安全保障机制等。

行　业　篇

第五章　计算机行业

第一节　发展情况

一、产业规模

计算机行业低位小幅回暖。2015年1—12月，计算机行业整体销售产值和内销产值分别同比增长0.4%、15.7%，分别低于上年同期2.5个百分点及6.4个百分点。1—12月计算机行业实现出口额1941亿美元，同比下跌14.4%；实现进口额533亿美元，同比下跌12.6%。从行业占比看，计算机行业占电子信息全行业比重持续下降，1—2月计算机行业占全行业比重为22.6%，1—9月与1—10月则下滑至19.1%。目前，计算机行业对电子信息全行业增长的贡献率仅为1%。全年全行业共生产微型计算机31418.7万台，同比下降10.4%。

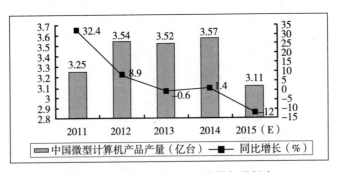

图5-1 中国微型计算机产品产量与增长率

资料来源：赛迪智库，2016年1月。

目前，国内外PC市场均出现出货量下滑的态势，2015年第一季度全球PC

市场出货量为 6850 万部，同比下滑 6.7%，成为自 2009 年第一季度以来的最低值。第二季度全球 PC 厂商的出货总量为 6610 万台，同比下降 11.8%。2015 年第三季度全球 PC 出货量降至 7370 万台，比 2014 年同期降低 7.7%。受美元快速升值的影响，2015 年全球 PC 市场产品整体价格上涨 10%。而美元升值给某些国家和地区的货币带来了不小的冲击，这导致第三季度受影响区域的 PC 需求量出现疲软的态势。

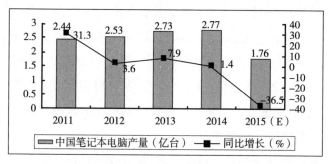

图5-2 中国笔记本电脑产量与增长率

资料来源：赛迪智库，2016 年 1 月。

进出口保持下滑态势。2015 年 1—11 月，我国计算机产业进出口均出现同比下滑态势。1—11 月计算机产品出口额 1753 亿美元，同比下降 14.1%；进口额 481 亿美元，同比下降 12.3%。进口总额位列电子信息产品第二位，仅次于通信设备的 1924 亿美元；出口总额位列电子信息产品第二位，仅次于电子器件的 2684 亿美元。

固定资产投资增幅明显。2015 年 1—12 月，我国电子计算机行业同比增长 35.87%，完成投资 1121.5 亿元，同比增长 30.6%。1—11 月，我国计算机行业完成固定资产投资总额 1005.4 亿元，同比增长 30.4%，高于上年同期 24.6 个百分点，增幅居电子信息产品第一位，增速强劲。

二、产业结构

市场需求疲软导致 PC 产业出现两极分化。2015 年以来，由于市场需求疲软，中国 PC 出货量继续保持下滑态势，行业出现两极分化现象，一方面以联想为代表的骨干企业品牌竞争力和市场影响力保持提升，如联想已连续第十个季度成为全球最大个人电脑厂商，全球市场份额达到 20.3%，另一方面，其他国内企业的市场份额和营业收入持续减少，清华同方、长城、北大方正、神舟、海尔、TCL等企业市场占比普遍低于3%。

国产服务器品牌占比持续走高。全球服务器领域，国外厂商发展趋缓，但受益于服务器领域耕作多年，在技术、品牌、客户等方面积攒下了巨大的优势，因此仍然处于领跑地位。以联想、华为、浪潮为代表的国内厂商则奋起直追，与国外厂商之间的差距正在逐渐减小。2015年第三季度，中国x86服务器市场总出货量达到近60万台，同比增长29.03%，高于全球24.5个百分点，表现非常不错。分析厂商的具体出货量，可以看到，联想依然保持排名第一的位置，国产品牌服务器总体份额达到60.8%，领先于国外厂商。此外，根据IDC的报告，2015年第三季度中国x86服务器市场的整体平均单价是3400美元左右，相较而言，2014年第三季度则是3099美元，显示出一年来，高档x86服务器的销售比重正在不断增大，服务器整体均价不断走高。

笔记本电脑国产品牌用户关注度同比提高。2015年中国笔记本电脑市场上，联想、华硕和ThinkPad获得前三名的品牌关注度。其中，联想以27.96%的关注比例稳坐冠军，华硕的关注比例为17.98%，排名第二，ThinkPad的关注度占比为10.40%，排名第三。戴尔的关注比例9.24%，与第三名的ThinkPad仅有1.16%的差距。神舟的关注度占比5.74%，关注比例为5.68%，微软的关注比例为5.11%，苹果4.21%，宏碁3.84%以及微星2.48%。从品牌归属地的角度来看，国际品牌占比同比上年有所下滑，用户关注度跌至44.48%，本土厂商所占份额高于国际品牌，2015年本土品牌所占份额明显上涨，由44.2%升至55.5%。

表5-1 2014—2015年中国笔记本电脑市场品牌关注度

排名	2014年品牌	关注比例	2015年品牌	关注比例
1	联想	25.3%	联想↑	27.96%
2	华硕	14.5%	华硕↑	17.98%
3	ThinkPad	10.0%	ThinkPad↑	10.40%
4	戴尔	9.0%	戴尔↑	9.24%
5	神舟	6.6%	神舟↓	5.74%
6	宏碁	5.9%	惠普↓	5.68%
7	惠普	5.6%	微软↓	5.11%
8	苹果	5.2%	苹果↓	4.21%

（续表）

排名	2014年品牌	关注比例	2015年品牌	关注比例
9	三星	3.4%	宏碁↑	3.84%
10	索尼	2.3%	微星↑	2.48%
11	微软 New	2.0%	—	—
12	东芝	1.9%	—	—
13	微星	1.6%	—	—
14	Alienware	1.4%	—	—
15	雷神 New	1.2%	—	—
	其他	4.1%		

资料来源：互联网消费调研中心（ZDC），2016年1月。

高端品牌笔记本关注度占比有所提升。2015年11月中国笔记本电脑市场上，4000元以下产品的关注比例为24.05%，4000—4999元价格区间产品的关注度占比为22.61%，5000—5999元的关注比例为16.83%，6000—7999元的关注比例为17.53%，8000元及以上产品的关注度占比为18.98%。

三、产业创新

"天河二号"蝉联全球超算榜六连冠。位于中山大学广州国家超级计算机中心并由国防科大自主研制的"天河二号"，以33.86 petaflops的浮点计算速度，于2015年11月份更新的最新一期《全球超算Top500》榜单中再次蝉联第一，远远超过第二名美国"泰坦"超级计算机（其浮点运算速度达到每秒17.59千万亿次）。目前，全球超算排行榜中，第三名、第四名和第五名分别为美国"红杉"超级计算机、日本"京"超级计算机和美国"米拉"超级计算机。总体来看，此次榜单中，中国超级计算机有109台入选，高于半年前的37台，入选数量位居第二名，仅次于美国201台，增长明显。尽管我国超级计算机的硬件配置已经达到全球领先水平，但在超级计算机的基础软件、应用开发和人才培养方面还有许多工作要做。

浪潮天梭K1占国内较大市场份额。我国第一款基于自主知识产权的高端容错服务器——天梭K1 2015年继续加大应用推广力度，目前已在金融、能源、通信、电力等关系国计民生的关键领域逐步替代国外品牌主机。据了解，目前天梭K1的市场占有率已经超过12%，产业生态也具备了较强的竞争力。K1是中国唯一的关键应用主机，是联机事务处理、数据仓库、大数据应用和商业智能领域的最佳承载平台。

华为高密度服务器进入模块化服务器魔力四象限中。市场研究机构 Gartner 数据显示，华为服务器出货量连续七个季度稳居全球市场第四名，并成功入围 2015 年 Modular Server Magic Quadrant 模块化服务器魔力四象限中。日本东京 2015 年举办的东京 Interop 电子展览会上，华为 FusionServer RH8100 V3 企业级业务服务器，凭借产品的高可靠性、高扩展能力和全球领先的计算性能成功荣获 Interop 大奖。在市场应用方面，华为 FusionServer 企业级服务器在国内外市场的出货量和销售额都有较大提升。

第二节　发展特点

一、国产服务器厂商表现突出，新兴行业应用成增长主因

市场研究机构 Gartner 数据显示，2015 年第一季度，我国 x86 服务器市场销售规模达到 16 亿美元，同比增长了 23%。浪潮、戴尔、联想分列市场的前三位。从 Gartner 的数据来看，非品牌服务器厂商的份额正在遭到挤压，销售额同比下滑 68%。第二季度，我国 x86 服务器市场同比增长 8.67%，超过了全球 3.2% 的同比增长率。其中华为同比增长 36.42%，联想同比增长 9.89%，惠普同比增长 8.61%，而戴尔则同比下降 2.59%。环比增长前三名则是华为、联想和浪潮，华为增长达 40.88%，联想增长 26.19%，浪潮增长 9.4%，戴尔则环比下降了 5.32%。第三季度，我国 x86 服务器市场出货同比增长 29.03%，销售收入同比增长 41.77%，领先于全球 x86 服务器市场总出货量的 4.5% 增长率和总营收的 7.1% 增长率，显示出中国服务器市场旺盛的需求，并带动亚太服务器市场（含非 x86）总营收增长 24%。

表 5-2　2015 年第三季度中国 x86 服务器市场出货量排名

排名	企业	2015Q3出货量	2014Q3出货量	同比增长率
1	联想	134757	104216	29.31%
2	戴尔	121014	92326	31.07%
3	浪潮	88625	75324	17.66%

（续表）

排名	企业	2015Q3出货量	2014Q3出货量	同比增长率
4	惠普	81162	50694	60.10%
5	华为	79387	58790	35.03%
6	曙光	62315	54003	15.39%
7	ODM直销	5564	3919	41.97%
8	其他	26258	25028	4.91%
9	总体	599082	464300	29.03%

资料来源：Gartner，2015年12月。

在云计算、大数据、物联网、智能制造等快速发展推动下，我国计算机行业的部分领域固定资产投资有着较快增长。1—11月，固定资产投资增速超过30%，原因有：一方面是由于前期投资完成额一直处于较低水平，基数较低，另一方面，云计算、大数据的加速发展需要更多的数据中心、云计算中心，早期启动的IDC建设已逐步完成，使得投资完成额高速增长，也使得未来一段时间内将保持较高的增速。但从进出口数据看出，新的固定资产投资基本是面向国内市场的拓展，由于国内政策限制，全球大数据、云计算相关企业要开拓国内市场均需使用本土IDC供应商的服务，因此固定投资完成额的中高速增长也在合理范围之内。

二、自主创新成发展利器，关键技术取得一定突破

2015年以来，国务院出台了一系列有利于促进新一代信息技术产业快速发展的产业政策，积极创造了有利于技术创新和产业结构升级的政策环境，例如在《中国制造2025》《国务院关于积极推进"互联网+"行动的指导意见》《国务院关于积极发挥新消费引领作用加快培育形成新供给新动力的指导意见》《国务院关于印发促进大数据发展行动纲要的通知》的大力支持下，国内企业自主研发能力不断提升，在关键技术领域取得一定突破。为顺应我国信息产业发展新趋势，更好满足国内市场对基于自主技术的国产化产品的需求，华为、浪潮、曙光、宝德等为代表的国内服务器厂商不断提升研发创新实力，加大技术投入和人才培育，通过多种途径打造企业独有的核心竞争力。

新型服务器方面，曙光公司成功研制了液冷服务器。为满足国内日益增长的数据中心建设规模对服务器等信息基础设施的增长需求，主流企业纷纷投入节能

型服务器的研发中。目前,曙光公司研发的新款液冷服务器与传统服务器相比,可以节能达到90%,且大大节约了服务器占地空间。这种新型的液冷服务器,主要通过使用易挥发的氟化物来代替空气,从而实现服务器主板的快速冷却。从发展趋势看,液冷服务器正引领着下一代服务器的发展,这个发展趋势将随着云计算、大数据、物联网等新型业态的崛起而逐渐兴起,并可能塑造出一个数以百亿元计的市场。宝德推出自主研发的八路服务器PR8800R,产品采用英特尔至强处理器,性能优越。华胜天成旗下也发布了基于Power服务器本地化改造后的服务器产品,创新体现在引入中国可信计算技术。

高性能计算方面,由国防科大研制的"天河二号"超级计算机,采用了我国自主研发的基于SPARC指令集的FT-1500协处理器和麒麟操作系统,以每秒33.86千万亿次的浮点运算速度,连续第六次位居全球超算500强的榜首。天河二号在国家超算广州中心投入运行后,通过研制单位与用户的密切合作,为国内外数百家用户提供了高性能计算和云计算服务,并在基因分析测序、气象与环境、汽车和船舶等大型装备结构设计仿真、电子政务及智慧城市、大型飞机和高速列车气动数值计算等领域获得广泛应用。此外,中科曙光研制的49台高性能计算机进入全球500强榜单,应用领域已覆盖政府、能源、安全等国家命脉行业及科技前沿领域,数量超过蓝色巨人IBM的45台。

三、信息安全地位增强,国内企业迎来重要机遇

信息安全上升至国家战略,IT产品国产化趋势已经奠定。当前,金融、电力、政府、能源、通信等关系国计民生的关键的领域已经将信息基础设施的国产化列为发展重点。以服务器、存储设备、数据库、应用软件、操作系统等为代表的国产电子信息产品逐渐成为新宠。其中浪潮、曙光为首的国产服务器厂商们将增长明显。

国家政策为信息安全产业发展保驾护航。《中国制造2025》和"互联网+"等国家战略的深入实施,为国产ICT产业的发展提供最佳良机。随着政策的进一步落实,产业层面的落地进度也在加速,国产化替代已经进入成长加速期。目前,安全可靠、自主可控的计算机、服务器、、存储设备、操作系统、数据库、中间件等进入研发的关键阶段。云计算、大数据、物联网、移动互联网、智能制造和人工智能的逐渐兴起,也为国产计算机、服务器厂商带来巨大发展空间和

发展动力。

四、生态圈构建成为企业可持续发展的提振器

随着 IBM 公司在我国广泛开展合作，积极布局 Power 生态圈，国内企业也蠢蠢欲动，不断加码生态圈的建设。其中，浪潮集团携手 7000 家合作伙伴，700 家行业软件开发商 ISV，80 家全国方案百强商，共同打造合作共赢的云上生态圈。经过几年的实践和不间断地战略投入，浪潮云全面助力政府和企业实现转型，已成为中国政务云第一品牌。目前，浪潮集团已经推动构建了国产主机产业联盟和云智联盟，并推动建立云安全产业联盟，旨在为国内客户提供全面、专业、安全、可靠的云服务整体解决方案。

目前，华为已经形成了比较完整的服务器产品家族，主要包括面向企业关键业务的机架（RH 系列）服务器、超融合 FusionCube、刀片（E9000 系列）服务器、面向数据中心规模部署的高密度（X 系列）服务器，此外，为解决 I/O 瓶颈，华为还推出了全固态硬盘服务器、PCIe SSD 加速卡。华为在 2015 年底上海举办的云计算大会上表示，华为继续坚持开放、合作的精神，与上下游企业共同打造开放、协作、共赢的云生态圈。会上，华为重点展示了三个软件平台：FusionSphere，FusionInsight 和 FusionStage。

第六章 通信设备行业

第一节 发展情况

一、产业规模

2015年，通信设备行业延续较快增长态势，增速稳居电子信息产业主要行业之首。1—12月，通信设备行业实现销售产值同比增长13.2%，比上年同期低3.4个百分点，内销产值同比增长18.6%，高于上年同期2.2个百分点。1—12月，通信设备出口2148亿美元，同比增长8.7%，进口505亿美元，同比增长9.8%。1—12月，通信设备行业新开工项目数量同比增长32.74%，通信设备行业完成投资1188.89亿元，同比增长9.6%。

2015年1—12月，国内手机市场出货量达到5.18亿部，上市新机型共计1496款，分别增长14.6%和下降28.1%。其中，国产品牌手机出货量4.29亿部，同比增长21.1%，占同期国内手机出货量的82.7%;新上市国产手机机型1416款，同比下降26.6%，占同期国内手机上市新机型的94.7%。

表6-1 2015年1—12月通信设备行业统计表

类别	1—3月	1—6月	1—9月	1—12月
销售产值（亿元）	—	—	16539	—
销售产值增速	12.5%%	11.8%	13.5%	13.2%
固定资产投资额（亿元）	181.39	491.8	820.7	1188.89
固定资产投资增速	22.59%	17.4%	15.1%	9.6%
出口额（亿美元）	457	946	1456	2148
出口增速	15.2%	14.6%	12.7%	8.7%

（续表）

类别	1—3月	1—6月	1—9月	1—12月
进口额（亿美元）	107	227	348	505
进口增速	7.6%	6.1%	7.9%	9.8%

资料来源：工业和信息化部运行监测协调局，2016年1月。

二、产业结构

整体而言，2015年，4G网络建设持续推进，4G用户数高速发展，5G技术浮出水面，指明产业发展新方向；载波聚合、VoLTE、小基站商用步伐不断加快；SDN和NFV等创新技术的商用化步伐进一步加快，推动着通信网络架构走向变革；全光网在年中突然发力，光纤接入持续稳健向前推进，光纤光缆及器件行业也在激烈竞争中进一步成熟。此外，以大数据、智慧城市、云计算、物联网为代表的ICT融合技术，已经进入商用化轨道，为通信设备行业的可持续发展注入了新的商业力量；OTT视频快速启动，互联网流量指数式增长带动通信网络基础设施需求大幅增加，CDN/IDC市场高速增长，云计算、物联网市场开始启动。宽带网络提速降费有序推进，信息基础设施建设再度提速。

2015年，中国智能手机市场从增量变成存量市场，进入平稳增长期。在产业方面，智能终端产业进入手机升级换代和硬件创新的双重驱动时代。从新上市机型来看，全部手机的新上市机型数量为每月约120款，智能手机的新上市机型数量为每月约100款。我国智能手机产业实现了高端突破，2000元以上价位的份额迅速增长，3000—4000元国内品牌占75%以上，将来将向更高端的终端方向发展。华为2015年智能手机发货量超一亿台，全球市场份额9%。

2015年，通信设备行业增速良好，兑现了4G建设和宽带战略对信息基础设施建设的带动作用的预期。根据工信部统计数据，截至2015年11月份，我国8Mbps及以上接入速率的宽带用户总数超过1.39亿户，占宽带用户总数的比重达65.8%，比2014年末提高24.8个百分点；20Mbps及以上宽带用户总数占宽带用户总数的比重近30%。同时，光纤接入FTTH/0用户占比也高达53.9%，总计1.14亿户。2015年1月至11月，三家基础电信企业互联网宽带接入用户净增1187.1万户，总数达到2.12亿户。新的行动计划将继续推动宽带升级，提出2018年全国直辖市、省会及主要城市宽带平均接入速率达到30Mbps，80%以上行政村实

现光纤到村，网络质量和覆盖面积都将大幅提升。2015年中国基站天线发货量超250万副，行业总产值达300亿元。

三、产业创新

（一）移动芯片领域，我国自主研发的多模多频终端芯片竞争力显著增强

2015年，我国国产芯片在自主研发和市场份额方面进一步突破，4G手机中中国芯片占比，从2014年Q3的7.2%增长到2015年Q3的12.5%。华为海思和展讯成为全球集成电路设计的十大企业，其中华为海思总营收同比增长19%，达38.30亿美元，位列第六；展讯首次跻身全球芯片设计公司前十，营收达18.80亿美元，同比增长40%。在产品层面，华为海思高端处理器芯片研发再上一层楼，11月5日其发布性能表现优秀的麒麟950，并抢先联发科Helio X20采用台积电16nm制程量产，工艺制程与苹果最新A9X不相上下。海思芯片设计能力基本与高通同步，已发布16nm cat6的移动芯片。2015年第一季度，展讯超越联发科，在全球3G基带市场份额中，跃居世界第二。展讯2015年推出主打产品SC98304核5模LTE智能手机芯片，受到客户欢迎，目前展讯的智能手机芯片解决方案已应用于三星、HTC、华为、联想、小米等厂商的终端产品，在全球范围内大量出货。展讯2016年将推出14/16纳米产品。从技术角度来看，我国自主研发的芯片集成度不断提高；芯片将继续由单一性能导向向低功耗、多元化、集成化发展，系统级芯片（SOC）成为手机芯片发展的主流。中国移动芯片的产业集群和自主创新能力已经形成新常态。

（二）光通信领域，多个关键技术实现突破

2015年，我国在光通信领域取得多个关键技术上的突破。9月22日，在北京举办的中国国际信息通信展览会上，烽火推出新一代POTN设备FONST6000，这是一款面向未来超100G的大容量、IP与光融合、智能传输平台。国内三大运营商也非常关注超100G技术的发展和测试评估，目前相关的测试评估工作主要集中在400G速率。11月13日，经工信部认证，我国"可见光通信系统关键技术研究"获得重大突破，实时通信速率提高至50Gbps。11月27日，全球首个基于ONOS开源架构的SDNIPRAN企业专线业务在天津联通成功开通，这是中国联通、华为公司和ONOS开源社区在SDN领域联合创新的重要成果。华为还将建设在线SDN实验室作为一个战略进行投入，已经开始在位于苏州的SDN开放

实验室搭建多个场景的物理网络和相应的控制器软件，为合作伙伴和开发者提供可以远程访问的在线 SDN 实验环境。运营商纷纷开启了 SDN 验证和小规模试点，如华为就已与顶尖运营商合作开展了 40 余个 SDN 联合创新项目，涉及核心、传输等多个层面。12 月 11 日，欧洲物理学会新闻网站"物理世界"公布了 2015 年度国际物理学领域的十项重大突破，中国科学技术大学教授潘建伟、陆朝阳等完成的科研成果"多自由度量子隐形传态"入选并名列榜首。12 月 19 日，由中科院牵头，联合中科大、科大国盾量子技术股份有限公司、阿里巴巴（中国）有限公司、中国铁路网络有限公司、中兴通讯股份有限公司、北方信息技术研究所等单位，在京签署战略合作框架协议，正式成立"中国量子通信产业联盟"。于 2014 年正式启动的用于技术验证、应用研究和示范的"京沪干线"大尺度光纤量子通信骨干网工程建设，预计将在 2016 年全线开通，成为首条投入运营的量子通信网络。在中国政府的全力资助和支持下，中国量子通信产业将在 5 年内步入规模发展阶段。

（三）网络通信领域，宽带网络创新成果丰富

2015 年 12 月 16—18 日，在第二届互联网大会上，华为展示在网络创新领域的 16 大最新创新成果，覆盖系统、光模块、芯片、解决方案等多个领域，包括分布式 100GOLT、OTN2+8 集群、1T 集群路由器，各类芯片关键技术以及华为最新定义的视频体验新标准 U-vMOS 等。2015 年是带宽需求迅猛发展的一年，当前以 4k/8k 为代表的高清视频、全息技术、虚拟现实技术的日益兴起，对网络带宽和时延都提出了更新的要求。千兆网络演进作为一个系统工程，在网络层面，提速降价措施，是通过宽带网络各类技术的不断创新实践来支撑的，包括接入宽带技术不断升级、提速，光纤传送网络能力不断提升，骨干 /IDC 互联能力不断提升，各类连接更加高效，绿色节能。

（四）移动通信领域，新技术新产品商用化进展顺利

2015 年，全球主流运营商已经开始集中部署小基站。其中，具有多频多模、大容量、升级灵活、部署简便等特点的华为小基站 LampSite 销售增长迅速；大唐移动在 2015 年下半年也补齐了其小基站系列，形成了包括 NEOsite、Cubesite、Padsite、Pinsite 在内的 4 款室内深度覆盖解决方案及小基站产品；诺基亚通信则携手中国联通网络技术研究院推出了 LIGHT-Net 一体化小基站。华为助力

Vodafone 在意大利成功商用全球首个云化 VoLTE 网络，并通过与总部位于伦敦的电信公司 Cable & Wireless Communications（CWC）合作，在拉美成功进行了首个使用 G.fast 技术的"最快速度铜宽带服务"测试。5 月份中国电信在上海、南京、无锡、成都等地试运营基于 10G PON 技术的千兆宽带接入，9 月初，中国联通在四川绵阳携手华为出了首个千兆接入示范网。

第二节　发展特点

一、规模特点

产业规模保持平稳较快增长，销售产值位居行业内第一。1—12 月，通信设备行业销售产值同比增速位于各行业之首。1—11 月，通信系统设备实现利润率 7.9%，高出行业平均水平 6.5 个百分点。2015 年 1—11 月，我国生产手机 161197.4 万台，同比增长 2.9%。2015 年，通信设备行业总体回升。一方面，智能手机产销量平稳增长，系统设备受物联网、4G、5G、宽带建设等因素拉动持续增长，行业总体收入增长较快；另一方面，骨干企业开始加强对成本费用的管控，销售和管理费用快速上升的态势得以遏制，企业利润率持续攀升。

二、结构特点

企业实力显著增强。在智能手机领域，华为 2015 年智能手机发货量超一亿台，全球市场份额为 9%。华为在光通信领域连续多年来排名第一，而且优势在不断扩大。在光器件行业，国内供应商的市场份额都有所上升，中国已经有两家企业进入全球前十。光迅更是首次超过 Oclaro 进入全球前五，市场份额达到 5.36%。在光线缆行业，光纤预制棒进口比例不到 30%，光纤已有少量出口。在器件设备部分，上游芯片厂商国内企业如海思、光迅正在崛起。随着长飞、亨通等一批优秀企业的崛起，国内企业对国外厂商光纤预制棒的依赖程度越来越低，进口的预制棒已经占到很低的份额。国内厂商积极寻求突破，并取得了显著的成效，国内厂商在全球的市场份额在不断上升。

智能终端市场加速洗牌。2015 年是国产手机市场的洗牌期，"中华酷联"成为历史，华为、小米、OPPO、vivo、魅族成为领跑企业，其中华为 2015 年智能手机发货量超一亿台，全球市场份额 9%。酷派等老牌厂商正在逐渐被边缘化，众多中小品牌倒闭。三星、HTC 等品牌在中国市场的份额也一再被挤压。国产手机整体利润薄弱问题待解决，仍处于低利润水平。在产业方面，智能终端产业进入手机升级换代和硬件创新的双重驱动时代。我国智能手机产业实现了高端市场上突破，其中华为在高端市场上的地位进一步提升。移动智能终端产业链建设取得较大进步，在芯片设计和操作系统等上游环节实现了跃进。

三、技术特点

智能终端产业生态加速形成和创新。智能终端的产业链包括上游电子元器件、中游平台性软硬件和下游整机，产业链之间的协作更为紧密和活跃，产业生态基本成型，呈现多元化、快速化、长尾化的特点。智能终端产业竞争边界不断扩展，从软硬件竞争上升到体验与创新为驱动的移动生态系统、产业链纵横联动、纵向耦合和横向拓展的比拼。在芯片的操作系统这两个产业链关键环节上，中国取得一定突破，如搭载阿里巴巴旗下智能操作系统 YunOS 的手机 2015 年前 11 个月出货已超过 3300 万台（赛诺数据），超过微软 WindowsPhone 手机市场份额（IDC预计 WP 手机 2016 年出货量约为 3134 万台）。在移动终端发明上，华为、中兴所拥有的数量位居全球第一位和第二位。目前，国内手机元器件产业受制于国外，元器件领域主要是美国、日本、韩国的企业主导。2015 年出现索尼 CMOS 断货、高通 820 芯片推迟上市等情况，导致国产品牌发展受到一定影响。随着双曲面的柔性屏、曲面屏、全金属材料、3D 触控贴合技术等新材料和新技术的引入，带来手机上游产业链的变化，当前已经有上游产业链跟不上升级换代而退出或者关闭的情况。

国产厂商加大自主芯片研发力度。对智能手机厂商而言，市场呈完全竞争态势，迫使各智能手机厂商积极寻找不同的方式推进产品差异化。越来越多的厂商投入到应用处理器芯片的自主研发与生产，以求在市场规模不变的情况下稳住市占率并维持获利。例如，华为在关键机型上使用海思芯片；小米则被曝从 ARM授权了全系列内核方案，自研进程加快；中兴通讯旗下专职应用处理器生产的中兴微电子引进了来自中国集成电路大基金的 24 亿元补助，成为中国政府扶植芯片发展的重要厂商，中兴通讯明年将有 Pre-5G 芯片问世。

四、市场特点

市场集中度进一步升高，市场需求旺盛。我国通信设备产业的市场集中度先降后升，总体看来，我国通信设备产业具有市场集中度较高的显著特点。随着4G网络的持续普及以及光通信产业的进一步发展，我国通信行业的市场空间在未来一段时间内将会呈现市场需求持续增大的趋势，产业发展将迎来新的需求增长点。4G用户高速发展，OTT视频快速启动，互联网流量指数式增长带动通信网络基础设施需求大幅增加，CDN/IDC市场高速增长，云计算、物联网市场开始启动。多数公司开始通过并购转型或者发展第二主业，产业转型方向为泛TMT领域。技术演进带动商业模式的变革，同时行业进入规模国产替代和海外扩张的阶段。目前通信设备行业处于变革之中，单纯靠运营商投资支撑的投资逻辑已成为过去。

企业海外拓展加速。国内厂商在积极争夺国内市场的同时，纷纷向海外市场迈进，打造面向全球的营销网络，智能手机厂商专注于国内市场和新兴市场。长飞在缅甸投资建设的光缆厂已经投产运营，在印度尼西亚投资的光纤项目正按计划建设中，并在南非设立光纤光缆子公司。亨通连续收购南非、西班牙和葡萄牙的3家电缆厂和印度尼西亚的1家线缆厂商。中天科技已经在印度、巴西、乌兹别克斯坦等地设立了海外公司，海外市场销售连续多年保持30%以上增速。烽火、通鼎、富通等企业亦在国际化上有所动作。

第七章　家用视听设备行业

第一节　发展情况

一、产业规模

2015 年，家用视听行业销售产值同比增长 4.8%，较上年同期增加 0.6 个百分点，视听行业内销产值同比增长 6.4%，较上年同期增长 4 个百分点。2015 年，我国彩电出口量约 7200 万台，同比下降 3%。虽然出口量小幅下降，但在过去 5 年内仍居于高位。2015 年，国内六大彩电企业预计出口彩电 2893 万台，同比增长 32.1%。其中，自主品牌彩电出口 1096 万台，同比增长 19.5%，自主品牌率达 37.9%。我国彩电全球化步伐不断加快，国内产业链逐步成熟、产能不断加大。

二、产业结构

从产品结构看，液晶电视出货量比重超过 90%，成为主导型产品。内销市场 CRT 电视基本退出，PDP 电视占比不足 2%，LCD 电视占比超过 95%。新型显示技术的电视产品如 ULED 和 OLED 等逐渐受到消费者关注。

从投资结构看，2015 年，家用视听设备行业 500 万元以上项目完成固定资产投资额 243.9 亿元，同比增长 7.3%，家用视听设备行业新开工项目数量同比增长 3.93%，从投资领域来看，投资重点集中在智能电视及芯片开发等环节。

三、产业创新

2015 年，家用视听行业技术进步和产品创新加快，超高清、激光投影、量子点、OLED、网络多媒体、新型人机交互、绿色节能等新技术迅速发展，智能

65

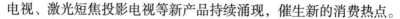

电视、激光短焦投影电视等新产品持续涌现，催生新的消费热点。

2015 年智能电视的零售量达 3557 万台，渗透率 79%；曲面电视的零售量达 150 万台，渗透率 3.3%，同比增长 1054%；超高清电视的零售量达 1531 万台，渗透率 34%；量子点电视的零售量达 50 万台，渗透率 1.1%；OLED 电视的零售量达 10 万台，渗透率 0.2%。55 英寸以上电视的零售量达 81 万台，渗透率 18%。超轻薄电视的零售量达 90 万台，渗透率 2%。

第二节 发展特点

一、内销市场保持稳定，线上渠道发展迅速

2015 年全年国内彩电市场规模 4500 万台左右，与 2014 年规模差别不大。但由于彩电产品市场价格大幅下滑，彩电销售额和利润与 2014 年相比有一定回落。从市场分布来看，春节季、9 月电商季、11 月双十一促销季成为市场规模增长的重要节点，特别是双十一促销季，部分彩电厂商当月销量增长超 10%。2015 年，彩电线上市场继续保持高速增长态势。线上渠道的整体占比从 2014 年初的 18% 上升至 2015 年底的 25% 以上。从品牌角度看，2015 年线上渠道的品牌分布更为均等，海信、创维、海尔等传统彩电品牌的占比稳定，乐视、小米等互联网品牌并未获得爆发性增长份额。究其原因，传统彩电巨头进一步加强电商渠道的运作，并加深跨界融合，推动整体彩电产业的互联网化转型升级新。

二、彩电出口持续增长，海外市场加速拓展

2015 年我国彩电出口量约 7200 万台，同比下降 3%。国内六大彩电企业预计出口彩电 2893 万台，同比增长 32.1%。其中，自主品牌彩电出口 1096 万台，同比增长 19.5%，自主品牌率达 37.9%。究其原因，主要包括以下三个主要方面：第一，我国彩电企业"走出去"步伐加快，海外市场扩展取得新进展。由于内需不足，今年大型彩电企业纷纷加大国际市场拓展力度，自主品牌输出成为亮点。2015 年，海信并购了夏普墨西哥工厂及美洲地区（巴西除外）品牌使用权，创维并购德国美兹的彩电业务及品牌使用权、东芝印尼彩电工厂及亚洲地区品牌使用权。第二，全球经济逐渐复苏，北美和西欧市场恢复速度快于预期，超高清电视对平板电视的更新换代效应逐渐显现，欧洲、北美、非洲市场增长幅度较大。第

三，人民币汇率机制已逐步稳定，特别是在 2015 年第四季度，人民币对美元汇率持续走低，金融层面出口企业获利能力不断增强。

三、互联网模式升级，传统厂商加快跨界合作

互联网企业进一步强化彩电领域发展优势，在市场开拓、资源整合和用户体验方面继续发挥自身特点：在营销模式方面，互联网企业运用线上电子商务方式销售产品，极大压缩了渠道运营成本，对依赖遍布全国的庞大经销商团队的传统彩电厂商形成巨大压力；在商业模式方面，互联网企业通过提供内容服务和开展增值业务，使电视真正成为互联网入口，延伸了智能电视的价值链。2015 年，大麦、17TV、歌华、PPTV、微鲸、荣为、CAN、微鲸、暴风、优酷、风行、京东方等互联网品牌电视在产品、技术及商业模式上不断重塑彩电行业格局。传统彩电企业面对互联网模式的加速冲击，积极加快跨界合作，2015 年，长虹启动实施大数据、云平台等核心配套项目，将网络化、智能化和协同化确立为"新三坐标战略"，试图构建"终端＋数据＋内容＋服务"的新商业模式；TCL 集团深入实施"智能＋互联网，产品＋服务"转型战略；海信电视联合腾讯游戏推出"聚好玩"电视游戏体验平台；海尔与阿里巴巴跨界融合，创维、长虹等线上子品牌的陆续推出。彩电领域迎来互联网转型的全新发展时期。

四、彩电外延发生变化，系统平台体系加快构建

智能电视相较于手机和 PC 在内容和终端方面的管制更为严格，在一定程度上限制了产业的创新和发展。以小米为代表的部分厂商推出了分体式电视，无高频头的大屏网络智能终端等产品单独推广，可能使未来"电视机"的内涵发生新的变化。另外，网络机顶盒产品爆发式发展，市场规模不断扩大，而部分未经认证许可的互联网电视机顶盒游离在管制之外，行业秩序有待进一步规范。当前，国家在智能电视、智能机顶盒的内容监管方面进一步加强力度，2015 年年底，国家新闻出版广电总局、工业和信息化部在正式发布智能电视操作系统 TVOS2.0。TVOS2.0 内置媒体网关、大数据采集分析、智慧家庭服务、智能人机交互等功能模块，并搭载电视游戏、视频通信等增值业务，能够支持一体机、机顶盒、多媒体网关等智能视听终端形态。目前，广电智能终端产业联盟和广电网络公司和互联网集成公共平台均要求进行应用部署，并在上海、江苏、湖南、陕西等地区进行试点推广。

五、骨干企业优势不断扩大，竞争力不断提升

视听产业初步形成了北京辐射圈、长三角地区、珠三角地区、环渤海地区、海西经济区、成渝地区等各具特色的五大产业聚集区，涌现出一批产业配套水平较高、产业链相对完善、产业发展实力较强的视听产业集聚区，产业集聚效应不断提升。海信、TCL、创维等传统骨干彩电企业规模进一步扩大，不断巩固市场优势地位，乐视、小米等互联网电视品牌不断发展，逐渐占据一席之地。奥维咨询数据显示，2015年第二季度，中国六大电视品牌的国内市场份额超80%，国产品牌国内市场份额进一步扩大。其中，海信16.3%、创维12.9%、TCL 11.0%、长虹8.3%、康佳7.9%、海尔3.3%，韩系品牌中，三星14.7%，日系品牌中，夏普10.8%，索尼6.4%。以海信为例，2015年前三季度，海信电视全球销量占有率为5.8%，超越索尼，跃居全球前三，海信4K超高清电视全球市场份额超10%，并进一步扩大欧美市场占有率，骨干彩电企业的整体竞争力和国际影响力不断提升。

六、新兴领域布局加快，应用服务水平提高

2015年，视听行业不同类型企业通过协同合作的方式，推出独具特色的智能电视应用服务，行业应用聚焦于平台建设、娱乐分享和智能家居领域。阿里数字娱乐，阿里与海尔联合推出电视终端，支持"云游戏"、数字音乐以及海量高清内容；乐视家庭娱乐以电视为核心，打造"精品游戏+超级配件"的生态型游戏中心和丰富视频内容中心；小米数字家庭以小米手机、小米电视、小米路由器为核心，通过互联互通实现丰富内容呈现；海尔建3万微店，通过朋友圈进行产品推广。海信发布聚享购平台，主打韩国商品免税直邮。康佳腾讯联手，实现游戏电视、微信互联电视和QQ物联电视的深度合作，将家庭娱乐带入3.0时代。

七、生态体系构建提速，融合发展态势显著

2015年，电视产业生态圈建设进一步完善，产业链呈现高度竞争融合特征。众多彩电企业已开始积极布局，努力构建智能电视产业链生态圈。目前，生态圈的整合模式主要有：牌照方主导的产业链整合与延伸，内容方自上而下的整合与合作，以及硬件企业自下而上向内容领域延伸。尼尔森网联、优朋普乐、芒果TV等企业进一步完善智能电视广告标准，长虹、康得新、东方视界共同宣布推

动裸眼 3D 产业发展，海尔、风行等企业宣布联合布局智能电视领域，生态圈的竞争将进入白热化状态。随着视听领域生态体系建设加速，彩电企业需要将芯片厂商、面板厂商、内容集成播控平台、内容供应商、操作系统供应商、APP 应用、互联网供应商和配件厂商等整合起来。通过整合面向消费者需求的资源，构筑完整产业生态圈。

八、数字家庭产业发展迅速，应用示范初具成效

2015 年我国数字家庭技术及产业发展步伐加快，目前已形成了以数字电视为中心，面向 3C 融合、三网融合的数字家庭产业，数字家庭系统产业链各环节关键技术得到了长足发展。工业和信息化部相继支持广东番禺、浙江杭州、湖北武汉、四川绵阳、山东青岛和济南、福建厦门和福州、辽宁大连开展数字家庭产业基地建设，数字家庭产业集聚效应进一步显现。在充分应用地方资源的基础上，积极开展智慧家庭产品研发、制造、内容与运营的产业孵化，开展典型应用示范，以应用示范宣传数字家庭概念，成为各省市战略新兴产业发展的新亮点，取得了多项创新性突破。2015 年，重点开展面向老年关爱和健康管理服务等生活需求，支持开发相关典型业务系统，研发相应的智能终端产品并实现业务集成应用，建立健康养老服务平台，探索形成健康养老服务的可持续运营模式。

第八章　集成电路行业

第一节　发展情况

一、产业规模

与全球情况不同，在市场需求带动以及国家相关政策支持下，我国集成电路产业仍保持较快的增长速度。中国半导体行业协会统计数据显示，在整体经济增速放缓的大背景下，2015年，全行业实现销售额3618.5亿元，同比增长20.0%，产业规模进一步扩大。2015年我国集成电路产业整体依然保持了上一年"前缓后高"的发展态势。图8-1所示为我国集成电路产业季度销售情况。2015年第一季度受上一年库存及节日影响，产业增速由2014年第四季度的28.0%下降至16.7%，销售额为685.5亿元。在之后的第二季度、第三季度和第四季度中，产业增速呈现缓慢增加的态势，分别为20.6%、20.5%以及21.2%。销售额分别为906.1亿元、948.5亿元以及1078亿元。

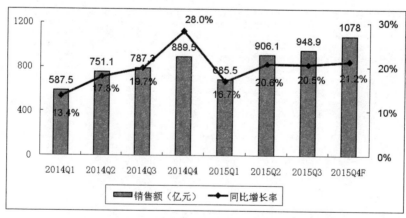

图8-1　2014—2015年我国集成电路产业分季度销售情况

资料来源：中国半导体行业协会，2016年3月。

图 8-2 所示为 2008—2016 年我国集成电路产业的销售收入及增长率。从图中可以看到，受世界金融危机和全球半导体市场低迷影响，2008 至 2009 年期间，我国集成电路产业销售收入连续两年负增长。2010 年在世界消费能力释放和全球半导体市场短暂复苏的形势下，我国集成电路产业有力实施"创新驱动、转型发展"的产业发展策略，集成电路产业销售收入大幅回升。在"十一五"的 5 年中，我国集成电路产业的销售收入平均复合增长率为 17.2%，集成电路产量的年均复合增长率为 22.0%。进入"十二五"后，尽管 2011—2012 年欧债危机持续，世界经济增长乏力，全球半导体市场徘徊不前且小幅衰减，但我国政府继续大力支持集成电路产业发展，政策力度不断加强，政策效应逐步显现，企业不断调整产业结构和产品结构，积极开拓国内市场，努力提升企业生产规模和技术水平推动集成电路产业平稳发展。2012 年我国集成电路产业销售规模保持了 11.6% 的增长，为实现我国集成电路产业发展"十二五"规划目标打下良好的基础。进入 2013 年后，在移动智能终端等市场需求推动下，全球半导体市场恢复稳定增长趋势，在国内外半导体市场显著回暖的带动下，中国集成电路产业发展有所提速，产业增速达 16.2%，远高于全球同期水平。进入 2014 年后，在国家和各级地方政府支持下，产业政策效应凸显。《国家集成电路产业发展推进纲要》的出台进一步完善了我国集成电路产业发展的政策环境。国家集成电路产业发展投资基金的设立，更是为我国集成电路产业长期所面临的投资瓶颈提供了有效的解决方案。

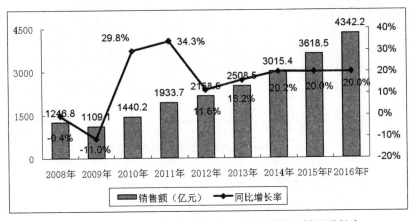

图8-2　2008—2016年我国集成电路产业销售规模及增长率

资料来源：中国半导体行业协会，2016 年 3 月。

2015年是中国集成电路承上启下的关键一年,《国家集成电路产业发展推进纲要》系统实施,国家集成电路产业投资基金实现平稳起步,金融杠杆作用逐步显现,产业政策环境和投融资环境进一步优化并完善。展望2016年,随着"中国制造2025"、"互联网+"行动指导意见以及"国家大数据战略"相继组织实施,"双创"工作持续深入推进,创新创业的氛围逐步形成,中国集成电路产业面临着前所未有的发展机遇。

二、产业结构

2014—2015年,我国集成电路产业链各环节都保持了快速增长的态势,下图所示为集成电路设计业、芯片制造业和封装测试业的销售规模及增长率情况。其中,设计业在移动智能终端、可穿戴设备,以及云计算、大数据等多层次需求的带动下,全年实现销售收入1317.4亿元,同比增长25.8%。芯片设计业所带来的订单,为产业链下游环节的增长提供了动力,芯片制造业和封装测试业分别实现销售收入898.2亿元和1402.9亿元,增速分别为26.1%和11.7%。

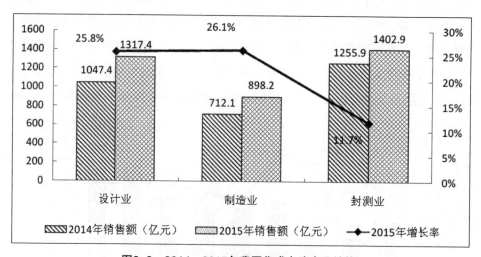

图8-3　2014—2015年我国集成电路产业结构

资料来源:中国半导体行业协会,2016年3月。

三、产业创新

2015年,我国在集成电路技术方面正在努力缩小与世界先进水平的差距,在集成电路设计、制造、封装测试、装备、材料等方面取得了一系列新的进展。

（一）设计方面

随着 SoC 设计技术和纳米加工技术的发展，集成电路设计能力进一步提升，设计线宽逐步缩小，出现了一些新的设计技术。如软硬件协同设计，超大规模、超高性能、超低功耗设计技术，SiP 设计技术，设计 IP 核复用，可测性 / 可调试设计，可靠性技术，芯片综合 / 时序分析和总线架构设计，可制造性设计和成品率驱动设计等技术。特别是采用 IP 核复用技术已经在中国集成电路设计企业中得到广泛应用，缩短企业设计时间和设计成本，进一步缩小我国和世界先进水平的差距。在模拟集成电路所采用的设计制程上，国内采用 0.18 微米的设计比例明显上升，从 2014 年的 28% 增长到 2015 年的超过 30%；在逻辑集成电路采用的设计制程上，国内目前发展迅速，45nm 和 28nm 及以下设计公司大幅度增加，2014 年占比为 22% 和 29%，2015 年占比分别超过了 25% 和 30%；在混合集成电路设计采用的制程上，采用 0.13 微米设计制程的公司比例变化不大，占比约 30%。模拟集成电路相较于逻辑集成电电路对先进制程的要求不高，而是需要成熟的工艺做到更好的品质控制，因此设计制程主要集中在 0.18—0.13 微米。

从应用领域来看，我国自主设计的芯片已经涉及计算机、移动终端、网络通信、消费电子、工业控制、行业电子等多种应用市场，在国产芯片的设计、研发和产业化方面取得了巨大的进展。例如在量大面广的移动终端领域，华为海思、展讯、锐迪科的基带射频芯片得到广泛应用；金融卡领域芯片已经基本实现国产化，中电华大、大唐微电子等公司的芯片已经通过建设银行、农业银行等银行的测试；工业控制领域，中国南车的 IGBT 功率器件已经进入量产阶段；市场爆发的智能硬件领域，上海澜起科技的数字电视芯片、华为海思的机顶盒和主控芯片等产品均占据了一定的市场份额。

（二）制造方面

2015 年我国集成电路制造业的发展依然保持了先进工艺与特色工艺"两条腿走路"的战略，一方面紧跟世界集成电路先进制程发展趋势，遵循摩尔定律加大研发力度，进一步缩小线宽尺寸，向 20nm 技术节点迈进；另一方面推动特色工艺平台的建设，加大在功率器件、图像传感器、电源管理、嵌入式存储器等多种应用领域的代工技术研发，不断满足国内设计企业的代工需求。

在制程节点方面，国内制程已经覆盖从 0.35 微米到 28 纳米的不同技术节点。2015 年 0.35 微米制程市场占有率进一步下降，从 2013 年的 6% 下降到 4% 以下；

0.18 微米制程仍占据最大的市场份额，占比已经超过 40%；90 纳米为过渡技术，市场份额被小尺寸制程不断挤压，份额下降到 5% 以下；65/55 纳米制程目前在先进制程领域占据主要位置，但市场份额也呈现逐年下降趋势；40/45 纳米制程发展迅速，从 2013 年的仅占 1% 市场份额急速扩大到 12%，并有进一步增大的趋势。2015 年底，采用中芯国际 28 纳米制造工艺的高通处理器开始应用于智能手机，中芯国际实现 28nm 工艺量产。

（三）封测方面

随着芯片设计和制造工艺的进步，集成电路产品逐渐朝着微型化、多功能化、智能化的方面发展。伴随着集成电路产品的发展，封装测试技术也经历了三个阶段的变化。第一阶段即通孔插装（THD）时代，但是受封装密度及引脚数难以提高的限制，逐渐被淘汰；第二阶段即表面贴装（SMT）时代，该封装技术具有轻、薄、小的特点，同时由于性价比的优势成为市场使用的主流封装技术；随着集成电路产品的进一步微型化和集成化，封装技术进入了第三阶段的高密度封装时代，代表技术为 3D 堆叠、TSV（硅穿孔）等。三个阶段的封装管脚尺寸、引线间距、管脚结构、连线方式有很大差异，对于不同的应用需求可以选择不同的封装技术。2015 年，中国的集成电路产品市场呈现多元化发展的趋势，不同封装形式也呈现出并存发展的格局。我国目前集成电路封装市场中，小外形封装（SOP）、方形扁平式封装（QFP）、方形扁平无引脚封装（QFN/DFN）等传统封装仍占据我国市场的主体，约占 70% 以上的封装市场份额；球栅阵列封装（BGA）、芯片级封装（CSP）、晶圆级封装（WLCSP）、倒装芯片（FC）、硅通孔技术（TSV）、3D堆叠等先进封装技术只占到总产量的约 20%。

2015 年，国内已经实现 FBGA 封装技术的量产，并在移动基带和平板电脑应用处理器芯片中得到大量应用；铜线、合金线使用率达 95% 以上；12 英寸 40 纳米 Low-k 芯片 BGA 封装已经实现规模化量产；用于高像素影像传感器的封装技术实现规模化量产；MIS 细线、超细线和多层板研发取得重大进展，单层板已经成功批量生产；圆片级先进封装从技术到产能已经具有较强的国际竞争力，CSP/WLP/TSV 等技术继续扩产；12 英寸铜柱凸块试产成功，进入量产阶段，并形成了 12 英寸铜柱凸块和 FC 封装测试一站式服务能力。

（四）装备材料方面

我国是全球集成电路市场大国，但集成电路装备业一直依赖进口。从2012年开始，国家设立重大科技专项"极大规模集成电路制造装备及成套工艺（02专项）"支持集成电路设备的发展。在国家重大科技专项的支持下，一部分集成电路关键装备通过项目验收并在晶圆生产线上得以应用。"十二五"期间重点实施的内容和目标分别是：重点进行47—22纳米关键制造装备攻关，开发33—22纳米互补金属氧化物半导体（CMOS）工艺、90—65纳米特色工艺，开展23—14纳米前瞻性研究，形成67—45纳米装备、材料、工艺配套能力及集成电路制造产业链，进一步缩小与世界先进水平差距，装备和材料占国内市场的份额分别达到10%和20%，开拓国际市场。02专项2008—2013年共安排集成电路装备研制项目29项，其中45纳米单片清洗设备、快速退火炉、关键封装测试设备、高密度等离子刻蚀系统、45—28纳米去耦合反应等离子体刻蚀机、先进封装投影光刻机、65—45纳米介质刻蚀机、65—45纳米PVD设备机等12个项目2013年底已通过验收，在12英寸集成电路晶圆生产线上得以使用。

我国IC材料业起步较晚，发展基础比较薄弱，但是经过近几年的发展，中国集成电路材料业保持了较快的发展，基本补全了产业链中的每个环节。前端半导体材料方面，硅片、SOI片、掩膜版、光刻胶、靶材、离子源、高纯化学试剂、电子气体、CMP研磨垫和抛光液等材料已经实现重大突破；后端半导体材料方面，封装过程中使用的引线框架、键合丝、封装基板、陶瓷基板、塑料基板、粘片胶等材料产量规模不断增加，基本上可以实现自给。

第二节　发展特点

一、产业面临关键变革期，关键环节竞争力明显增强

在过去的几年里，智能终端一直是集成电路市场的主要驱动力，2015年智能终端市场需求逐步放缓，全球智能手机销量增长将首次降至10%以下，这主要是由于中国智能手机市场正在成为换机市场，国产手机销量同比有所下降。智能终端增速放缓的同时，集成电路下游应用新需求正在酝酿，云计算、大数据、物联网、工业互联网所共同形成的新市场正在爆发式地增长。从计算机到智能手机，从消费电子到工业领域，5G通信、前端传感器、后端显示芯片等展现出蓬

勃向上快速发展的趋势。同时，中国正在推动的"中国制造2025"在信息物理系统、工业互联网等方面带动新型传感器芯片、集成电路以及软件系统等融合发展，将进一步拉动新的市场需求。

新材料、新结构、新工艺带来了重大的技术变革，多技术融合创新，产业链生态融合与商业模式创新成为新的发展契机。当前摩尔定律发展步伐的放缓，人们不再一味追求核心产品线宽下降，CPU、存储器、模拟芯片、传感器、功率器件等的融合集成化成为又一热点，带来了新的市场机遇。超越摩尔定律的发展顺应了工业互联网、物联网的万物互联所带动的新需求，III—V族材料、碳纳米管、石墨烯等新型材料凭借优异的性能正在从实验室加速向产业化发展。在产业生态、技术多级融合的背景下，需要认识并抓住创新要素的变化规律，整合各类资源从基础层面做大做强集成电路产业。

二、国内市场不断繁荣，国际企业纷纷进驻

我国目前拥有全球最大、增长最快的集成电路市场，在全球拥有超过一半的市场份额，且市场占比不断提升。物联网、智能家居、可穿戴设备、汽车电子、智慧医疗等领域将成为我国市场新的巨大增长点。以汽车电子为例，智能汽车将大大增加芯片的使用量，汽车电子将保持10%—15%的年复合增长率，其中的关键驱动因素为无线连接技术，包括wifi、NFC、蓝牙、无线充电。在可穿戴设备领域，将各种功能芯片贯穿到生活的方方面面和日常用品中，需要的集成电路产品极多。巨大的应用市场，"中国制造2025"、"互联网+"行动计划、"双创"等顶层的政策支持及产业投资基金，加之世界半导体向亚太转移的趋势，都让中国处于世界集成电路发展的"风口"。国际地位的日益突出，使得越来越多的海外巨头谋求与国内企业合作。

为了更贴近市场需求，优化资源配置，Intel、IBM、高通等跨国企业纷纷通过战略投资、技术授权、先进产能转移等方式开始深度参与中国集成电路产业的发展。继厦门联电公司落户后，2015年6月，台湾半导体厂力晶宣布在合肥新区合资成立12英寸合肥晶合集成电路公司，投资金额达135.3亿元，生产线初期开展LCD驱动芯片代工业务，布局0.15、0.11微米与90纳米制程，月产能4万片。10月，英特尔宣布将其与美光合资开发的最新非易失性存储技术引入中国，并投资55亿美元升级原有的英特尔大连工厂以生产非易失性存储设备。英特尔

大连工厂在 2007 年建造，2010 年正式投产，此次改造项目将于 2016 年底实现正式投产。12 月，台积电正式宣布传闻已久的 12 英寸晶圆厂将落户南京江北新区浦口园区，该生产线采用 16nm 工艺，投资金额约为 980 亿新台币（30 亿美元），预计 2018 年正式投产。国际企业看重大陆的市场和资源，是本轮生产线投资热潮的主要原因。想要发展集成电路产业，自主可控的核心技术必不可少。我国政府有关方面也是希望借合资之机，从国际巨头学习技术，做大做强产业。同时，也应看到全球半导体主要制造厂商纷纷在国内建厂，必将与本土制造企业形成竞争。

三、投融资瓶颈逐步缓解，跨国合作并购频发

经过多年的快速发展，我国已经具有不少具备实力的收购主体企业和营收在一亿元左右的 IC 设计标的公司，只不过很多企业缺乏合适的融资途径。国家集成电路产业投资基金成立后，不仅各地成立的集成电路的地方基金和专项基金，而且集成电路产业也引起了风险投资、主权投资等社会资金的关注。有了基金和政策的支持，国内很多企业可以获得更多的发展资金或通过并购实现快速做大做强，实现集成电路领域的突破。可以看到投资并购潮不仅限于国内企业之间，也会向海外公司蔓延；同时，这一领域也有很多创业创新团队，投资渠道的打开会为这一领域注入新的活力。相信在各类基金及国家积极的财政政策的共同努力下，经过国内外的行业并购整合，五到十年内我国会出现规模位居全球前列的集成电路公司。

继收购展讯和锐迪科后，紫光集团大举开展并购活动，布局"从芯到云"的整体战略。2015 年 5 月，紫光收购惠普旗下新华三通信技术有限公司 51% 的股权，成为控股股东将业务拓展到数据存储、服务器等 IT 领域。11 月，紫光入股内存封测厂中国台湾力成科技股份有限公司，投资 6 亿美元获得力成约 25% 的股份，成为该公司最大股东。12 月，紫光投资 24 亿元成为中国台湾南茂科技股份有限公司第二大股东，并获得一个董事席位。此外，紫光还曾宣布对沈阳机床、西部数据以及矽品进行投资，但由于这些公司所处行业环境和资本市场的较大变化，使得几项投资计划均未完成。

除紫光外，2015 年中国资本对海外集成电路公司的投资并购还有多起。其中包括建广资本收购恩智浦 RF Power 部门、清芯华创收购豪威科技以及近期清

芯华创联合华润微电子向仙童半导体发出收购要约等。12月8日，芯成半导体正式从纳斯达克退市，表明以武岳峰为首的中国资本联合体对美国芯成半导体的收购案顺利完成。封测领域，继长电科技收购星科金朋公司后，通富微电也出资约3.7亿美元收购AMD位于苏州和马来西亚槟城的高端集成电路封测厂，其主要产品包括CPU、APU、GPU以及游戏主机处理器等。设备领域，亦庄国投宣布以3亿美元收购美国半导体设备供应商MattsonTechnology。国内资本海外投资并购步伐的逐步加快，将逐渐缩小我国与世界龙头企业的技术差距。

四、系统集成商趋向自研芯片，增强竞争优势

终端市场竞争激烈，整机厂商自研芯片有望脱颖而出。当前，大部分终端设备除在工业设计和其他一些小的方面之外并没有太多的实质性差异，各生产厂商所选择的核心芯片也大都来自Intel、高通等几家主流芯片厂商，产品竞争优势并不明显。整机厂商通过自主研发芯片，可以根据自身产品的定位与特定性能在功率和性能方面做出调整，不仅能和其他厂商区分开来，而且能节约成本。"三业"分离的集成电路产业模式为终端厂商做芯片提供了良好的条件。在之前的IDM模式下，整机厂商自研芯片的成本极高，不仅需要巨额的投资，而且生产周期和产能利用率也无法保障。在设计业、制造业、封测业"三业"分离高度发展的今天，整机厂商根据自身市场需要设计芯片，并外协加工的模式，大幅降低了投入成本，竞争优势明显。2015年国内很多系统集成商采用了自研芯片的发展模式。

华为是中国自行开发芯片最成功的的企业之一，华为之所以在通信行业能够迅速崛起，关键得益于芯片开发，产品成本大幅降低，竞争力大大加强。从1993年华为研发程控交换机芯片开始，其不断储备技术和人才，通过自己设计芯片，提高了整机产品的竞争力。经过多年的积累，海思半导体开发出了自己的4G芯片，填补了国内高端手机芯片的空白，其麒麟系列芯片的自主技术优势有效地支撑了华为手机业务的发展。除此之外，许多非传统的半导体公司也陆续开展了集成电路芯片设计。小米此前借助联芯科技的芯片进一步降低成本取得了巨大的成功，提升了小米在中低端特别是低端手机的市场竞争力。当前市场上也传出小米与联芯合作研发自主处理器的消息，预计该处理器将于2016年初问世。海信也发布自主研发SOC级画质芯片，并表示将成立专门研发芯片的独立子公司，在芯片、模组、软件、系统、云服务五个方面逐步完善闭环。这些终端整机厂商

自行设计芯片获得的巨大成功，使得国内其他整机企业也纷纷表示要研究自己的芯片。

五、联合研发趋势兴起，示范性微电子学院人才培育体系逐步落地

随着产业技术革新难度的加大，大企业要想保持竞争优势则需要更大的研发投入，单一企业的投资强度将无法满足产业发展的需求。在投资强度及市场竞争的压力下，产业模式亦悄然发生着变化，设计企业需要与制造企业开展紧密的合作，逐步走向联合研发模式。与此前的 IDM 拆分剥离减轻企业负担不同，现在的设计与制造结合是优势资源的集中利用。高通与中芯国际在 28nm 芯片制程上开展过合作。上海华力微电子最近也宣布与联发科合作的 28nm 芯片顺利设计定案。随着工艺制程的进一步提升，企业合作将更为广泛。2015 年 6 月，国内的中芯国际、华为与高通和比利时微电子研究中心（IMEC）联合投资成立中芯国际集成电路新技术研发（上海）有限公司，开发 14nm 先进工艺，该项目是集成电路制造企业与整机企业、研究机构充分整合优势资源，开展的全新合作模式。

2015 年 8 月，工业和信息化部、教育部、国家发改委等六部委联合发布关于支持有关高校建设示范性微电子学院的通知，确立支持清华大学、北京大学、中国科学院大学等 9 所高校建设示范性微电子学院，同时支持北京航空航天大学、北京理工大学等 17 所高校筹建示范性微电子学院。示范性微电子学院的建设是我国应对日趋激烈国际竞争，主动适应产业发展变革期，实施创新驱动发展战略所采取综合性人才培养计划。11 月，国家示范性微电子学院产学研融合发展联盟成立，进一步表明我国当前着重建设联合研发培养体系的决心。关注人才培养，深入推进教育教学体系改革，加强微电子学院可持续发展的各项保障，充分发挥产学融合发展联盟的作用，对我国集成电路产业生态体系建设具有重要作用。

第九章　平板显示行业

第一节　发展情况

一、产业规模

2015年我国平板显示产业规模持续增长，全年销售收入超过1675亿人民币，同比增加16.3%，显示面板出货面积提升至4500万平方米，以面积计算全球占比超过20%，是全球第三大显示器件生产地区。高世代产线建设稳步推进，南京熊猫8.5代线、重庆京东方8.5代线及华星光电深圳2期8.5代线等3条产线建成投产，在建和开工高世代线9条，液晶面板自给率从2014年的50%增长到2015年的61%。液晶面板进出口同步出现下滑。2015年液晶面板进口397.3亿美元，同比下降9.2%，出口309.7亿美元，同比下降2.6%。贸易逆差随之下滑，全年贸易逆差为87.6亿美元，同比减少26.3%，贸易逆差首次降至百亿美元以内。

新增投资拉动全球产业发展。2015年中国大陆地区新增投资2000亿元，占全球新型显示产业生产资本支出的70%以上。中国大陆地区3条高世代线面板建成投产，5条以上高世代线开工，是全球产线建设最为活跃的国家，为全球新型显示设备和原材料提供了主要市场。

智能终端产业发展加大市场需求，中国大陆智能手机渗透率高达86%，全球智能手机品牌前10位中有6家是中国大陆品牌。电视平均尺寸为43英寸，比全球平均水平高1.5英寸；4K电视中中国大陆市场占据80%。在多条产线建设和庞大下游市场的多重作用下，中国大陆地区对全球新型显示产业发展的影响力不断加大，中国新型显示产业整体保持高速增长。

二、产业链建设

上游设备原材料配套进入加速发展时期。在液晶产业链中,上游核心材料和零组件处于毛利率和技术含量最高的位置,是整个产业发展关键中的关键。近年来,多项扶持政策出台推动核心材料、零组件和装备的国产化,同时多条高世代线投入建设为提升我国新型显示产业上游材料和零组件配套提供了难得的发展契机。外资配套企业纷纷落户中国大陆,2015年液晶玻璃基板领域的龙头企业旭硝子、电气硝子、康宁等纷纷在我国布局,加快了8.5代玻璃基板项目的启动。偏光片方面,LG化学、三星SDI、奇美材料、三利谱等企业的偏光片项目也在江苏、安徽等地陆续开建或扩产。液晶材料方面,DIC和默克分别在青岛和上海启用混配工厂,以就近供应中国液晶面板企业。与此同时,我国本土配套企业也在快速成长,清溢光电8.5代TFT掩膜板取得突破,中电彩虹和东旭光电积极布局8.5代液晶基板玻璃生产线。

表9-1 近年来国内新建TFT-LCD关键材料配套项目

领域	企业	地点	投资额	产量	项目状态
玻璃基板	康宁	重庆	—	6万片/月	签约
	旭硝子	惠州	33亿人民币	8万片/月	签约
	电气硝子	南京	一期后道裁切3亿人民币	15万片/月	开工
	中电集团	合肥	3.15亿人民币	8万片/月	上市公司公告
偏光片	奇美材	昆山	18亿人民币	1200万㎡	开工建设
	LG化学	南京	扩建6亿人民币	2400万㎡	公司公告
	三星SDI	无锡	1.8亿美元	3500万㎡	签署谅解备忘录
	三利谱	合肥	一期10亿人民币	3500万㎡	签署合作协议
液晶材料	DIC	青岛	5000万人民币	24吨/年	量产
	默克	上海	1.77亿人民币	50吨/年	量产

资料来源:赛迪智库,2016年3月。

三、投融资模式

投资主体日益丰富,运作模式逐渐完善。在简政放权背景下,投融资模式不断丰富,市场活力得到释放。从投资主体看,地方和企业热情高涨,市场化运作模式逐步完善。液晶面板项目技术含量高、投资规模大,资金筹措和风险是困扰项目上马的主要问题,通过企业牵头、地方政府以资本证券化的方式投入,一方面解决资金问题,另一方面为政府投资搭建了资本退出的通道,不仅充分发挥了政府资金效用,同时完善了金融服务支撑作用,更重要的是降低了项目上马的门槛,已成为各地方类似项目操作惯例。2015年我国新开工高世代线6条,其中惠科、华映和富士康均为首次在国内投建高世代面板线,此外还有京东方、天马、CEC等多条高世代线相继开工。在创新驱动引领下,我国大陆企业纷纷选择LTPS、氧化物和AMOLED作为产线项目建设的重点,在投资方向上"技术升级"优先于"产能增长"。2014年以来新建成、在建和签约的高世代产线项目中LTPS/Oxide、AMOLED等新型显示技术占比接近80%。

表9-2 2014年以来新建成、在建和签约的高世代产线项目

企业	世代	地点	产品类别
京东方	8.5G	重庆	Oxide
	8.5G	福州	a–Si
	6G	成都	LTPS
	10G	合肥	Oxide
天马	6G	武汉	LTPS
	6G	厦门	LTPS
CEC	8.5G	南京	Oxide
	8.5G	成都	a–Si
	8.5G	咸阳	Oxide
华星光电	8.5G	深圳	Oxide、AMOLED
	6G	武汉	LTPS/Oxide/AMOLED
惠科	8.5G	重庆	a–Si
华映	6G	莆田	Oxide
富士康	6G	郑州	LTPS

资料来源:赛迪智库,2016年3月。

四、下游应用

新型应用为产业持续发展提供强大支撑。车载显示、公共显示、可穿戴设备等新兴应用将驱动产业持续发展,许多新兴产品应运而生。一是随着行车记录仪,

车载导航等驾驶辅助工具的快速发展，车载液晶显示器的需求在 2015 年得到快速增长。2015 年全球车载面板的市场规模达到 55 亿美元，超过了平板电脑，是中小尺寸应用中继手机之后的第二大市场。车载显示面板具有单价和毛利率水平高等特点，对高分辨率和窄边框等技术要求相对移动智能终端较低，因此面板企业对于车载显示面板的发展普遍看好。日本、韩国和我国台湾地区占据了较大的市场份额，我国面板企业在 2015 年市场份额仅为 5%。二是随着液晶显示屏成本的不断下降，以公共交通、休闲娱乐、广告宣传等为代表的大屏公共显示面板呈现爆发式增长态势，其中交通、教育和广告等行业的需求分别列前三位，设备的平均尺寸接近 50 英寸，高于电视平均尺寸，对新型显示产业的市场驱动作用更加明显，我国城镇化建设正处于不断加速阶段，公共显示市场将会得到快速发展，对我国大陆地区不断增加的产能将起到很好的消化作用。三是随着可穿戴设备市场的逐渐扩大，不仅提升了中小尺寸面板的市场需求，同时对面板技术和性能也将产生重要的推动作用。2015 年全球可穿戴设备出货量超过 6000 万部，2016 年有望突破 9000 万部，年成长率接近 50%。可穿戴设备应用覆盖了人体全身(头盔、眼镜、首饰、手表、手环、服装等)，与现有主流显示面板技术不同，应用在可穿戴设备上的显示器件将具有轻薄、可柔性，设计个性，环境友好等特点，在未来数年给竞争激烈面板行业带来挑战与机会。作为消费大国，可穿戴设备市场的快速形成必将给我国的新型显示产业带来新的增长点。

第二节　发展特点

一、下游市场容量庞大

近年来，我国已成为仅次于美国的全球第二大消费电子市场，并拥有世界最大的消费电子生产制造基地。包括家庭个人影音、移动通信终端、汽车电子、数码成像等各个领域的消费电子越来越成为消费热点。2015 年，全行业生产彩色电视机 1.4 亿台，计算机 3.1 亿台，笔记本电脑 1.8 亿台，手机 18.1 万台，产量占全球出货量的比重均超过 60%，占据世界第一的位置。

二、经济下行传导效应显现，需求增长不如预期

近年来，我国面板产业实现了跨越式发展，产业规模和竞争实力明显增强，

在支撑彩电、PC、手机等电子信息产品健康发展过程中起到关键作用。随着供给能力取得突破，我国面板产业已进入新的发展阶段，产业重心从保障供给向提升质量转变，从产线建设向产业链完善转变，从技术突破向创新引领转变。2015年，传统工业下行压力开始逐渐向上游电子产品转移，从需求侧看，受欧洲、拉美等地经济发展趋缓，货币竞相贬值，消费需求增速出现回落，部分地区已转为负增长；印度、非洲等新兴市场购买力不足，增长亦低于预期。预计2015年全球面板需求总量增长率仅为2.6%。从供给侧看，随着我国3条8.5代线点亮投产，预计2015年全球供给量将增长6.3%。供给增长幅度远大于需求增长幅度，面板市场供大于求，产品价格不断下降，进而将导致企业效益不断下滑。据IHS统计，2015年第三季度全球电视面板厂平均利润率为2%，第四季度平均利润将可能降到0，大部分面板厂将陷入亏损，按照目前面板价格下降速率预估，未来我国面板龙头企业利润额将由盈转亏，企业经营将出现一定困难。

三、OLED应用加速渗透，升级换代即将来临

OLED显示作为下一代显示技术，一直为市场所关注，2015年，随着OLED面板在电视、手机、平板电脑和可穿戴设备等产品应用的不断增加，AMOLED面板营收将出现30%以上的较大增长，加速对TFT-LCD面板市场份额的挤占速度。据IHS预测，到2022年，OLED市场规模将从2014年的87亿美元猛增到283亿美元。AMOLED的快速发展引起各大面板企业的广泛关注，三星从2011年起，已经连续关闭了3条LCD生产线，同时不断扩大OLED投资计划。LGD则计划在未来的三年向OLED领域至少投资85亿美元，用于电视等大尺寸产品的OLED屏幕以及智能机和可穿戴设备产品所用柔性屏幕的生产。我国在AMOLED面板产线建设也具有一定的储备，已有量产产品供应智能手机企业，但是在面板产能、技术、销售渠道和配套能力等方面，与领先企业仍具有较大差距，随着AMOLED面板发展速度不断加快，对仍然大量上马TFT-LCD的我国大陆面板产业而言，将会带来严重的考验。

四、显示技术进步倒逼传统电子产品形态变革

从技术发展看，我国大陆骨干企业抓紧发展机遇，加大在高分辨率、宽视角、低功耗和窄边框、曲面等新技术上的投入，新技术导入和应用提速，多种具有鲜明特色的新型显示产品相继问世，推动了传统产品升级，提升了技术创新水

平。一是 TFT-LCD 显示技术竞争核心从 3D 等功能竞争向画质竞争转变，改善色彩表现效果成为高附加值产品必备的要求。TFT-LCD 的色彩表现能力在量子点、MEMS 等新技术的应用下不断被刷新，为 TFT-LCD 继续称霸显示产业提供技术支撑。二是曲面显示成为产品应用新常态。曲面显示受到从业界到消费者的广泛关注，不仅能给消费者带来全新的视觉体验，打破当前显示产业同质化竞争态势，更是由于"可弯曲"这一概念代表了未来显示产品发展的方向。从消费者角度出发，曲面显示具有独特的视觉优势；从技术发展趋势看，曲面显示是技术不断进步的阶段性成果；从企业发展看，曲面显示符合差异化竞争战略。可以预见，曲面显示产品将是市场关注热点，同时随着其技术的不断改进，视觉体验的不断完善，甚至将成为新型显示产业重要的细分市场之一。

五、产能过剩风险加大

2015 年，我国 TFT-LCD 面板建设进入密集期，全年建成高世代线 3 条，开工建设 7 条，签约或公告 3 条，年内总体投资达 2000 亿元。当以上面板产线全部投产后，中国大陆面板产能将有望超过韩国，成为全球最大的面板生产基地，然而电视、手机需求增长则逐年放缓，如果没有新的应用出现，全球面板产能必将呈现过剩态势。2015 年为应对快速增加的产能，面板价格持续下滑，以 55 英寸 4K 电视面板为例，已从 2015 年初的 275 美元下降到 225 美元，降幅高达 50 美元，受多条面板产线相继投产，产能供给持续加大的影响，降价趋势将在一段时间内继续延续，面板产能过剩效应逐渐明显。

第十章　太阳能光伏行业

第一节　发展情况

一、产业规模

2015 年，我国多晶硅开工企业约 16 家，产能为 19 万吨，产量约为 16.5 万吨，同比增长 21.3%，占全球多晶硅产量的 47.1%。硅片、电池片、组件产量增长均超过 20%，占全球总产量比重都在 65% 以上。

表 10–1　2015 年我国光伏产品产量及增长情况

	多晶硅	硅片	电池片	组件
产量	16.5万吨	48GW	41GW	43.9GW
增长率	21.3%	26.3%	24.2%	23.3%
占全球比重	47.1%	79.6%	62.6%	69.6%

资料来源：赛迪智库，2016 年 3 月。

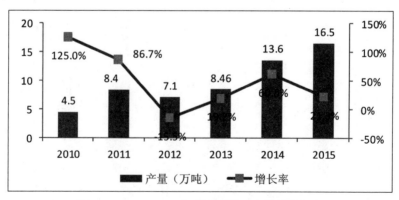

图10–1 2010—2015年我国多晶硅产量及增长率

资料来源：赛迪智库，2016 年 3 月。

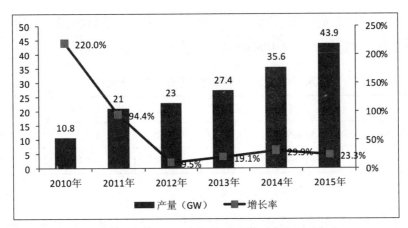

图10-2　2010—2015年我国光伏组件产量及增长率

资料来源：赛迪智库，2016 年 3 月。

进出口规模看，2015 年，多晶硅进口量达到 11.7 万吨，同比增长 14.4%，创历史进口最高纪录。太阳能电池出口额达到 116.6 亿美元，同比下降 6.1%。

市场规模来看，2015 年我国新增光伏并网装机容量达到 15.13GW，同比增长 42.7%。累计光伏装机并网量超过 43GW。

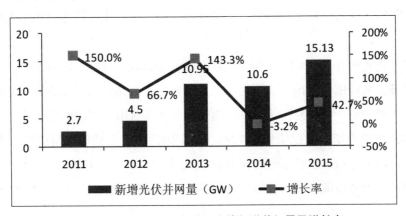

图10-3　2011—2015年我国光伏新增装机量及增长率

资料来源：赛迪智库，2016 年 3 月。

二、产业结构

产业结构方面，2015 年我国多晶硅和组件的产量分别为 16.5 万吨与 43.9GW。

进出口结构方面，多晶硅环节，2015 年，我国大陆自韩国、美国、德国、中国台湾地区共进口多晶硅 106504 吨，占总进口量的 91.1%。

表 10-2 2015 年我国多晶硅进口分布情况

	韩国	美国	德国	中国台湾地区	其他
进口量（吨）	51189	13305	31288	10722	10387
占比	43.8%	11.4%	26.8%	9.2%	8.9%

资料来源：硅业分会，2016 年 2 月。

加工贸易为我国多晶硅的主要进口方式。2015 年我国多晶硅加工贸易进口量为 50331 吨，占总进口量的 43.1%，较 2014 年全年下降 27.4 个百分点，加工贸易进口有所缓解。其中来自美国的多晶硅产品 88.1% 是以加工贸易的形式进口，主要为 8 月 31 日加工贸易截止前的进口量。

另外值得注意的是，自 7 月以来，从中国台湾转口进入国内的多晶硅量已经连续五个月超越美国成为中国第三大进口地区。中国台湾没有多晶硅生产企业，但海关数据中中国台湾却作为原产地出现，一种可能是伪造原产地证，另一种就是需要征收高额关税的美国将硅料转口中国台湾，加工成硅锭出口中国大陆的规避行为。

太阳能电池环节，日本、美国、印度位居我国太阳能电池产品出口金额前三位。新兴市场，如印度、泰国、菲律宾、巴基斯坦、土耳其等国家成为推动光伏产品出口的主要力量。特别是由于印度实施了积极的光伏市场促进政策，我国对印光伏产品出口额剧增，同比增长 177.6%。对泰国的出口金额也大幅增长，2015 年我国太阳能电池对泰出口金额为 5.35 亿美元，比 2014 年全年增长 242.3%。其他，如菲律宾、巴基斯坦、智利分别较 2014 年全年增长 109.1%、94.1% 与 84.8%。

表 10-3 2015 年我国太阳能电池产品前五大出口国家

	日本	美国	印度	荷兰	菲律宾
出口金额（亿美元）	33.4	16.3	13.6	9.45	5.76
占比	25.9%	12.7%	10.5%	7.3%	4.5%

资料来源：海关总署，2016年2月。

三、产业创新

2015年，在内外部环境的共同推动下，我国光伏企业加大工艺技术研发力度，生产工艺水平不断进步。骨干企业多晶硅生产能耗继续下降，综合成本已降至9万元/吨，行业平均综合电耗已降至100kWh/kg，硅烷法流化床法等产业化进程加快，电子级硅料突破正在加速；连续投料单晶拉棒技术得到规模化应用，多晶铸锭炉由G6向G8发展，金刚线切割技术得到规模化应用，特别是在单晶硅片切割领域；单晶及多晶电池技术持续改进，产业化效率分别达到19.5%和18.3%，钝化发射极背面接触（PERC）、异质结（HIT）、N型、多次印刷、背电极等技术路线加快发展；光伏组件封装及抗光致衰减技术不断改进，双面、双玻、无边框组件等新产品不断问世，领先企业组件生产成本降至2.8元/瓦，光伏发电系统投资成本降至8元/瓦以下，度电成本降至0.6—0.9元。

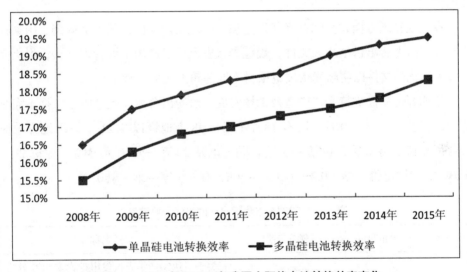

图10-4　2008年至2015年我国太阳能电池转换效率变化

资料来源：CPIA、赛迪智库，2016年3月。

第二节　发展特点

一、政策环境逐步完善

为了针对性解决光伏发电补贴拖欠、弃光限电、贷款困难等问题，推动技术进步，国家各相关部委继续出台相关政策以完善我国光伏产业发展环境。

规范光伏制造业政策方面，工业和信息化部《光伏制造行业规范条件》进行了修订，出台了2015版，提升了产品技术指标，并将逆变器纳入行业管理，引导行业技术进步。联合能源局、国家认监委出台了《关于促进先进光伏技术产品应用和产业升级的意见》，实现应用市场与《光伏制造行业规范条件》的有效对接，并实施"领跑者计划"，引导发展高效光伏产品应用市场。

在项目管理方面，国家能源局年初下达17.8GW 2015年光伏发电建设目标的基础上，又于9月调增了部分地区光伏电站建设规模，使全年规模目标增至23.1GW。

在价格财税方面，为适应光伏发电成本下降趋势，同时降低可再生能源电价附加资金补贴压力，国家发改委适度调降了三类地区光伏发电项目的上网标杆电价。

在土地管理方面，为弥补光伏发电项目土地管理空白，国土资源部、国家林业局等部门先后出台了相关文件，规范光伏发电项目使用土地管理办法，但仍需出台更细化的文件以明晰光伏发电项目不同建筑的土地办理手续。

各地方也积极支持光伏产业及市场发展，纷纷出台相关政策措施。据不完全统计，截至2015年10月，已有18个省级、38个地级以及21个县级地方政府出台了光伏支持政策，包括一次性补贴（电站20万—50万元/MW，家庭2—4元/W）、上网电价补贴（0.2—0.3元/kWh，有的国家＋地＋县）等。

表10-4 2015年我国出台的光伏行业政策

政策类别	颁布时间	颁布部门	文件名称
项目管理	2015年3月	国家能源局	关于下达2015年光伏发电建设实施方案的通知
	2015年9月	国家能源局	关于调增部分地区2015年光伏电站建设规模的通知
资金下达	2015年12月	财政部、科技部、能源局、住建部	关于金太阳和太阳能光电建筑项目资金清算的补充通知
价格财税	2015年12月	国家发展改革委	关于完善陆上风电光伏发电上网标杆电价政策的通知
运行监管	2015年4月	国家能源局	关于开展全国光伏发电工程质量检查的通知

（续表）

政策类别	颁布时间	颁布部门	文件名称
贷款金融	2015年12月	中国人民银行	中国人民银行公告〔2015〕第39号
市场推广	2015年7月	国家能源局	关于推进新能源微电网示范项目建设的指导意见
土地管理	2015年9月	国土资源部 发改委 科技部 工业和信息化部 住房和城乡建设部 商务部	关于支持新产业新业态发展促进大众创业万众创新用地政策的意见
	2015年11月	国家林业局	关于光伏电站建设使用林地有关问题的通知
产业规范	2015年3月	工信部	光伏制造行业规范条件（2015年本）
	2015年6月	国家能源局 工业和信息化部 国家认监委	关于促进先进光伏技术产品应用和产业升级的意见
	2015年4月	国家能源局 国家安全监督总局	光伏发电企业安全生产标准化创建规范
	2015年9月	国家电网	关于做好分布式电源项目抄表结算工作的通知
电力消纳	2015年10月	国家发改委	关于可再生能源就近消纳试点的意见

资料来源：赛迪智库，2016年3月。

二、企业运营明显好转

随着市场回暖，我国光伏企业盈利情况明显好转，特别是2015年下半年我国光伏市场快速增长，带动企业出货量增长，产能利用率有效提升，骨干企业毛利率多数回到两位数。从40家通过规范条件光伏组件企业2015年经营情况看，2015年企业平均产能利用率为86.7%，比上半年提高6个百分点。国内前10家组件企业平均毛利率超15%，部分企业达到20%以上。

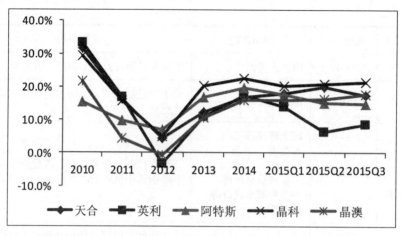

图10-5 2010—2015年Q3我国部分光伏企业毛利率变化情况

资料来源：各企业财报，赛迪智库整理，2015年3月。

三、产业投资持续增强

受市场需求不断扩大影响，骨干企业普遍加大资本支出，扩大生产规模，截至2015年底，骨干企业产能均有不同程度增长。天合光能截至2015年底硅锭、硅片、电池片、组件产能分别由2014年的2.2GW、1.7GW、3GW、4GW增至2.3GW、1.8GW、3.5GW与4.7GW，阿特斯的电池片与组件产能也分别较2014年底增长了1GW与1.3GW，另有晶澳、晶科的产能增长情况如下表所示。

表10-5 2014—2015年晶科能源产能增长情况

年份	硅片	电池	组件
2014年（GW）	2.5	2	3.2
2015年（GW）	3	2.5	4

资料来源：企业财报，赛迪智库整理，2016年3月。

表10-6 2014—2015年晶澳产能增长情况

年份	硅片	电池	组件
2014年（GW）	1.2	3.2	2.8
2015年（GW）	1.5	4	4

资料来源：企业财报，赛迪智库整理，2016年3月。

据工业和信息化部数据统计，2015 年 1—9 月，我国光伏相关行业投资 807.9 亿元，同比增长 35.8%，又据 Energy Trend 统计，2015 年多家中国企业已宣布扩产计划，将新增 4.2GW 组件产能，其中国内组件产能将新增 3.2GW。

四、兼并重组持续推进

企业兼并重组意愿逐渐增强，以市场为主导的资源整合不断深入。顺风国际收购多晶硅企业万年硅业及美国电池组件企业 Suniva，进一步优化产业链布局，通威集团投资 8.5 亿新台币入股中国台湾昱晶能源，电池总产能超过 4GW。同时，部分企业通过兼并重组度过经营危机，或退出光伏业务。光伏企业兼并重组，充分发挥了市场在资源配置中的决定性作用，为提升行业集中度、增强产业核心竞争力、优化产业区域布局打下了良好基础。

表 10-7 2015 年我国光伏行业主要兼并重组事件

并购日期	参与主体	主要内容	并购影响
1月14日	江苏中来	拟在意大利设立境外全资子公司，并由该公司收购FILMCUTTER S.P.A.拥有的与太阳能电池背板生产经营相关的经营性资产。	扩展欧洲市场。
2月3日	阿特斯	将以2.65亿美元（约合人民币16.56亿元）收购夏普位于美国的子公司，光伏项目开发商Recurrent Energy。	扩展欧洲市场。
7月20日	通威集团	通威集团将以现金增资方式投资入股昱晶能源，并由此成为昱晶能源第一大股东。通威太阳能现有电池产能2.3GW，结合昱晶能源现有的1.8GW电池产能，电池总产能达到4.1GW。	昱晶（泰国）公司正在规划1GW的电池产能与450MW的组件产能，将增加通威光伏产品生产能力，同时拓展新兴市场。
11月18日	赛维LDK	江西省新余市中级人民法院要求赛维LDK四家子公司进入破产重整程序。	债务重组，希望引进战略投资者，解决企业面临的债务问题，同时避免资源浪费。
11月19日	国电光伏	国电电力发展股份有限公司参股企业国电科技环保集团股份有限公司公告称关闭国电光伏若干生产线。	有助于行业优胜劣汰。

资料来源：赛迪智库，2016 年 3 月。

五、贸易保护愈演愈烈

美国二次"双反"尘埃落定。2015年1月21日，美国国际贸易委员会认定自中国进口的晶体硅光伏产品对美国产业构成实质损害，美方将据此征收"双反"关税。但二次"双反"主要针对进口第三国电池组装并出口的中国产品，目的在于堵死首次"双反"的避税途径。根据终裁报告，产自中国的光伏电池及组件出口的关税仍沿用首次"双反"裁定的结果，因此，这部分光伏产品的出口并未受到二次"双反"的影响。7月9日，美国商务部公布对华光伏产品反倾销、反补贴案第一次行政复审终裁结果，中国强制应诉企业的倾销税率为0.79%和33.08%，获得分别税率的企业为9.67%，其他涉案企业的税率为238.95%；中国强制应诉企业的补贴税率为15.43%和23.28%，其他涉案企业的税率为20.94%。

欧盟价格承诺又出变数。4月1日起，中欧光伏价格承诺中组件价格将提升至0.56欧元/瓦，同时太阳能电池最低进口价格将上升到0.28欧元/瓦，我国光伏产品在欧洲竞争优势进一步削弱。同时，欧盟委员会又发起了此次"双反"案的反规避调查，先后将昱辉阳光、中盛光电、阿特斯太阳能、正信太阳能、正泰太阳能、杭州浙大桑尼能源从中欧光伏组件最低价格（MIP）中除名。在欧盟光伏"双反"案价格承诺于2015年12月6日到期终止前又发起复审调查，并且在可能长达15个月的调查期内，维持对中国产品的"双反"措施和价格承诺机制，为此，我国天合光能也主动宣布退出价格承诺协议。

加拿大对我国光伏产品发起"双反"调查。2015年2月3日，加拿大开始对原产于或出口自中国的晶硅光伏组件和层压件产品进行反倾销和反补贴立案调查。3月5日，加拿大边境服务署（CBSA）作出反倾销和反补贴调查初步裁定，合并税率最高达到286.1%。6月3日，加拿大边境服务署（CBSA）作出终裁，认定我光伏行业为非市场经济行业。9家中国应诉企业倾销幅度为9.30%至154.4%，补贴量为0.003元/W至0.074元/W；其他非应诉中国企业倾销幅度为154.4%，补贴量为0.34元/W。7月，对于中国组件和电池的贸易关税日前得到加拿大国际贸易法庭（CITT）的批准。2014年，我国太阳能电池对加出口额为1.94亿美元，占总出口额的1.6%。

六、"走出去"步伐逐步加快

我国光伏企业"走出去"的需求与趋势愈加明显。一方面，欧美等国家与地区相继对我国光伏产品出口实施"双反"调查，并出台高额税率，影响占我国光伏产品产量40%左右的出口市场，倒逼我国光伏企业海外建厂以规避"双反"措施；另一方面，在我国"一带一路"战略指导下，我国光伏企业也欲通过实施"走出去"战略开拓新兴光伏市场。据不完全统计，我国已建成投产海外电池与组件产能分别达到3.2GW与3.8GW，在建产能分别达到2.2GW与1.9GW，规划建设产能分别达到1.1GW与4.7GW。

表10-8　我国光伏企业海外设厂情况

"走出去"企业	案例
阿特斯	2011年3月，位于加拿大安大略省的300MW光伏组件厂投产。
中电光伏	2013年5月，在土耳其的100MW电池、300MW组件工厂投产，2015年6—7月将扩充至200MW电池及400MW组件。
	2015年5月1日，位于韩国仁川的200MW光伏电池生产线试投产。
	2015年4月，在越南与当地公司合资组建组件厂，已于6月底投产。
晶科能源	2014年8月，位于南非开普敦的120MW光伏组件厂正式投产。
	2015年1月，位于葡萄牙莫拉市的组件厂投产，该工厂由西班牙安迅能源公司于2008年建设，2012年10月—2014年4月停止生产，直至晶科能源投资租赁该厂。
	2015年5月底，位于马来西亚槟城的500MW多晶电池片及450MW组件厂正式投产，电池片转换率最高将达到18.5%。
卡姆丹克	2014年8月，位于马来西亚的300MW单晶硅锭及硅片厂投产，2015年3月表示计划产能至2016年底将扩充至600MW。
正泰太阳能	2013年底收购德国Conergy旗下法兰克福奥登（Frankfurt Oder）市300MW光伏组件工厂。
晶澳太阳能	2015年10月，位于马来西亚槟城的400MW光伏电池片厂竣工投产。
	2015年5月表示，与Essel在印度签署一份谅解备忘录（MOU），将在印度合资建设一座产能500MW的光伏电池和组件厂。
天合光能	2015年5月与印度Welspun公司签署合作谅解备忘录，将合作在印度建设1GW电池、1GW组件制造基地。
	2015年5月表示将投资约1.6亿美元在泰国建设700MW光伏电池及500MW组件工厂，计划2015年底或2016年初投入生产。
中利腾晖	在泰国泰中罗勇工业园开工建设500MW一体化全自动化高效太阳能电池和组件装配厂于2015年11月投产。

（续表）

"走出去"企业	案例
比亚迪	计划在巴西投资1.50亿雷亚尔（4980万美元）建设400MW光伏组件厂，计划于2016年上半年投产。
东营光伏	计划在韩国新万金投资3000亿韩元，建设电池组件工厂。第一阶段投资2383亿韩元建设组件工厂，第二阶段投资620亿韩元建设太阳能电池生产设施。预计将于2017年动工。
赛拉弗	2015年9月位于美国密西西比杰克逊的一个产能300MW太阳能组件装配厂投入运营。
隆基股份	将投资14.19亿元在印度安德拉邦建造500MW单晶高效电池和组件生产项目。
英利	已经和泰国Demeter公司旗下Demeter Power签署协议，双方计划通过成立合资公司，在泰国打造300MW太阳能组件工厂。

资料来源：赛迪智库，2016年3月。

第十一章 半导体照明（LED）行业

第一节 发展情况

一、产业规模

2015 年，在全球应对能源危机和环境逐渐恶化的挑战同时，我国进入强化产业结构调整、绿色节能减排、转变发展方式的新常态。半导体照明由于其优越的性能和高效绿色的特征，在照明产业中逐渐确立了重要地位。随着全球禁止白炽灯计划的逐步推进，2015 年我国半导体照明行业总体呈现出稳定增长的态势，但是受经济大环境的影响，半导体照明行业的增长速度逐渐放缓，开始由高增长逐渐转向中高速的增长态势。

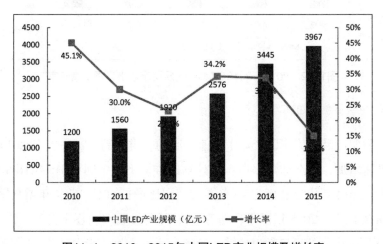

图11-1　2010—2015年中国LED产业规模及增长率

资料来源：CSA，赛迪智库整理，2016 年 3 月。

近年来，中国 LED 照明的市场渗透率大幅度增加，在景观照明、道路照明、商业照明等领域得到推广使用，并加速向家用照明渗透。2014 年，中国 LED 产业规模达到 3445 亿元，比 2013 年的 2567 亿元增长 34%，连续三年保持高速增长。2015 年，我国半导体照明整体产业规模为 3967 亿元，同比 2014 年增长 15%，与过去十年的年均增长超过 30% 的增长速度相比，增速明显下降。

从进出口情况看，2011 年到 2014 年我国整体照明产品的出口增长速率保持在较高水平，2014 年照明产品的出口总额为 415 亿美元，达到近几年的最高水平，同比增长 16%，4 年内照明产品的出口增长速度保持在 10% 以上。受全球经济大环境的影响，2015 年我国整体照明产品的出口增长幅度也下降，前三季度整体照明产品出口总额为 330 亿美元，同比 2014 年出口增长为 8.5%，增长幅度首次跌至个位数。

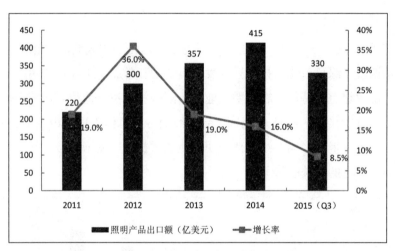

图11-2　2011—2015年Q3中国照明产品出口额及增长率

资料来源：中国海关，2016 年 3 月。

LED 照明产品作为照明产业中快速兴起的一类产品，2011 年到 2014 年产品出口量迅速增加，在全球禁止白炽灯计划的推动下，中国 LED 照明出口量保持较高水平，2014 年出口总额为 90 亿美元，同比增长 50%，前 4 年增长平均速度均处于 60% 以上。2015 年以来，随着 LED 照明渗透率的逐步提升，需求放缓，中国 LED 照明产品的出口额也放缓，2015 年前三季度出口总额为 84 亿美元，同比 2014 年增长 20%，增长速度大幅下降。

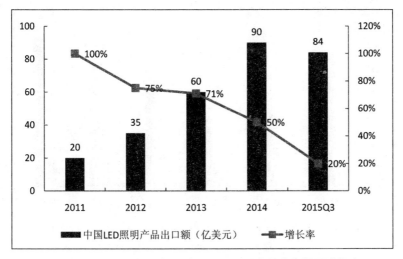

图11-3　2011—2015年Q3中国LED照明产品出口额及增长率

资料来源：中国海关，2016 年 3 月。

二、产业结构

2015 年，我国 LED 外延芯片环节产值约 130 亿元，较 2014 年增长约 8.3%，由于 MOCVD 设备数量的增加和产能利用率有所提高，外延片产量较 2014 年增加 31%，芯片产量增加 40%，但由于芯片价格下降近 30%，致使产值增幅不及产量；LED 封装环节总体发展平稳，产值达到 642 亿元，随着部分企业大幅扩产，产能较 2014 年增加 30% 以上，加上前期产能的释放，LED 封装器件产量整体增长达50%，平均价格下降超过 30%，拖累产值增长仅为 19%；LED 应用领域的产业规模达到 3195 亿元，虽然受到价格不断降低的影响，但仍然是产业链中增长最快的环节，应用整体增长率接近 15.8%。其中 LED 通用照明仍然是市场发展的最主要推动力，产值达 2105 亿元，增长率为 18.5%，渗透率超过 30%，占应用市场的比重也由 2014 年的 41%，增加到 2015 年的 45%。虽然三大产业环节产值都实现增长，但是各环节增幅均明显下降，显示我国半导体照明产业开始整体转入中高速增长的新常态。

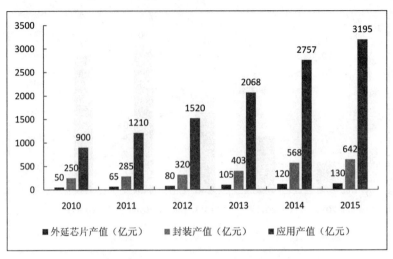

图11-4 2010—2015年中国LED产业结构情况

资料来源：CSA，赛迪智库整理，2016年3月。

上游外延芯片环节，2015年产业规模为130亿元，同比增长8.3%。2015年，由于国内重要芯片企业如三安光电、华灿光电等持续扩产，同时下游应用需求增速放缓，使得行业竞争加剧，芯片价格下降幅度较大。2015年LED上游外延环节发展呈现以下几个特点，一是芯片光效和技术水平持续提升，单个芯片尺寸缩小，同面积的外延片切割芯片的数量增加；二是MOCVD设备总开机率和产能利用率快速提升，2015年MOCVD设备开机率提升到85%，产能利用率达到70%以上；三是国产芯片市场占有率提高，国产芯片的替代率已经达到65%左右；四是企业大者恒大，由于外延芯片环节是重资产投入，使得中小企业面临倒闭，行业集中度进一步提升，2015年国内只剩下10家左右正在生产的企业。

中游封装环节，受企业产能逐步释放和市场需求拉动不足等因素影响，LED行业处于供过于求的局面，使得中国LED封装市场竞争加剧，封装产品价格持续下跌近50%，国际LED封装企业的产品价格下滑也超过20%。封装行业的发展呈现以下几个特点，一是LED封装行业兼并重组普遍，大企业通过扩产抵御价格下跌风险；二是封装企业增产不增收，增收不增利，多数企业出现亏损现象，使得封装行业进入微利时代；三是中小企业无法承受价格压力，纷纷倒闭或寻求退出市场，国内已经有超过200家封装企业无法继续经营。

下游应用环节，显示屏和背光应用已经逐渐饱和，处于缓慢增长的状态，

LED 照明是应用领域发展的主要驱动力，LED 应用市场中 LED 照明的产业规模已经达到 2105 亿元，同比增长 18.5%，但是增长速度同比 2014 年已经大幅放缓。

表 11-1　2015 年中国 LED 各应用领域市场规模及增长率

LED应用领域	背光	显示	照明	其他
市场规模（亿元）	259	290	2105	541
增长率	3.0%	3.6%	18.5%	20.1%

资料来源：CSA，赛迪智库整理，2016 年 2 月。

三、产业创新

（一）芯片技术

2015 年随着 LED 光效的提高，LED 芯片一方面现在越做越小，在一定大小的外延片上可切割的芯片数越来越多，从而降低单颗芯片的成本；另一方面单芯片功率越做越大，将从现在的 3W 往 5W、10W 发展，这对有功率要求的照明应用可以减少芯片使用数，降低应用系统的成本，且目前已有许多企业往这方面发展。

LED 芯片技术发展一直以追求高发光效为动力，而倒装技术是目前获取高效大功率 LED 芯片的主要技术之一，衬底材料中蓝宝石和与之配套的垂直结构的激光衬底剥离技术（LLO）和新型键合技术仍将在较长时间内占统治地位。

（二）封装技术

芯片级封装、LED 灯丝封装、集成化封装是 2015 年封装工艺的发展趋势。采用透明导电膜、表面粗化技术、DBR 反射器技术来提升 LED 灯珠的光效正装封装仍然是技术主流；同时倒装结构的 COB/COF 技术也是封装厂家关注的重点，集成封装式光引擎将会成为研发重点。2015 年，中功率成为主流封装方式。

在成本因素驱动下，去电源方案逐步成为可接受的产品，而高压 LED 充分迎合了去电源方案，但其需要解决的是芯片可靠性。凭借低热阻、光型好、免焊接以及成本低廉等优势，COB 应用在今后将会得到广泛普及。其次是新材料在封装中的应用。耐高温、抗紫外线以及低吸水率等更高环境耐受性的材料，如热固型材料 EMC、热塑性 PCT、改性 PPA 以及类陶瓷塑料等将会被广泛应用。

（三）应用技术

目前应用厂家主要通过采用新型散热材料、先进光学设计与新型光学材料应用等手段实现 LED 照明产品的成本优化，同时保证产品性能。2015 年，LED 照明应用厂家重点关注：基于应用场景要求的可互换 LED 光引擎技术；基于物联网平台的 LED 智能照明系统架构技术；基于可靠性设计的 LED 照明灯具开发，使用周期内保持颜色 / 亮度一致性的高性能 LED 照明灯具开发；基于大面积高效漫射扩散板技术的灯具开发；在线光环境体验的照明系统解决技术和服务系统等方面。未来 LED 灯具形状将不再局限于传统灯具的形状，而倾向于形状自由化和隐藏性。形状自由一方面满足个性需求，另一方面则可作为装饰品进行点缀。

第二节　发展特点

一、技术实力逐步凸显，芯片国产化率大幅提升

2015 年，我国 LED 产业关键技术与国际水平差距进一步缩小，已成为全球 LED 封装和应用产品重要的生产和出口基地。在 LED 外延材料、芯片制造、器件封装、荧光粉等方面均已显现具有自主技术产权的单元技术，初步形成了从上游材料、芯片制备、中游器件封装及下游应用的比较完整的研发与产业体系。产品性能方面，功率型白光 LED 产业化光效达 150 lm/W；具有自主知识产权的功率型硅基 LED 芯片产业化光效达到 130 lm/W；国产 48—56 片生产型 MOVCD 设备开始投入生产试用。

国内芯片企业已经具备规模化生产能力，LED 芯片的国产化率不断上升，2015 年达到 65%，虽然在路灯等大功率照明应用方面还以进口芯片为主，在中小功率应用方面已经具有较强的竞争优势。

二、产业规模持续提升，并购整合使得资源集中

2014 年，我国 LED 产业规模持续提升，上游衬底芯片快速增长，产业集中度不断提升；中游发展相对平稳，中功率器件成为市场需求的主流；下游应用爆发式增长，通用照明快速渗透。

在产业环境发展向好的背景下，我国 LED 照明行业对资源的并购整合态势进一步显现。LED 应用环节投资项目数量超过 200 个，占到项目总数的 74.6%，涉及产业配套和封装的项目也占有较大比重，分别达到项目总数的 16.7% 和 10.8%，外延芯片项目数占比仅为 3.5%。整体来看，我国 LED 产业的投融资基

本均衡，呈现金字塔式分布，下游应用正成为整体产业发展的强大驱动力。

三、企业竞争态势加剧，寻求合作或转型以应对挑战

2015 年上半年，中国 LED 芯片行业多数芯片企业产品价格降幅达到 20% 以上，而作为中国 LED 芯片龙头企业的三安光电更是引领了这波降价潮。面对应用市场需求放缓，同时为了加大芯片的国产化进程，以三安光电为首的国内领先几家芯片企业纷纷降价来迎合市场需求，而受此影响，被迫进行的价格战成了 2015 年全年的热门话题，同时受此影响，超过 10 家芯片企业现已停产或退出，其中不乏体量较大的企业。此为 2015 年中国 LED 芯片市场竞争特点之一。

面对应用市场需求放缓以及对未来市场的保守估计，LED 芯片企业纷纷寻求各种途径以求加强企业竞争力以及盈利能力。2015 年 6 月德豪润达计划募集资金投资 LED 倒装芯片项目和 LED 芯片级封装项目，2015 年 10 月圆融光电收购青岛杰生电气转型深紫外市场，2015 年 9 月，华灿光电收购蓝晶科技。以上案例均为芯片企业面对日趋严峻的芯片格局所不得不作的改变。

此外，面对中国大陆芯片企业的不断壮大以及市场对大陆芯片接受程度的不断提高，中国台湾地区 LED 芯片厂面临十分严峻的生存局面，2015 年各家企业营收均有不同程度下降，璨圆更是被迫并入晶电。面对需求放缓以及大陆市场的挤压，台湾地区芯片厂竞争格局已愈发明显，多数芯片厂即将名存实亡。而作为我国台湾地区芯片龙头的晶元光电也不得已寻求战略合作伙伴，2015 年，晶元光电与国内多家封装厂签订战略合作伙伴关系，并与木林森联手成立印度合资公司，不断寻求与下游企业更紧密的合作已成为晶元光电应对目前局面的主要措施。

第十二章 电子材料、元器件及专用设备行业

第一节 发展情况

2015年是"十二五"规划收官之年，在全国经济面临下行压力持续加大的情况下，我国电子信息制造业保持平稳较快发展，为我国电子材料、元器件及专用设备行业加快产业结构调整、推动产业转型升级奠定了良好的产业基础。

一、产业规模

（一）产业规模稳步增长

随着我国电子信息制造业日益重视产业链建设，作为产业基础的电子材料、元器件及专用设备行业在2015年继续保持稳步增长，规模及增速位居电子信息制造业各行业首位。2015年我国电子材料、元器件及专用设备行业销售产值达

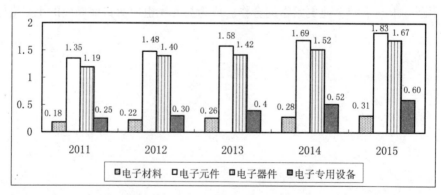

图12-1 2011—2015年我国电子材料、元器件及专用设备行业销售产值（单位：万亿元）

资料来源：国家统计局，工业和信息化部，赛迪智库，2016年3月。

到 4.41 万亿元，同比增长 10.0%，增速高于电子信息制造业全行业 1.3 个百分点，占我国电子信息制造业的比重为 39.0%，比 2014 年提高了 0.6 个百分点，占比扭转了此前下滑态势开始企稳回升。其中电子材料行业 0.31 万亿元，电子元件行业 1.83 万亿元，电子器件行业 1.67 万亿元，电子专用设备 0.60 万亿元。

（二）进口降幅收窄，出口增速回暖

1. 进口情况

2015 年我国电子材料、元器件及专用设备行业合计进口额达到 4000 亿美元，同比下降 0.4%，降幅较 2014 年收窄 2.5 个百分点，占电子信息制造业进口总额的 75.8%，较 2014 年提高 0.6 个百分点。其中，电子材料行业进口额达到 73 亿美元，同比下降 9.6%；电子元件行业进口额为 480 亿美元，同比下降 7.3%，降幅较 2014 年扩大 6.7 个百分点，连续 4 年出现下滑；电子器件行业进口额高达 2994 亿美元，同比增长 2.2%，增速开始回暖；电子专用设备行业进口额为 453 亿美元，同比下降 6.8%。进口主要产品中，集成电路进口额 2299 亿美元，同比增长 5.7%；液晶显示板进口额为 397 亿美元，同比下降 9.2%；二极管及类似半导体器件进口额为 221 亿美元，同比下降 5.9%。

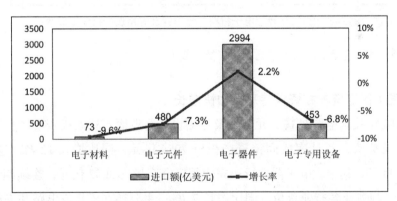

图12-2 2015年我国电子材料、元器件及专用设备行业进口情况

资料来源：海关总署，工业和信息化部，赛迪智库，2016 年 3 月。

2. 出口情况

2015 年我国电子材料、元器件及专用设备行业出口额达到 2589 亿美元，同比增长 3.3%，在电子信息制造业出口额下降的背景下实现逆势增长，占电子信息制造业出口总额的 33.1%，比 2014 年提升 1.4 个百分点。在集成电路出口增

速回暖的带动下，电子器件行业增速出现较快增长，电子元件行业保持一定增长势头，电子材料和电子专用设备行业出现下滑。电子材料出口额 66 亿美元，同比下降 6.1%；电子元件出口额为 808 亿美元，同比增长 3.0%；电子器件出口额 1399 亿美元，同比增长 6.2%；电子专用设备出口额为 316 亿美元，同比下降 4.9%。出口主要产品中，集成电路出口金额为 691 亿美元，同比增长 13.5%；液晶显示板出口额为 310 亿美元，同比减少 2.6%，延续此前下滑势头；二极管及类似半导体器件出口额 295 亿美元，同比增长 4.0%。

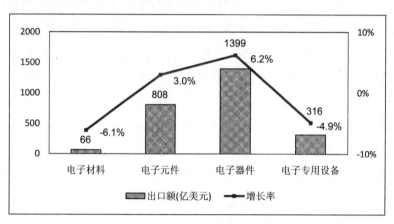

图12-3　2015年我国电子材料、元器件及专用设备行业出口情况

资料来源：海关总署，工业和信息化部，赛迪智库，2016 年 3 月。

（三）固定资产投资保持平稳加快增长

2015 年我国电子材料、元器件及专用设备行业固定资产投资继续保持平稳交流增长势头，累计完成固定资产投资 7984 亿元，同比增长 12.4%，基本与 2014 年持平。其中，电子器件行业完成固定资产投资 3032 亿元，连续四年位居电子信息制造业各行业首位，同比增长 7.7%，主要还在于集成电路和平板显示投资拉动；电子元件行业行完成固定资产投资 2871 亿元，继续位居电子信息制造业各行业次席，同比增长 17.9%,；电子专用设备行业完成固定资产投资 1751 亿元，同比增长 13.8%；电子材料行业完成固定资产投资 330 亿元，同比增长 11.5%。

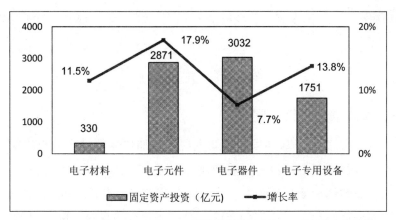

图12-4 2015年我国电子材料、元器件及专用设备行业固定资产投资情况

资料来源：工业和信息化部，赛迪智库，2016年3月。

二、产业结构

为保障我国电子信息产业安全和国家信息安全，我国加大了对电子基础领域尤其是关键电子材料和设备的支持力度，积极推动国产材料和设备导入生产线，集成电路、光电子器件、阻容感元件等重点产品技术水平稳步提高，不断提升电子材料、元器件以及专用设备自给能力，进一步完善电子信息制造业产业体系。整体规模上，2015年电子元器件占电子材料、元器件及专用设备行业的比重为79.6%，占比分别比2013年、2014年下降3个、2.1个百分点，呈现持续下降态势。随着我国电子材料、元器件以及专用设备自给能力的不断提升，电子材料、元器件以及专用设备行业进口额持续下降，进口依赖程度逐步减弱。

三、产业创新

2015年，我国电子材料、元器件以及电子专用设备行业整体创新能力稳步提升，高附加值和高新技术产品不断取得突破。由南昌大学、晶能光电、中节能晶和照明联合申报的硅衬底高光效GaN基蓝色发光二极管项目获得2015年国家科技进步奖一等奖，获得国家科技进步奖二等奖和技术发明奖二等奖的项目近10项。集成电路28nm工艺实现规模量产，核心芯片设计水平达到16/14nm。企业创新能力不断提升，知识产权意识显著增强，日益注重专利等知识产权建设，京东方2015年全年专利申请量达到6156件，其中PCT申请受理量1414件，连

续两年稳居前三，中国发明专利授权量 1115 件，同比大增 130%，跃升至第五位。

第二节　发展特点

一、整体增速持续回暖

2015 年，随着电子基础领域创新发展步伐加快，关键产品自给能力提升，电子材料、元器件及专用设备行业增速持续回暖。2015 年电子材料、元器件及专用设备行业整体增速为 10.0%，比 2014 年提高了 0.4 个百分点，在 2014 年基础上继续保持增长势头。从细分领域看，2015 年电子材料、电子元件、电子器件和电子专用设备行业的增速分别为 10.7%、7.8%、10.5% 和 15.8%，电子专用设备行业的增速位居电子制造业各行业次席。从增长贡献率看，电子元件和电子器件仍然是拉动电子材料、元器件及专用设备行业增长的主要力量，2015 年其贡献率分别为 37.5% 和 35%，电子专用设备的贡献率也达到了 20%。

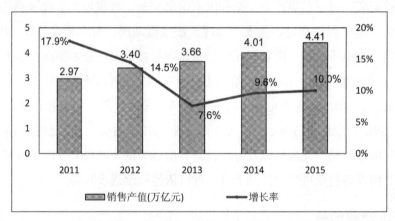

图12-5　2011—2015年我国电子材料、元器件及专用设备行业销售产值及增长率

资料来源：国家统计局，工业和信息化部，赛迪智库，2016 年 3 月。

二、主要产品产量增速普遍回落

2015 年手机、彩色电视机、微型计算机等终端产品产量增速持续下降，甚至出现负增长，导致基础电子产品市场需求增速减缓，主要产品产量增速普遍回落。电子材料方面，2015 年我国多晶硅产量约为 23.3 万吨，同比增长 15.6%，增速较 2014 年回落近 40 个百分点；光纤预制棒产量约 4900 吨，同比增长 29%。

电子元件方面，2015年我国电子元件产量34394亿只，同比下降5.4%，增速同比下降近10个百分点；锂离子电池产量上升至56亿只，同比增长3.0%，增速较2014年下降近8个百分点；印制电路板面积达到33686万平方米，同比下降2.2%。电子器件方面，2015年我国集成电路产量为1087亿块，同比增长6.8%，增速较2014年回落5.6个百分点；半导体分立器件产量达到5780亿个，同比增长4.8%，增速较2014年回落11.6个百分点；光电子器件4868亿只（片、套），同比增长23%。

三、贸易逆差再现收窄态势

2015年我国电子材料、元器件及专用设备行业进出口贸易逆差达到1411亿美元，同比下降6.4%，2014年出现的进出口贸易逆差扩大趋势受到抑制，再现收窄态势。从细分领域看，电子材料行业进出口逆差持续收窄，2015年贸易逆差仅为7亿美元，同比减少36.4%，一方面是国内中高端电子材料产品日益丰富，进口替代效果逐步显现，另一方面是全球电子材料市场疲软，需求增长缓慢；2015年我国电子器件行业进出口金额出现了双增长，进出口逆差仍高达1595亿美元，同比下降1.0%，得益于国内集成电路产业规模持续快速增长；随着国内企业国际竞争力不断提升，电子元件行业进出口贸易顺差持续扩大，2015年实现贸易顺差328亿美元，同比增长22.4%，连续三年实现贸易顺差，是推动电子材料、元器件和专用设备行业逆差收窄的主要力量；电子专用设备行业实现进出口贸易逆差137亿美元，同比下降11.0%，初步缓解了贸易逆差持续扩大局面，主要在于国内主要企业加快整线设备研发，基本能够满足太阳能光伏、锂离子电池等行业需求。

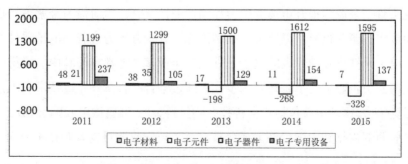

图12-6　2011—2015年我国电子材料、元器件及专用设备行业进出口贸易逆差（单位：亿美元）

资料来源：海关总署，工业和信息化部，赛迪智库，2016年3月。

四、政策环境不断优化

2015 年，国家在出台的一系列政策措施中鼓励电子材料、元器件及专用设备行业加快发展步伐。2015 年 5 月国务院发布《中国制造 2025》，是我国实施制造强国战略第一个十年的行动纲领。其中，五大工程之一"工业强基工程"就提出"到 2020 年，40% 的核心基础零部件（元器件）、关键基础材料实现自主保障，受制于人的局面逐步缓解"；十大重点产业首位的"新一代信息技术产业"将集成电路列为发展重点之一。集成电路方面，继续落实《国务院关于印发进一步鼓励软件产业和集成电路产业发展若干政策的通知》（国发〔2011〕4 号），推动出台集成电路封装、测试、专用材料和设备企业所得税优惠政策，国家集成电路产业投资基金加大投放力度，实际出资近 400 亿元，带动社会投资超过 1000 亿元。平板显示方面，工业和信息化部与发改委继续实施《2014—2016 年新型显示产业创新发展行动计划》，加大对龙头企业支持力度，重点发展关键配套材料和装备。太阳能光伏方面，工业和信息化部公布了《光伏制造行业规范条件（2015 年本）》，并发布了两批公告企业名单。锂离子电池方面，工业和信息化研究正式发布了《锂离子电池行业规范条件》，目前正在积极推进实施，为推动行业健康有序发展提供有力保障。

五、资本市场动作频频

2015 年，电子材料、元器件及专用设备行业企业加大资本运作力度，动作频繁。一是国家加大对高技术行业支持力度，新三板、创业板放宽限制条件，电子材料、元器件及专用设备行业企业利用这一契机，积极在新三板、创业板等上市融资，其中在新三板挂牌交易的企业超过 50 家，沪深两市新上市企业近 20 家。二是龙头骨干企业为提升市场竞争力加强产业链整合，纷纷借力金融市场扩大生产规模或实施兼并重组，以紫光、中芯国际、京东方等为代表的电子器件龙头企业和以电子元件百强为代表的电子元件龙头企业基本上都参与其中。值得一提的是，我国龙头企业加快了海外并购步伐，通过整合吸收海外先进技术和工艺，提升国际竞争力，这其中就包括长电科技并购星科金朋、通富微电收购 AMD 封测厂、紫光入股西部数据和中国台湾力成科技、歌尔声学收购丹麦音频技术公司 AM3D A/S 等。

区域篇

第十三章 长江三角洲地区电子信息产业发展状况

第一节 整体发展情况

一、产业规模

长江三角洲包括上海市、江苏省南部、浙江省北部以及邻近海域，区域面积21.07万平方公里，是目前我国工业经济最发达的地区之一。随着长江三角洲地区工业和经济的不断深入协同发展，长三角经济圈逐渐扩大，已延伸至包括上海市及江苏省、浙江省等三省市的范围，电子信息产业总体规模占全国的近四成。

二、产业结构

长江三角洲地区电子信息制造业产业链较为完善，建立了从上游原材料到下游应用的完整产业链。江苏徐州、浙江衢州等地以上游半导体材料、电子材料为主，形成集中的产业聚集地；上海和江苏无锡、常州、苏州、南京以及浙江杭州、嘉兴、湖州等地以下游整机及应用为主。长三角依托上海周边经济发展带动，产业配套日趋完善，政策引导及服务业发展促进规模化制造业在该地区聚集。

第二节 产业发展特点

长江三角洲地区是我国重要的电子信息产业基地和最大的电子信息制造业聚集区，以上海为中心，向江苏、浙江等地辐射，形成了中心带动、地区辐射、多地集聚的产业发展特点。该地区电子信息产业总体规模占到全国近四成，太阳能光伏产业占全国比例更达到 60% 以上。与此同时，长江三角洲依托上海、南京、杭州等地优质的教育和科研资源，为新一代信息技术等战略性新兴产业发展做好了充足的知识储备，产学研用协同合作日益加强，吸引我国及全球尖端科技人才来此就业，参与基础技术研发及产业改造升级，推动产业技术突破和集聚效应加速形成。目前，长江三角洲已经形成了以集成电路、太阳能光伏、计算机及软件服务业为特色的产业集群。江苏地区在信息通信、数字视频、计算机、软件、集成电路设计封装、光伏制造等领域具有产业优势，浙江在电子材料、软件服务业、微电子等行业领域形成产业集聚，上海则在计算机、数字音频、通信设备、软件等下游行业发展快速。

第三节　主要行业发展情况

近年来，长江三角洲地区电子信息产业加快协同发展，产业集聚效应进一步增强，建立了集成电路、太阳能光伏、计算机、新型显示等主要行业集聚发展模式。

一、集成电路

长江三角洲是我国最重要的集成电路研发制造基地之一，主要在上海、苏州、无锡等地形成产业聚集。2015 年，苏、浙、沪三地积极落实《国家集成电路产业发展推进纲要》，推动长三角地区集成电路产业加速发展。目前，该地区半导体行业产值占全国的近七成，集成电路设计、封装测试、制造等环节的产业规模全国占比分别达到约 50%、80% 和 55%，继续保持行业领先地位。

上海市方面，国家集成电路产业发展投资基金相继对中芯国际、中微半导体、睿励科学仪器、硅产业投资公司等给予扶持，完成国内首个投资项目（中微半导体，投资额 4.8 亿元），并组建首个产业融资租赁公司（芯鑫融资租赁，注册资本 56.8 亿元），当地亦计划组建总规模 500 亿元的集成电路产业基金，支持集成电路设计、制造及装备材料等方面的发展，带动上海市集成电路产业加快创新发展。中芯国际与华为公司、比利时微电子研究中心、高通等多方共同投资中芯国际集成电路新技术研发（上海）有限公司，开发 14 纳米及以下先进 CMOS 工艺，展讯通信获 2014 年度国家科技进步奖—企业技术创新工程奖，华虹宏力"0.13 微米嵌入式自对准分栅闪存技术与工艺开发"获上海市科技进步一等奖。

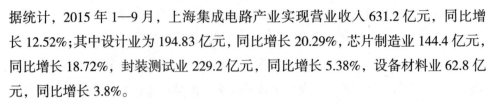

据统计，2015年1—9月，上海集成电路产业实现营业收入631.2亿元，同比增长12.52%；其中设计业为194.83亿元，同比增长20.29%，芯片制造业144.4亿元，同比增长18.72%，封装测试业229.2亿元，同比增长5.38%，设备材料业62.8亿元，同比增长3.8%。

江苏集成电路产业近年来获得了快速发展。据统计，2015年，江苏集成电路产业实现营业收入934.4亿元，同比增长12.9%；其中设计业为132.5亿元，同比增长10%，芯片制造业171.9亿元，同比增长3%，封装测试业630亿元，同比增长16.7%。此外，浙江省积极发挥政府引导作用，积极推进高端射频集成电路、高端存储芯片等项目的实施和落地，也带动本省集成电路产业不断加快发展和转型升级。

二、光伏

长江三角洲是我国最重要的光伏产业聚集地，主要分布在江苏、浙江两省，并在苏南、浙北地区形成集中的产业集聚。目前，江、浙、沪三省市拥有光伏企业数百家，建立了从多晶硅、硅锭/硅棒、硅片、电池、组件、逆变器、光伏设备到下游电站应用的完整产业链，光伏产业总体规模占到全国60%以上，苏州、无锡、常州形成光伏产业发展金三角，常州更成为全球光伏产业单体规模最大的城市。在苏南地区，受工业整体环境优化及主管部门服务意识增强等因素影响，企业普遍管理规范、技术先进，特别是一些新兴中小光伏企业，技术创新活跃，盈利能力较强，个别企业通过自主研发和合作攻关实现生产过程的全面自动化和智能化，产线人工成本已降至行业平均水平的30%以下。

2015年，江苏光伏行业实现产值2651.1亿元，同比增长14.3%，高于全省规模以上工业增速8.1个百分点。全年多晶硅产量7.4万吨，同比增长10.4%；电池产量19.35GW，同比增长22.6%；组件产量约为25.2GW，同比增长27.3%；新增光伏装机量1.66GW，累计光伏装机量4.22GW，其中分布式装机量约1.2GW，居全国首位。目前，江苏省列入光伏制造行业规范公告名单企业69家，占全国的三分之一，公告企业2015年电池环节产能利用率86%，组件环节达91%。浙江省实现光伏制造产值1300亿元，同比增长35%，全行业实现利润45亿元，全省电池产量9.1GW，组件产量11.3GW，出口占比32%，全年并网光伏发电项目3256个，装机容量1.2GW；新增装机容量651MW。

三、新型显示

受下游计算机等整机行业需求带动，新型显示产业在长江三角洲地区形成较强的产业聚集，从显示关键材料到模组，建立了相对完善的新型显示产业链及配套环境，全球主要面板企业均在长三角地区建立了生产基地。该地区重点显示企业有中电熊猫、三星、天马、友达等，此外，邻近地区安徽合肥京东方 8.5 代 TFT-LCD 生产线已建成并实现量产，新的 10.5 代线也于 2015 年底正式开工建设，也对长三角地区新型显示产业的发展起到不小推动作用。

近年来，上海、南京、苏州、无锡等地均在积极打造大规模新型显示产业基地，产业链配套日趋完善，已涵盖玻璃基板、背光源、导光板等多个领域。与此同时，下游终端环节，长虹、鑫虹、海尔等知名电视机厂商，以及联想、宝龙达等计算机和平板电脑生产厂商均在长三角地区积极布局，带动整个新型显示产业链加快协同发展。目前，南京市新型显示及配套产业整体规模已接近 2000 亿元，位列全国第二。

四、计算机

长江三角洲地区计算机产业沿袭 20 世纪台资计算机代工企业在该地区的制造业发展，以上海、苏州、无锡等地为中心，向周边昆山、吴江、淮安等地辐射，形成规模庞大、产业链配套完善的计算机产业聚集区，富士康、纬创、广达等台资代工企业均在该地建设产业基地。2015 年，长三角地区微型电子计算机实现产量 5911.59 万台，计算机、通信和其他电子设备制造业实现产值 19334.4 亿元，同比增长 9.4%，浙江省微型计算机产量 151.4 万台。

第四节　重点省市发展情况

一、上海市

上海市电子信息产业发展主要在集成电路、新型显示、通信设备、计算机、电子元器件等领域。集成电路领域，上海作为我国集成电路生产及设计领域的重点区域，产业规模已占到全国的三分之一，目前正在 12 英寸工艺方面积极布局；新型显示领域，以上海天马等骨干企业为核心，与周边地区形成区域产业集聚，并在汽车电子、车载电子产品等领域实现规模化应用；在通信及网络设备领域，上海建立了自上游材料、芯片、设备、检测到下游终端应用的完整产业链。近年来，上海市主管部门积极推动当地电子信息产业发展，先后出台了《上海市电子信息产业调整和振兴规划》《上海推进电子信息制造业高新技术产业化行动方案（2009—2012年）》《上海推进物联网产业发展行动方案（2009—2012年）》等政策文件，并拟成立500亿元集成电路产业基金支持当地集成电路产业发展。目前，国家微电子产业基地、国家集成电路设计上海产业化基地、国家（上海）平板显示产业基地等国家级产业基地、国家半导体照明工程上海产业化基地相继落户上海，形成以国家级产业园区为核心，地区配套为补充的产业发展格局。与此同时，随着华东地区经济增长速度回落，上海及周边地区面临新一轮投资成本增加、消费市场增速降低、部分产业竞争压力增大等问题，电子信息产业发展也面临多方面的挑战，作为中国重要经济中心，以投资拉动经济增长向消费市场拓展发展模式转变，将成为今后推动上海电子信息产业发展需要解决的重点问题。

2015年，受需求侧市场收缩影响，上海市电子信息产业发展较2014年有所回落。《2015年上海市国民经济和社会发展统计公报》显示，2015年，上海市电子信息制造业完成工业产值6159.55亿元，占全市战略性新兴产业工业产值的76.4%，与2014年同期相比下降1.8%，其中，工业机器人、手机产量同比分别增长23.1%和4.7%，集成电路产量下降2%。

二、江苏省

经过多年的发展，江苏省电子信息产业已形成涵盖软件、集成电路、新型显示、太阳能光伏、通信产品、数字音频等领域的完整体系，上游材料及关键设备等配套环境日益完善，产业核心竞争力持续增强，特别是苏州、无锡、常州，形成电子信息制造业高度集中的三角地区，行业配套已形成协同发展的自主体系。

集成电路领域，江苏省是重要的集成电路制造、封装和测试基地，以苏州为中心、与上海协同形成产业聚集区；新型显示领域，主要以南京中电熊猫、昆山维信诺等骨干企业为引领，形成涵盖上游关键材料到下游应用的完整产业链，并与下游数字音视频产品制造业形成协同联动发展；太阳能光伏领域，形成以徐州的多晶硅、苏锡常及浙北地区的光伏产品制造基地以及全方位的光伏应用市场协同发展的完善产业生态，常州市已成为全球光伏产业规模最大的城市；信息通信产品领域，形成以苏州为中心的产品制造基地，并在工业及社会经济发展中形成规模庞大的应用市场。2015 年 1—9 月，全省电子信息产业完成固定资产投资 1843.6 亿元，同比增长约 8%。

三、浙江省

浙江地区电子信息产业发展重点在以杭州为中心的软件及信息化领域，杭州软件企业数量占全省的 80% 以上，以阿里巴巴集团为引领的软件服务业及信息化领域产业规模不断提升，在全国乃至世界形成较强的影响力。电子信息制造业方面，浙江省整体规模较大，企业规模普遍偏小，企业发展模式丰富，但制造业运行整体环境落后于江苏，因此企业经营管理的规范化程度还有待提升。值得注意的是，浙江省将光伏产业发展列入省内重点工作，嘉兴地区形成以晶科能源、昱辉阳光为代表的光伏制造业基地，同时在当地主管部门"五位一体"发展模式推动下，也形成了具有当地特色的光伏应用市场体系。截至 2015 年底，嘉兴市分布式光伏累计装机量已超过 500MW，在东部沿海地区处于绝对领先地位。2015 年 1—9 月，全省电子信息产业完成固定资产投资 388.2 亿元，同比增长近 30%。

第十四章 珠江三角洲地区电子信息产业发展状况

第一节 整体发展情况

珠江三角洲地区包括广州、深圳、佛山、珠海、东莞、中山、惠州、江门、肇庆等九个城市，面积 24437 平方公里，占广东省国土面积不到 14%，人口 4283 万人，占广东省人口的 61%。借助改革开放的东风，珠三角地区电子信息产业从无到有、从小到大，目前已经成为我国最大的电子信息产业集聚区之一，也是我国发展速度最快的电子信息产业集聚区，被确定为首批国家级电子信息产业基地。

一、产业规模

经过多年的发展，广东省已成为我国电子信息产业最重要的区域之一，而广东省电子信息产业又主要集中于珠三角地区，占比超过 95%。2015 年，广东省规模以上电子信息制造业实现产值 3.27 万亿元，同比增长 9.1%，占全国的 28.88%，连续 25 年位居全国首位；出口交货值 1.71 万亿元，同比减少 0.3%，占全国的 33.22%，同样位居全国首位。2015 年，广东省规模以上计算机、通信和其他电子设备制造业实现主营业务收入 2.91 万亿元，同比增长 9%，占全省规模以上制造业主营业务收入的 26.73%，占全省规模以上工业企业主营业务收入的 24.78%，位居省内各行业首位；实现利润 1466 亿元，同比增长 15.5%，占全省规模以上制造业利润的 23.13%，占全省规模以上工业利润的 20.34%。

2015 年，广东省电子信息产业累计完成固定资产投资 1162 亿元，同比增长 30.65，占全国的 8.44%；新增固定资产投资 813 亿元，同比增长 20%，占全国的 8.42%。

二、产业结构

2015 年，珠三角地区电子信息产业结构进一步优化，高端电子信息产品继续保持较大幅度增长，软件和信息服务也占比持续提升，华为、比亚迪、中兴、TCL、康佳、创维、酷派等民营骨干企业规模持续扩大，占比也逐年提升。19 家企业入围第 28 届全国电子信息产业百强，名列全国首位。2015 年，珠三角地区软件和信息服务业业务收入占电子信息产业的比重在 2014 年基础上继续提升，华为成为全国唯一一家超千亿软件企业，4 家软件企业收入超百亿，15 家企业入围第 14 届全国软件收入前百强名单，位列全国第二。

第二节　产业发展特点

一是对新兴产业发展的扶持力度不断加强。2015 年，珠三角地区进一步加大对新兴产业发展的支持力度，相继出台多项政策，积极开展新兴产业应用试点示范。广东省相继发布了《广东省云计算发展规划（2014—2020 年）》《广东省大数据发展规划（2015—2020）》，重点围绕珠三角地区推动云计算、大数据等新兴产业发展。深圳市出台了《深圳市机器人、可穿戴设备和智能装备产业发展规划（2014—2020 年）》以及相关发展政策。在广东省开展的物联网产业示范基地和大数据应用示范项目中，80% 以上都集中在珠三角地区。二是产业转移速度进一步加快。一方面，电子信息制造业的部分行业又属于人力密集型产业，同时受人力成本上升、资源承载能力有限以及优惠政策到期等多方面因素影响，行业对人力成本变化反应较为敏感；另一方面，广东省政府通过多种措施促进省内产业转移，同时我国中西部地区利用其人力资源以及环境优势，加大招商引资力度，出台了许多优惠政策，吸引沿海地区企业入驻。双方面因素作用下，珠三角地区电子信息制造业部分企业加速向广东省其他地区以及周边省份转移。

第三节　主要行业发展情况

一、新型显示

珠三角地区是我国重要的新型显示产业优势区域，聚集了华星光电、利信、深超光电等骨干企业,该地区曾在 TN/STN LCD 领域占据优势,但由于在 TFT-LCD 特别是大尺寸液晶面板制造领域错失发展良机一度落后国内其他优势地区。但随着华星光电和广州 LGD 两条 8.5 代液晶面板线的落户并实现量产,极大提升了该地区新型显示产业的总体实力,有效缓解了珠三角地区"缺芯少屏"的困境。与此同时,珠三角地区工业基础雄厚,外向型经济发展模式孕育出从液晶显示模组到康佳、创维、中兴、华为等大批下游显示用户厂商,形成了从上游模组到下游终端应用的完整产业链,产业集聚效果凸显。

二、集成电路

根据集成电路产业发展统计数据,2015 年,珠江三角洲地区集成电路产业规模达到 439.92 亿元,且增长速度最快,比全国平均数高 23.92 个百分点,产业规模占全行业的比重达到 35.65%,比 2014 年的 30.63% 提升了 5.02 个百分点,取代长江三角洲地区占据全国龙头地位。

三、云计算/大数据

为促进本省云计算及大数据产业加快转型升级发展,2015 年,广东省印发了《广东省促进云计算创新发展的实施方案》,珠三角地区也积极部署电子政务云试点项目。借助粤港合作的地缘优势,珠三角地区与香港积极推进云计算产业合作交流,推动云计算安全标准研究以及云计算服务推广取得重要突破。同时,广东省还编制完成《广东省大数据发展规划(2015—2020)》,将珠三角地区作为重点发展地区。积极推进大数据示范应用,确定了首批 5 家大数据应用示范项目,其中珠三角地区占据 4 家。

四、物联网

广东省积极发展物联网产业,推动"星光中国芯物联网工程"落户广东省,开展互联网与工业融合创新试点,形成以旭丽电子、芬欧蓝泰、新邮通信、高新兴、京信通信等骨干企业为引领的行业协同发展趋势。东莞物联网产业基地培育了以宇龙酷派、远峰科技、美赛达欣、华贝电子、泰斗微电子、大普通信、晖速天线等为代表的物联网先进制造企业 100 多家。惠州物联网终端及应用服务企业约 120 家,支柱骨干企业为华阳集团、德赛集团和 TCL。深圳成为全国物联网产业创新发展先行区,与物流和供应链密切相关的物联网产品占据国内 70% 以上的市场，远望谷、先施、国民技术、中兴通讯等企业在超高射频产品领域占据国内 90% 的市场。

第四节　重点省市发展情况

一、深圳市

近年来，深圳市充分发挥特区优势，积极承接全球电子信息产业转移，大力发展电子信息产业，已成为我国乃至全球重要的电子信息产业研发、生产、出口基地，手机、智能电视、计算机等电子信息领域产业规模位居我国乃至全球前列。通过不断的自我完善与发展，深圳市电子信息产业结构日趋完善，产业配套不断优化，已成为深圳市经济发展的重要支柱。目前，深圳市电子信息产业对当地工业经济的贡献率近 60%，但对工业增速贡献率已超过 80%。

2015 年，深圳市先进制造业实现增加值 5165.57 亿元，同比增长 11.3%，其中，计算机、通信和其他电子设备制造业增加值占规模以上工业增加值比重达到 62.1%，同比提高 3.6 个百分点，实现增加值 4214.95 亿元，同比增长 10.6%。

在以电子信息制造业及软件服务业为核心的新一代信息技术领域，深圳市通过对产业的超前布局，一直走在全国的前列，并通过一系列政策措施引导和支持电子信息产业持续健康发展。近年来，深圳市有关部门先后出台了《深圳市"互联网+"行动计划》《深圳市促进创客发展三年行动计划（2015—2017 年）》等重要文件，推动本市新一代信息技术产业加快发展，并于 2016 年 1 月发布实施《〈中国制造 2025〉深圳行动计划》，计划在未来 10 年，通过两步走，将深圳建设成为世界制造业强市。目前，深圳市通过优化创新环境、支持高新技术研发应用，不断加大在华星光电 8.5 代 TFT — LCD 生产线建设、海思半导体 16 纳米工艺研发应用、中兴微电子集成电路研发、中芯国际 8 英寸片生产项目建设等的支持力度，并由市财政安排每年对新一代信息技术、新能源等七大战略性新兴产业每个产业给予 5 亿元集中扶持，推动当地以新一代信息技术为基础的新兴产业不断做大做强。

在政府有关部门大力推动和产业生态自我完善的共同作用下，深圳电子信息产业创新体系不断优化，形成以华为、中兴、比亚迪、腾讯、华星光电等骨干企业为代表的产业集群，目前已有各级重点实验室、工程研究中心、企业技术中心等创新载体 1100 余家，其中国家级单位 70 多家。在 2015 年中国电子信息百强企业中，深圳市有 20 家企业上榜，其中华为、中兴通讯、比亚迪等三家企业进入前十强，华为仍居第一。目前，深圳市信息产业在计算机、移动终端、智能硬件、核心元器件、视听产品、新型显示等领域均具较强竞争力，部分领域已具备一定的国际竞争优势。与此同时，在高端信息技术领域，深圳市也涌现出一批代表性企业，大疆创新的无人飞行器控制系统及解决方案、柔宇科技的超薄新型彩色柔性显示屏、华讯方舟的超高速移动宽带通信技术等均在国际上具有领先优势。

二、东莞市

经过多年的发展，东莞市建成了涵盖平板显示、LED、电子元器件、结构件制造、通信设备、太阳能光伏、电力电子器件等领域的电子信息产业综合体系，产业发展核心竞争优势和配套水平不断提升。其中，上游包含光电子器件、核心电子元器件和 IC 芯片等基础环节，中游以计算机产业为核心，下游主要为信息产品应用产业，按照产品体量计算，元器件占整体产业规模的 41%，通信占21%，计算机及软件占 18%，显示器占 14%。整体而言，东莞市电子信息产业涵盖面大、产品门类多，综合配套优势明显，并且在诸多领域形成了自身独特的发展特点和竞争优势。

计算机和电子元器件领域，是东莞传统电子信息优势产业，不仅有较完整的产业体系和内外市场，产业集群优势也相对突出，形成一批国内外知名企业。集成电路和软件领域，产业体系较为完善，地方政府正积极整合资源，打造当地集成电路和软件公共服务平台。新型显示领域，建立了以优势企业为龙头，升级发展上游原材料、OLED 装备和面板制造环节的系统布局。信息通信领域，在通信设备、信息服务、信息技术应用等方面增长较快，并形成新一代无线通信领域的研发资源聚集效应。

近年来，东莞地方政府积极推动，使当地 OLED、新一代通信、新型电子元器件等高端电子信息产业加快发展。OLED 领域，投资建设了国内第一条自主开发的 370mm×470mm OLED 生产线，并在相关显示工艺、有机材料、驱动 IC 等环节有所突破。新一代信息通信领域，东莞一直处于优势地位，在电信运营、网络设备和终端设备制造方面具有雄厚基础，目前正集中打造集上游材料、通信软件、集成电路、核心元器件的研发生产，中游智能通信设备，下游产品销售、软件应用、网络数字内容创新应用等的完整产业链。新型电子元器件领域，是东莞规模最大、产业链最完整、国际竞争力和综合配套能力最强的电子信息领域，目前已开展中小尺寸 OLED 显示屏产业化、片式电子元器件用陶瓷封装基座项目、下一代移动通信射频前端模块项目、中小尺寸液晶面板生产项目、LED 氮化镓衬底材料项目、SIC 芯片材料项目等重点元器件项目。物联网领域，已有多个物联网项目获广东省战略性新兴产业发展资金高端电子信息产业专项扶持，并在工业生产、物流服务、社会管理、民生服务等领域大力推广物联网技术应用示范，并积极开展"智慧物流"。此外，在云计算、电子商务、现代物流等领域，东莞企业近年来也表现出较强的发展势头，高新技术产业加速集聚升级的产业发展新业态正在形成。

第十五章　环渤海地区电子信息产业发展状况

第一节　整体发展情况

环渤海地区是指环绕渤海全部及黄海部分沿岸地区所组成的广大经济区域，处于日渐活跃的东北亚经济圈的中心地带，是我国东北、华北、西北地区的主要出海口和对外交往门户，战略地位十分重要。

一、产业规模

环渤海地区电子信息产业基础雄厚，各种产业资源高效整合和交汇，区域内有三星、英特尔、中星微电子、RFID 产业基地等，不仅产业规模庞大，而且具有巨大的产业辐射效应，环渤海地区成为继珠江三角洲和长江三角洲地区之后又一令人瞩目的电子信息产业基地。相对于珠江三角洲、长江三角洲地区，环渤海地区电子信息产业总体增长速度不高，主要原因在于该地区体制改革相对滞后、开发意识不强、缺乏协调发展的整体规划和明确可行的战略部署。

二、产业结构

环渤海地区各省市在 2015 年依靠自身工业基础、科研实力、地理位置、交通优势，制定合适的发展战略，在电子信息产业某些领域形成了竞争优势，发展出各具特色的电子信息产业集群。北京市电子信息产业具备研制、规模生产各类计算机、通信设备、广电设备、电测仪器、电子元器件等系列产品的综合能力，是全国重要的电子技术研究开发与生产基地。天津拥有国内最完整的手机生产及配套企业和基础设施，移动通信设备及终端产品、集成电路、新型元器件、彩色显像管、彩色显示器、磁卡等重点产品已经具有较大规模。山东拥有海尔、海信等大集团，重点发展高性能计算机及外围设备、高速宽带网络与通信产品、高性能信息家电、新型元器件以及新型电子材料。

第二节　产业发展特点

一、京津冀协同发展带动电子信息产业升级转移

2015 年，《京津冀协同发展规划纲要》审议通过，强调率先突破京津冀交通一体化、生态环境保护、产业升级转移等重点领域。电子信息产业协同创新是推进京津冀一体化发展的重要战略内容。2015 年，河北省廊坊市政府在北京举办电子信息产业投资合作对接活动，突出廊坊市与北京市中关村电子信息产业的合作与对接，努力建设京津冀协同发展先行区。天津在京津冀协同发展中以优化发展高端装备、电子信息等先进制造业为主。

二、北京市人才结构领先

相比天津、河北，北京市人才结构优势显著，信息技术产业从业人员所具备的技能集中于当下热门的领域，北京的人才政策和行业机会对信息技术产业前沿人才极具吸引力。在京津冀协同发展战略影响下，北京的人才结构将精益求精，达到最佳状态，同时带动天津、河北两地的人才结构不断优化，最终实现三地协同发展。

三、"大众创业，万众创新"成果突出

2015 年，随着"互联网＋"上升为国家战略，互联网产业转型、互联网行业创新遍地开花。天津滨海新区抢抓产业机遇，构筑起"互联网＋"产业新平台，推动云计算、大数据、物联网、互联网健康与医疗、车联网等产业发展，并与电子信息制造业相结合，打造产业高地。"互联网＋"为环渤海地区"大众创业，万众创新"提供了强大的平台支撑。

第三节　主要行业发展情况

一、通信设备

环渤海地区通信设备制造业基础好，规模大，云集了华为、中兴、大唐、联

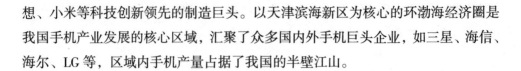

想、小米等科技创新领先的制造巨头。以天津滨海新区为核心的环渤海经济圈是我国手机产业发展的核心区域，汇聚了众多国内外手机巨头企业，如三星、海信、海尔、LG 等，区域内手机产量占据了我国的半壁江山。

二、集成电路

我国集成电路产业集聚度较高，环渤海地区是集成电路产业集聚区域之首，涌现出中星微电子、华大集成电路、大唐微电子等业界知名企业。北京作为国内综合科研实力最强的地区，在技术研发、集成电路设计、芯片制造、封装测试、设备和材料方面具有良好基础。2015 年，环渤海地区集成电路设计业规模达到 295.21 亿元，增长率 31.37%，增长速度高于全国平均数，产业规模占全行业的比重为 23.92%，比 2014 年提升了 1.05 个百分点，环渤海地区的增长改变了前几年低于全国平均数的被动局面。

三、计算机与外围设备

环渤海地区是我国自主品牌计算机与外围设备生产聚集地，涌现出联想、方正、清华同方、浪潮、长城电脑、海尔等一大批知名品牌。2015 年，在全球 PC 市场持续衰退的大环境下，联想稳坐全球 PC 出货量冠军宝座，占到整体 PC 出货量的 19.8%。

第四节　重点省市发展情况

一、北京市

2015 年，北京市电子信息制造业低位开局、稳步提升，增速达到 9%，为工业稳增长作出贡献。重大项目技改投入增加，为产业增长提供了基础保障。诺西、大唐等设备企业通过技术创新及产品升级，成功搭载 4G 网络建设的机遇，实现成倍增长。联想、同方等计算机企业受行业整体市场需求下滑影响，同比下降，低迷状态将持续一段时期，企业纷纷启动产业转型、结构调整。平板显示产业存在市场价格大幅下降、产品需求明显减弱等不利因素，但在京东方 8.5 代线 12 万片扩产项目、京东方 8.5 代线模组扩产项目、冠捷电视整机生产线扩产项目的带动下，产业链进一步延伸，产品种类不断丰富，上半年实现产值 113.7 亿元，同比增长 8.4%。

二、天津市

天津市在移动通信、消费电子和工业电子等领域拥有良好的技术和制造基础。2015 年，兴泰兴丰电子产品生产项目、海能达区域总部暨研发中心项目、鑫茂科技光纤预制棒制造项目、LED 产业化三期扩建项目、中国电科（天津）新材料产业园、久泰正北精密电子产业基地、车载终端设备制造项目、清华紫光集成电路产业园项目等多个电子信息项目投入建设。

三、山东省

山东是我国的电子信息产业大省，产业规模、研发能力优势明显，省内已经形成了具有一定规模的电子信息产业集群。2015 年，山东省政府与阿里巴巴集团在济南签署战略合作协议，双方在推动跨境电子商务、农村电子商务、鲁货网络销售、电商人才培训、云计算和大数据、互联网技术应用、"信用山东"等方面开展深入合作。2015 年，中国联通在山东省铺开做全光网络建设，山东成为中国联通第一个全光网省份。

四、辽宁省

振兴东北老工业基地国家战略实施以来，辽宁省电子信息产业快速发展，电子信息产业增加值超过千亿元，产业规模居全国第八位，特色电子产品产量位居全国前列，核心技术转化能力持续提升。全国主要的集成电路、数字视听、汽车电子等产业基地都在辽宁。

五、河北省

在京津冀协同发展大背景下，河北省电子信息产业面临新的发展机遇，尤其是廊坊成为未来发展新引擎，华为、中兴、京东方、微软等一批行业巨头扎堆进驻廊坊。2015 年前三季度，河北省电子信息产业实现利税增长 20.91%。2015 年，河北省印发《关于促进信息产业加快发展的实施方案》，布局太阳能光伏产业提升、物联网应用示范等六大工程，力争 2015 年河北省电子信息产业主营业务收入达到 1400 亿元，主营业务收入 10 亿元以上电子信息企业达到 17 家以上，销售收入百亿元以上产业基地达到 3 家，到 2017 年，河北省电子信息产业主营业务收入达到 1800 亿元，信息产业各领域省级以上工程技术研究中心、重点实验室发展到 22 家，企业技术中心发展到 60 家，主营业务收入 10 亿元以上信息产业企业达到 23 家以上，百亿元以上产业基地达到 4 家。

第十六章 福厦沿海地区电子信息产业发展状况

第一节 整体发展情况

福厦沿海地区位于我国东南沿海，包括福州、莆田、泉州、厦门、漳州、龙岩、三明、南平、宁德等九个地级市和一个平潭综合实验区。利用以福建为主体的海峡西岸经济区、被列为国家发展战略的福建平潭综合实验区等"多区叠加"优势，福建成为现阶段大陆最具竞争力、投资最优惠的省份之一。

一、产业规模

2015年上半年，福建省规模以上电子信息制造业工业总产值同比增长12.3%，比全省工业增速高1.8个百分点，销售产值增长9.3%，比全省工业增速高1.7个百分点，比全国电子信息制造业增速高1.3个百分点，产销率94.29%，同比下降1.83个百分点，比全省工业平均96.21%的产销率低1.92个百分，工业增加值增长11.8%，比全省工业增速高2.4个百分点，比全国电子信息制造业增速高1个百分点。全行业出口交货值同比增长0.4%，其中外商及港澳台企业出口交货值下降0.9%。2015年上半年，福建省主要电子信息产品有升有降，电视机制造销售产值同比下降6.3%，计算机整机制造销售产值同比增长2.9%，电子元件制造销售产值同比增长12%，电子器件制造销售产值同比增长11.1%，电光源制造销售产值同比下降4.4%，电池制造销售产值同比增长15.3%。

二、产业结构

福建省电子信息产业形成以园区为主体，骨干企业为龙头的产业发展格局，拥有厦门火炬园区、福清融桥园区、福州马尾园区等平板显示产业集群，福州软件园、厦门软件园等软件产业集群,以厦门半导体照明工程产业化基地为主,辐射福州、漳州、泉州、莆田等地的半导体照明和太阳能光伏产业集群,以泉州、福州、厦门为主的移动通信产业集群。

第二节　产业发展特点

一、龙头骨干企业引领带动作用不断增强

福厦沿海地区龙头骨干企业的引领带动作用不断增强。2015 年,以飞毛腿公司为龙头,新型锂离子电池应用不断拓展。以戴尔、联想移动、星网锐捷、万利达等企业为龙头,新型智能移动信息终端产品研发和产业化加快推进,产业规模持续壮大。

二、产业转型升级步伐加快

随着"互联网 +""中国制造 2025"等战略的深入推进,福厦沿海地区电子信息产业与传统产业加快融合,电子信息产品消费需求升级加快。2015 年福州经济技术开发区被授予国家新型工业化产业示范基地,开发区聚集了一批省内甚至国内领先的物联网企业,已经形成物联网产业链条的雏形,智能物联网产业已成为开发区经济转型的"起搏器",力争 2018 年实现产值 700 亿元。显示器、平板电脑等传统电子产品需求放缓,竞争优势弱化,生产规模逐步缩小,产品量价齐跌,捷联电子、捷信显示科技、瑞芯微电子、飞毛腿电池、日立数字映像等重点企业增速缓慢或负增长,而新大陆自动化、福日电子、国脉科技、兆科智能卡等企业生产的符合消费升级需求的高端智能产品则保持较快增长。

三、产业集群化发展不断推进

福厦沿海地区电子信息制造业集群化发展不断推进,福州、厦门两市电子信息制造业产值占全省 85%。目前已形成福州、厦门两大信息产业增长极,并开始沿高速公路干线向山区辐射延伸,全省增长较快的区市有三明、南平、龙岩,分别达到 45.1%、38%、37%,福州、厦门、漳州三个产值超百亿元的区市增长分别为 8.2%、6.3%、3.3%。2015 年启动的福州京东方项目有力带动偏光片等上游产业,以及电脑、电视机等下游产业,产生明显的产业集聚效应。康宁公司、东旭集团等多家企业将在京东方附近开办生产基地,预计规模在 130 亿元左右。以

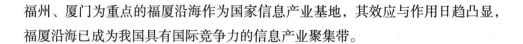

福州、厦门为重点的福厦沿海作为国家信息产业基地，其效应与作用日趋凸显，福厦沿海已成为我国具有国际竞争力的信息产业聚集带。

第三节　主要行业发展情况

一、通信设备

2015年上半年，福厦沿海地区通信设备行业销售产值同比下降21.1%，比1—5月份的 –12.7%，1—4月份的 –2.9%，1—3月份的5.5%，分别下降8.4、18.2、和26.6个百分点，呈现继续下滑趋势。上半年销售产值同比减少21亿元，减幅46%。先创电子开展通信核心器件研发，对讲机"模转数"产业化进程加快，数字对讲机产业规模持续壮大。

二、电视机和计算机

受国内消费淡季需求下降影响，2015年电视机和计算机等消费类产品均出现下滑，但增速有所减缓。上半年福厦沿海地区共生产液晶电视机674万台，同比下降6.1%，计算机544万台，同比下降17.1%。

三、电子元器件

受国家鼓励新能源汽车消费政策影响，2015年福厦沿海地区动力电池制造等电子元器件企业销售实现增长。上半年，电子元件制造销售产值增速达12%，扭转了前5个月持续低迷状态。电子器件平稳增长，上半年销售产值增速11.1%，比第一季度提高4.2个百分点。上半年LED产量达190亿只，增长33%，液晶显示屏产量达7210万片，增长30.6%。以三安光电、开发晶、华联电子、立达信、鑫晶刚玉等LED企业为龙头，LED外延片芯片研发生产重点推进，三安光电、鑫晶刚玉蓝宝石衬底研发生产以及一批LED照明产品研发和封装项目加紧建设，高功率外延片和芯片制造、高性能LED封装及驱动电源、LED照明灯具设计、中大尺寸LED背光源等关键技术有望突破，厦门、漳州、泉州等地LED产业链更加完善，品牌和竞争力得到提升。

四、平板显示

福厦沿海地区平板显示产业以宸鸿、友达、捷联、冠捷、华映、捷星、天马微等企业为龙头，着力突破面板前段工艺、驱动和控制 IC 设计封装、整机模组一体化设计等关键技术，提高关键零组件的自制率和良品率，大力开发 3D 显示、柔性显示等新型显示技术，整合资源引进 OLED 生产线。厦门天马微 5.5 代低温多晶硅面板、宸鸿科技（平潭）触控玻璃、平潭冠捷电子信息产业园（一期）等重点项目建设加快推进，福建省电子信息集团和台湾面板与集成电路制造企业合作深化，新型显示整机制造全国优势地位继续保持。

第四节　重点省市发展情况

一、福州市

电子信息产业是福州市支柱产业之一，2015 年福州电子信息产业产值有望突破千亿元，成为福州市第五个千亿产业集群。长期以来"缺芯少屏"的瓶颈制约着福州市电子产业的提升发展。京东方福清项目 2015 年动建，投产后福州电子信息产业集群将得到进一步集聚发展，产业链条延伸拉长，产业整体转型升级加快。京东方 8.5 代新型半导体显示器件生产线是福州电子信息产业中单体投资最大的项目，投资总额达 300 亿元，填补了福州电子信息产业液晶面板的行业空白，推动显示产业由终端制造为主向全产业链生产转变。京东方项目的建成投产，可望实现显示器产业集群超过千亿元的年产值，一举达到甚至超过福州电子信息制造业 2014 年的 986 亿元产值。福州市把提升创新能力摆在首要位置，企业的创新创造主体地位持续稳固。技术创新成为福州经济增长的"倍增器"和发展方式的"转换器"，创新驱动产业向智能转型。电子元器件智能制造企业瑞芯微在音频、视频、图像处理上有深厚的技术积累，自主研发的芯片代表中国"芯"走向世界，开启了"福州智造"在世界舞台上的新篇章，目前已成为中国移动互联芯片解决方案的第一品牌。

二、厦门市

2015 年，厦门市电子信息产业投融资步伐加快。总投资达 400 亿元的联芯集成电路制造项目在厦门动工。清华紫光投资 40 亿元建设集成电路产业园，将使厦门成为继北京、上海之后的第三大集成电路产业基地。总投资 7 亿美元的日本电气硝子 8.5 代玻璃基板项目加紧建设，带动厦门平板显示产业链进一步完善。

三、漳州市

漳州市电子信息产业风生水起，不断壮大，是继福州、厦门之后福建省第三个产值超百亿的地市，成为福厦沿海电子信息产业基地的重要组成部分。漳州市电子信息产业以制造业为主，全市被列为省级重点电子信息制造业的企业数占全省10%，产品主要涉及智能小家电、数字视听产品、数字化仪器仪表、光电光伏等领域，涌现出万利达、灿坤、科华、恒丽电子等多家规模企业。万利达和灿坤获得福建省电子制造业20强企业，并进入全国产品出口500强企业行列。科华公司是中国本土最大的高端UPS电源提供商、中国UPS行业首家"国家级重点高新技术企业"。

第十七章　中西部地区电子信息产业发展状况

第一节　整体发展情况

中西部地区包含山西、安徽、江西、河南、湖北、湖南、重庆、四川、贵州、云南、广西、陕西、甘肃、青海、宁夏、西藏、新疆、内蒙古等十八个省、直辖市和自治区。中西部地区是我国电子信息产业布局的重点地区，积累了雄厚的技术基础。

一、产业规模

2015 年中部地区完成投资 4278.82 亿元，同比增长 8.09%，销售产值同比增长 18.1%；西部地区完成投资 2251.04 亿元，同比增长 11.81%，销售产值同比增长 11.5%。2015 年中部地区完成软件业务收入 1978 亿元，同比增长 19.3%，低于 2014 年 1.5 个百分点；西部地区完成软件业务收入 4410 亿元，同比增长 16.6%，低于 2014 年 4.6 个百分点。

二、产业结构

中西部地区电子信息产业具有自主研发、自成体系的特点，产品增加值在全国排名靠前，但该区域的产业链条分散，生产协作配套困难，产业规模总量偏小，总体发展水平相对落后，未形成大规模的电子信息产业带。经济、文化较为发达的中心城市在充分发挥比较优势的基础上，形成电子信息产业某些领域的生产地，如武汉是我国光信息技术实力最雄厚的地区，西安成为我国中西部地区重要的光电子生产基地。

第二节 产业发展特点

一、电子信息制造业继续向中西部地区转移

2015年中西部地区产业结构不断调整，电子信息制造业继续向中西部地区转移。外资向中西部特别是具有电子信息和人才优势的部分西部省份转移，实现增长5.12个百分点，东部地区电子信息产业向中部地区和西部地区转移聚集，实现增长3.77个百分点。西安、成都、重庆、郑州、武汉等市利用当地的科技、人才资源优势，大力发展电子信息产业，吸收发达国家和东部地区电子信息产业转移，同时大力发展电子商务，促进大数据、物联网和云计算建设。

二、中西部地区投资步伐放缓

2015年中西部地区投资步伐放缓。1—2月西部地区完成投资149亿元，同比增长12.2%，增速低于上年同期17.7个百分点，其中四川和陕西出现负增长。中部地区完成投资262.5亿元，同比下降1.2%，增速低于上年同期15.6个百分点，其中安徽、湖南和湖北投资均出现下滑。

第三节 主要行业发展情况

一、集成电路

中西部地区依靠西部大开发优惠政策与低成本优势，继续承接长三角、珠三角地区集成电路产能转移，甘肃、四川、武汉、合肥等地成为重点承接地，英特尔、德州仪器、成芯等国际大厂通过新建、迁址或收购，将中国的封装测试基地安在成都等西部城市。天水华天科技是西部地区最大的集成电路封装基地，总资产超过12亿元，主要从事半导体集成电路、半导体元器件的封装、测试业务。2015年，在半导体产业整体增速放缓的情况下，天水华天科技营业收入实现稳定增长，达到387401.71万元，同比增长17.20%，利润总额37695.40万元，同比增长8.24%。

二、计算机

中西部地区是全国四大电脑生产基地之一，微型计算机产量占全国五分之一，

处于劳动密集型的生产制造业和低端加工配套环节。

三、平板显示

中西部地区平板显示产业具有良好发展基础。2015年以京东方为代表的液晶电视面板企业在提升面板技术上不断加大投入，紧紧跟随世界前沿高新显示技术。

第四节　重点省市发展情况

一、四川省

四川省电子信息产业迅速崛起，初步形成计算机、军事电子装备、集成电路、智慧家庭、新型平板显示、北斗及卫星应用等优势产业。目前已有40多家"世界500强"电子信息企业落户四川。2015年四川省出台了《四川省2015年"互联网+"工作重点方案》，支持大数据、云计算中心发展。2015年1—7月，四川省规模以上电子制造业工业增加值累计下降2.6%，增速总体呈逐月下降态势。同期，四川省电子信息制造业销售产值同比下降0.1%，低于全国平均水平8.1个百分点。2015年1—7月，占四川省计算机产业规模比重70%的戴尔、联想、纬创、仁宝、鸿富锦五家企业中，除纬创外全部负增长，计算机行业的低迷成为导致四川省电子制造业负增长的主要因素。

二、河南省

河南电子信息产业集群发展具有自己的特色，富士康是全球500强企业，许继集团、河南森源集团、河南环宇集团、中航光电科技、河南科隆集团五家企业是2015年全国电子信息百强企业，并拥有许昌电力电子、新乡新型电池、安阳显示器件、郑州信息安全四个国家级电子信息产业园，洛阳硅电子、南阳光电子、濮阳电光源三个省级电子信息产业园，并将在鹤壁、漯河建设省级电子信息产业基地。以富士康集团为龙头，河南是全国重要的智能手机生产基地，围绕智能手机产业构建的全球物流体系、支撑服务体系基础较好。郑州市电子信息产品门类较多，主要包括智能终端、应用电子、信息安全、信息家电、新型显示、软件和信息服务、半导体照明、集成电路等领域，其中应用电子和信息安全产业在全国具有较强竞争优势。思达高科、辉煌科技、汉威电子、新开普、新天科技等五家

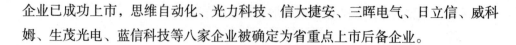

企业已成功上市，思维自动化、光力科技、信大捷安、三晖电气、日立信、威科姆、生茂光电、蓝信科技等八家企业被确定为省重点上市后备企业。

三、重庆市

重庆市电子信息产业形成以笔记本电脑为核心的产业格局，拥有世界知名品牌惠普、宏碁、华硕，另有广达、富士康、纬创、英业达等为产业集群中的中心大企业进行特定专业化加工、零部件生产和委托销售。2015年重庆市电子信息产业迅速发展壮大，销售产值增长13.8%，各类智能终端产品达到2.7亿台件，产值突破5000亿元。重庆市电子信息产业形成北部新区和西永微电子产业园两大核心产业园区，以及茶园消费电子园、中山元器件园、李渡LED园、万州电子材料园等一批专业拓展园区。2015年，腾讯总投资30亿元人民币，在重庆开工建设中国中西部地区首个云计算数据中心，建成后将形成10万台服务器的计算能力。

四、安徽省

安徽省电子信息产业在信息家电、软件、电工薄膜、特种线缆、磁性材料、显示材料等领域形成一定的行业优势和特色，将电子信息产业置于全省战略性新兴产业首要发展地位。全省电子信息产业规模持续提升，技术创新能力不断突破，产业结构逐步优化，新型显示、LED光电、计算机制造等一批新兴领域快速成长。

五、湖北省

2015年，湖北省大力推进电子信息产业的战略地位，实施光通信产业领先工程、激光产业链创新工程和移动通信产业提升工程，推动光通信、激光等特色产业领先发展，实施集成电路产业推进工程、显示产业壮大工程，推动集成电路、新型显示等核心产业突破发展，实施新兴产业培育工程，推动物联网、云计算、移动互联网、三网融合、下一代互联网等新兴产业融合发展等。

园 区 篇

第十八章　中关村国家自主创新示范区

第一节　园区概况

中关村国家自主创新示范区,追溯相应的概念起源是 20 世纪的 80 年代初"中关村电子一条街",从现阶段的发展来看到 2015 年近 30 年的发展变化,中关村国家自主创新示范区目前已经聚集了以联想控股集团为代表的制造业、百度为代表的互联网企业等类型的高新技术企业近 2 万家,形成了"641 产业集群",分别是以下一代互联网、移动互联网和新一代移动通信、卫星应用、生物和健康、节能环保以及轨道交通构成的六大优势产业集群,以集成电路、新材料、高端装备与通用航空、新能源和新能源汽车构成的四大潜力产业集群以及高端发展的现代服务业集群;构建了"一区多园"各具特色的发展格局,成为首都跨行政区的高端产业功能区。目前,中关村园区包含一区和十六园,包括东城园、西城园、朝阳园、海淀园、丰台园、石景山园、门头沟园、房山园、通州园、顺义园、大兴—亦庄园、昌平园、平谷园、怀柔园、密云园、延庆园等园区,示范区面积达到约 500 平方公里。

第二节　发展特点

一、创新创业生态建设日趋完善

中关村已经建立起了良好的创业服务生态体系和企业发展环境,协同发展骨干企业、高端人才、金融服务、高等院校、科研机构、创业服务和创业文化等多方优势。2015 年 1—10 月规模以上企业统计数据显示,示范区实现总收入 28365.6 亿元,同比增长 10.3%;期末从业人员 188.6 万人,同比增长 9.6%;科技活动人员 53.2 万人，同比增长 20.6%，占从业人员 28.2%。中关村示范区企业申请专利 39322 件，同比增长 20.9%，占同期全市专利申请量的 33.4%。截至 2015 年 10 月底，已经建立起了基于科技自主创新为驱动力的创新创业生态系统，并实现市场化创收盈利。

创新工场、车库咖啡等"孵化 + 投资"的新型创业服务业逐渐兴起，留学归国人员、科技人员创办企业成为主要潮流。2015 年以来，中关村积极建设软件示范性街区、总理倡导的创新、创业和孵化服务一条街模式、知识产权和标准化服务一条街、科技互联网金融服务一条街的概念，中关村创业大街成为全国首个创业服务机构集聚区，由海淀图书城成功转型升级为时尚创业街的中关村创业大街，2015 年正式运营以来，车库咖啡、3W 咖啡、36 氪、黑马会、天使汇等近 60 家创业创新全产业服务机构入驻和落地实施，完成孵化创业团队 600 多个，350 个团队获得融资，总融资额达 17.5 亿元，平均融资额在 500 万元左右。

中关村逐步构建起了新服务、新生态、新潮流、新概念、新模式和新文化的创新创业生态体系。

二、产业发展以六大重点领域为主

2015 年，中关村围绕六大优势产业集群，重点监测新材料及应用技术、先进制造、生物工程和新医药、电子与信息、环境保护、新能源领域等六大高新技术领域。一定程度上来看，中关村国家自主创新示范区的产业宏观发展规模不断扩容和壮大，区内企业可以输出的高新技术成交额和产业规模占全北京市甚至占全国的比重均在不断上升，有进一步扩大的趋势。其中，环境保护、电子信息领域收入仍保持增长，生物工程和新医药、先进制造领域总收入较上年同期均有所增长。

三、创业中国引领工程和互联网跨界

随着国家关于网络政策的扶持和第三产业服务经济的快速发展，园区内部移动互联网、现在工程发展近年来呈现高速增长的势头，成长为中关村新的支柱产业和经济增长点，从一定程度上助推原有园区内部产业结构的优化升级。2015 年 2 月 4 日，中关村作为全国创新创业服务模式的率先尝试，在全国范围内发布了"创业中国引领工程"和"互联网跨界融合创新示范工程"两项重大的创新工程，推动大众创业和跨界创新，在中关村率先形成大众创业万众创新局面。

观当下一年新办科企同比增一倍多，收入利润税收增速均超 17%；看举措实施"育苗"等七方面举措，形成新的经济增长点，构建"高精尖"经济结构；说目标"众创空间"将超 500 家，到 2020 年形成以领军企业创业者、高校院所科技人员及学生、连续创业者、90 后创业者、海归创业者为代表的高端创业人群，中关村科技创业者超过 20 万人。

2015 年以来实施的以创业中国为核心，以中关村为引领的创新示范工程，主要的目的是发挥国家创新创业生态系统建设中示范、引领、引导、规范作用，以中关村的示范工程作为典型来引领中国创业走入新的发展时代，抓住新的发展机遇。在全国率先发布互联网跨界融合创新示范工程，就是紧抓信息化与工业化这两化深度融合的重大历史机遇，主动引领经济发展新常态，以中关村作为示范来支持互联网信息技术企业主动与各行各业跨界合作，用好互联网思维和互联网这个工具，做大互联网产业的同时做强互联网跨界经济的融合、渗透、合作、创新，不仅可以拉动中关村企业的经济增长、模式创新，而且对全国高新区探索发展模式、转变发展方式、调整园区发展结构、促进产业化融合、跨界创新，可以做出良好的示范。

四、国际化发展步伐加快

9 月成功举办 2015 年世界科技园协会年会，并举办"科技创新与产业革命"中关村论坛年会。大会主题围绕"国际科技园区与创新区域：新技术、新产业、新社区"，在世界范围内各个国家都越来越关注创新对可持续发展的支撑作用的时代背景下，在各大科技园区积极探索向构建创新社区转型的趋势下，此次科技协会年会以"技术""产业"和"社区"三个元素为出发点，分析、探索科技园区等创新发展的园区未来在全球深度变革发展时代的作用和可能创造的价值，共同分享创新创业生态系统建设的经验、心得体会。

拓展国际化发展渠道，在政策和资金方面给予大力支持，帮助众多科技创新性企业在境外、国外建立分公司、科技研发机构组织、合资公司和兼并公司、企业当地产业自主孵化平台，比如百度公司在美国硅谷当地设立了"硅谷深度学习研究院"吸引当地优质人才加入扩展深度学习的研究和实践，昭衍公司创立了"美国昭衍创新园"用于公司在当地服务和研发的落地实施，中关村发展集团也在加拿大的渥太华当地设立、发起和建设了国际孵化中心用于支持当地的华人留学生进行相关创业的辅导和创业产业的扶持。设立了国际化发展专项资金,支持企业及社会组织的国际市场拓展,研发合作与交流,扩大海外市场收入,以及聚集国际商务、投资与科技服务机构等。在全球范围内积极推进、促成创新资源的整合,政策上积极助推中关村国际化发展行动计划,宏观层面绘制全球领先技术团队分布图,目前已经取得积极成效,示范区聚集留学归国人员 1.7 万人,外资企业 2000 家,外资研发机构 260 个;企业累计在境外设立分支机构 457 家,83 家企业境外上市,占示范区上市企业总数的 36%。

第三节　发展情况

一、企业实力得到稳步提升

根据 2015 年 1—10 月规模以上企业统计数据显示,中关村国家级示范区已经实现总收入 28365.6 亿元,同比增长 10.3%;同期的从业人员总量为 188.6 万人,同比增长 9.6%;企业实际缴纳各项税费和服务费用为 1597.2 亿元,同比增长 8.8%;总体实现利润总额度为 2294.3 亿元,同比增长 18.8%;实现出口创收 224.1 亿美元,同比下降 12.4%;科技活动人员 53.2 万人,占从业人员 28.2%。连续第十一年推出的"中国最具潜力中小企业"榜单 2015 年《福布斯》中文版当中,中关村示范区上榜企业集中于电子信息、生物医药等领域,均表现出了巨大的发展潜力。

二、创新能力建设稳步增强

专利成果申请作为衡量企业技术实力的重要指标之一,截至 2015 年 1—10 月统计的数据显示发现,中关村国家自主创新示范区,总体企业已经实现申请专利 39322 件,同比增长 20.9%,占同期北京市总体范围的专利申请量的 33.4%,和上年同期相比有了较大幅度的提高,同时专利整体的质量和转化性也大幅提升。其中科技发明性质专利申请量达到 24270 件,同比增长 25.8%,相应的发明专利成果转化也有对应的服务性质的企业进行相关的跟进和完善,在示范区企业专利申请量中占比 61.7%。截至 2015 年 10 月底,示范区企业拥有有效发明专利 44393 件,占北京市企业同期有效发明专利量的 62.8%。

三、产业结构不断优化调整

园区目标打造"高精尖"的产业结构,现阶段移动互联网、大数据分析等科技服务业发展速度极为迅猛。中关村园区产业结构呈现制造业服务化、传统产业升级和模式创新深化的主要特征。在制造业服务化方面，小米、软通动力、利亚德、中国普天、北斗星通、数码大方等企业快速发展，其中小米公司注重打造手机通信生态系统、智能家居系统、小米生态链系统，是典型的互联网助推产业结构调整的典型，预计2015年12月企业市值高达450亿美元。

在原有优势传统产业谋求转型、积极发展的方面，百度公司以搜索为主要手段颠覆了传统的知识获取方式，2015年更是积极布局O2O行业打造线上线下闭环生态链；乐视公司跨界进入彩电行业改变传统的电视制造模式，多领域布局手机、自行车、汽车等智能硬件围绕内容打造乐视生态；58同城以信息平台为载体革新了传统的生活服务业，2015年来重金布局58到家业务覆盖生活服务业到家服务新模式。

在商业模式创新方面，移动互联网、大数据金融、云计算服务等技术在多领域催生出远程医疗、智能家居、车联网、节能服务、互联网金融等新兴业态，现代化、科技化的服务业发展进入快车道，互联网金融领域多家P2P网贷平台发展各有侧重；依托智能血压计等医疗设备打造远程医疗对接医院服务；基于云计算的即时通信云服务成为发展热门。

四、国家科技金融创新中心加快建设

国家科技金融创新中心相关的国家层级的政策和意见发布以来，中关村示范区大力助推科技金融服务系统建设，通过多元化、科学化、合理化的投融资组合方式，创新科技金融服务。发起成立中关村互联网金融行业协会，整合优势互联网人才和金融人才；启动中关村互联网金融信用信息平台，公开、透明、高效的搭建小微企业的信贷融资渠道、为互联网时代的股权众筹等新兴模式提供信用支持。筹建中关村银行，建设中国互联网金融创新中心。"全国中小企业股份转让系统"挂牌落户中关村，同时北京股权交易中心有限公司（"四板"市场）运行情况稳定、良好。

第四节　发展趋势

一、现代服务业规模将实现快速增长

2014年1—10月，现代服务业总收入已经达到1.64万亿元，占示范区规模

以上企业总收入的 63.8%，对示范区收入增长的贡献率约 60%，现代服务业支撑作用明显，逐步形成以高端制造业和现代服务业为两大发展极的产业格局，同时立足现代服务业打造生态建设，众多互联网科技企业围绕 O2O 等新兴服务业模式改造传统服务业，积极布局实现产业调整。在 2015 年，预计中关村示范区现代服务业收入将达 2.4 万亿元，电子商务、软件和信息服务、研发设计等高技术服务业占中关村 GDP 比重将达到 65% 以上，并形成一批具有国际影响力的现代服务业集聚区和集团企业。

二、大数据相关产业将加快布局落地

中关村园区由于企业优势的积累、多年产业的布局，因此在发展大数据产业方面处于全国领先位置，企业方面拥有百度、用友、京东、曙光、中金数据等百余家；细分领域上在分布式云计算的存储和、超大规模数据、网络资源仓库、人工智能和深度学习领域的数据分析等技术方面处于全球领先水平。2014 年，中关村示范区出台了《加快培育大数据产业集群推动产业转型升级的意见》，《意见》规定，2016 年中关村大数据带动的产业规模将超过 1 万亿元。目前来看，中关村示范区已经形成技术为核心推动大数据发展，助推立足大数据应用的模式创新，促进传统产业融合大数据分析优势，实现传统行业的转型升级、优化调整，致力于打造全球大数据创新中心的目标，真正实现以大数据技术为依托，以大数据相关应用为基础，以海量数据为支撑的大数据产业，真正实现大数据的资产化、安全化、产业化。

三、京津冀区域创新合作将得到加强

中关村示范区将大力建设大数据、云计算基地、营造跨区域、跨产业的创新创业生态服务系统，加快推进产业合理布局、地区的产业结构优化升级，打造首都经济圈，推进京津冀区域经济一体化，区域经济发展协同化。未来，在立足建设平台化的同时，实现效率的同时关注环境建设，着力打造京津冀大数据走廊和京津冀科技新干线，进一步凸显中关村在京津冀协同发展中的带头作用。

第十九章　深圳市高新技术产业园区

第一节　园区概况

深圳市高新技术产业园区（简称深圳高新区）始建于 1996 年 9 月，规划面积 11.5 平方公里，是国家"建设世界一流高科技园区"的六家试点园区之一。作为国家高新技术产业标准化示范区、国家知识产权试点园区、国家文化和科技融合示范基地、科技与金融相结合全国试点园区和国家海外高层次人才创新创业基地，深圳市高新技术产业园区还被国家认定为"高新技术产品出口基地""先进国家高新技术产业开发区""中国青年科技创新行动示范基地""国家火炬计划软件产业基地"和"亚太经合组织（APEC）科技工业园区"等。

园区建设十多年来，率先探索和建立创新生态体系的模式，以市场化改革驱动创新发展，在科技、金融、人才、知识产权保护、文化及保护等领域促进创新的融合，逐步建成服务地方经济的产业化发展体系；推动园区、校区和社区"三区融合"的同时建设现代化新型科技园区；推动园区骨干企业优先发展，尤其是华为、中兴、腾讯等一批领军企业加速发展，高科技企业给深圳经济带来新的增长点、立足点、着力点，从而促进深圳经济发展迈上新台阶，实现新的经济飞跃和长足发展。

第二节　发展特点

一、技术创新体系建设发展完备

深圳高新区一方面加速自主创新要素的合理流动和高效配置，自主创新企业的跨界合作，另一方面助推引进国外先进技术，提高技术创新的效率，从而实现两种模式相结合的新型技术开发体系。着力打造高新区骨干企业，尤其是以技术创新作为发展核心源动力的技术驱动型企业，对于进入高新区的生产型企业要求必须是规模大、技术含量高、有足够资金、效益好的高新技术企业，其年产值应达到 20 亿元人民币以上。

目前已经形成以企业为主体，以市场化原则为导向，以技术为核心驱动发展，以大学和研究所为支撑，形成产学研一体化发展战略，同时实现辐射周边省市和地区，在拓展国内外市场的同时实现人才、技术建设和积累的主要目标。

二、下一代互联网产业发展迅速

深圳高新区较早布局互联网产业，在发展下一代互联网产业方面具备完善的基础设置、强大的研发能力、完备的市场推广经验，以移动互联网、内容服务、软件服务、云计算、电子商务、物联网等作为主导方向，并立足于六大产业积极形成优势项目，深挖产业的核心价值。在手机硬件销售方面，华为和中兴均位列全球手机销量前十位，整体销量呈现持续增长趋势；在内容消费方面，全国最大的互联网综合运营服务商、最大的社交网络服务商腾讯以及 A8 数字音乐服务平台等均位于深圳高新区，以软件免费后端内容付费的模式实现盈利；在企业级软件方面，金蝶是我国管理型 SaaS 服务的领军企业，华为、中兴、卓望数码、融创天下在核心环节平台软件上优势显著，布局企业云存储和云服务，搭建企业内部协同办公平台；在大数据、云计算领域，国家超级计算深圳中心落户园区，运算速度超千万次，处于世界领先位置，在抓住企业、研究所等客户机会的同时积极拓展民用化分时复用商业模式；在物联网产业方面，以华为、中兴为代表技术企业在物联网系统集成、计算处理及解决方案方面具有较强实力，布局万物物联底层协议的同时积极发展上端应用，打造完整生态。截至 2015 年底，深圳高新区的下一代互联网产业相关企业总数已超千家。

三、科技金融服务平台加快完善

深圳高新区高度重视科技与金融的跨界融合，持续构建多层级、多要素的资本市场。预计 2015 年，深圳高新区累计上市公司将达到 100 家，累计通过资本市场募集资金将超 500 亿元，与此同时深圳高新科技产业资本规模、发展增速、经营情况都将位列全国前列。高新区内，已有近 40 家银行机构、近 10 家证券机构、超 400 家国内外创投基金公司、10 多家律师会计师审计师事务所和 20 多家担保机构，形成了种类齐全、配套完善、体系健全的全方位的投融资生态化服务体系，为创新创业企业提供便利的同时也为园区的发展探索出一条新的道路。深圳高新区陆续设立新产业技术产权交易所和"新三板"工作机构、工作联盟，以"科技 + 金融 + 服务"创新模式为基础，为科技型中小企业、高校、科研机构提供专业的知识产权服务。稳步推进深圳柜台市场建设，依托深圳联合产权交易所，在产权交易、碳排放交易、技术和知识产权交易以及金融资产交易方面取得显著成效。

第三节　发展情况

目前深圳高新区汇集了国内外数十所高校和研究院所，拥有工程实验室、重点实验室、企业技术中心及博士后工作站等研究开发机构近 200 个，IC 基地设计产值超百亿元，创投广场管理资本超百亿元。深圳高新区已基本实现政务信息化、企业信息化、商务信息化和警务信息化，建设了园区行政审批电子平台、知识产权和标准化服务信息平台、企业产品展示信息平台、企业管理服务信息平台、人力资源管理服务平台，降低了企业在信息化方面的费用，提高了企业的工作效率和管理水平，提升了高新区的核心竞争力。

一、电子信息制造业成为高新区的核心基础产业

深圳高新区形成了以市场需求为生产导向、产学研一体化结合的区域创新模式。深圳市政府创立深圳虚拟大学园区，与清华、北大和哈工大等知名大学开展深入合作，推动国家集成电路设计深圳产业化基地建设，积极助推我国集成电路设计产业的发展。尤其是在通信和视听产业两个方面，深圳高新区是我国通信和视听本土骨干企业的发祥地，培育成长了华为、中兴通讯、创维、康佳等著名企业，它们不仅拥有过硬的技术、设计，同时也为通信、视听领域培养了大量优秀的人才。华为、中兴通讯两家通信企业继续开拓国际市场，国际竞争力和影响力进一步扩大。2015 年上半年，中兴通讯实现营收 459.37759 亿元，同比增长 21.86%，净利 16.12936 亿元，同比增 42.96%。受益于国内 4G 项目进度加快以及三大运营商在有线交换及接入系统的投入加大，与国内 FDD-LTE 系统设备、有线交换及接入系统相关的营业收入及毛利均有增长。2014 年,创维继续深化实施"双平台、

双品牌"的发展战略,积极拓展海外市场。华星光电获得了 ISO27001 : 2013 信息安全体系国际认证证书,标志着华星在信息安全管理体系的建设和实施方面已达到国际标准要求,公司信息安全体系建设的改进和完善拥有了坚实的基础,同时也意味着信息安全工作达到标准化的新起点。

二、积极向产业链高端发展

深圳高新区立足于电子通信、数字视听等高技术优势产业,着眼于向产业链高端发展作为目标,着力于抢占世界高技术产业制高点前沿阵地,加强创新载体建设,建立技术和服务支撑平台,形成以技术为依托、服务为辅助、创新为驱动的高技术企业群。

北区建成传统优势产业提升区,鼓励企业实施品牌和标准化战略,加强高新技术在优势传统领域的应用,提升产业附加值,增强产业效率效益。中区建成软件及集成电路设计产业集聚区,重点发展软件、集成电路设计、计算机及外设、生物医药等优势产业,以应用推广拉动产业增长,提升产业发展的层次。

随着移动互联网快速发展和 4G 网络规模部署,市场智能终端需求不断提升,深圳高新区扶植园区企业开展研发及产品战略转型,推动技术产品向产业链高端延伸,加强与全球主流运营商的战略合作,提升品牌价值和市场竞争力。

第四节　发展趋势

《深圳高新区转型升级工作方案》中提出,在深圳转型升级的关键时期,再出发、再优化、再提升,引领、带动全市的经济发展方式转变和产业转型升级,2015 年高新园区工业总产值、工业增加值和高新技术产品产值,比 2011 年将分别再翻一番,达到 6300 亿元、1900 亿元和 5800 亿元。园区拥有自主知识产权的高新技术产品产值占园区高新技术产品产值的四分之三;高新技术产品产值占全市的三分之一;企业主导或参与国际、国家行业标准制定占全市近一半;专利申请数超 24000 件。可见,《工作方案》主抓自主知识产权产品的发展,关注以高新技术为驱动力的行业企业,着力于打造、促进、发展具有创新实力的优势企业。

一、产业布局日趋合理，高端产业集聚发展

产业布局方面，高新区将以"一核两轴四基地"为重点，建设新型现代化高新科技园区。其中，"一核"是以深圳湾园区为中心，以留仙洞园区战略性新兴产业基地为产业空间拓展区，以大学城园区为创新能力拓展区，形成国家自主创新示范区的核心区。"两轴"是指沿科苑大道轴线建设的创新动力轴，和沿大沙河流域轴线建设的综合配套服务轴。"四基地"即重点建设深圳集成电路设计产业园、国家软件产业（出口）基地、深圳湾科技生态园、留仙洞战略性新兴产业基地等。

二、科技创新速度加快，平台建设日益完善

科技创新方面，高新区积极引进各类投融资创业服务机构，探索建立投资与信贷结合新型金融机构，力图实现企业信用等级对等信贷模式，全面推动科技与金融、文化产业的创新跨界融合。加速推进创新载体建设，全力支持创新型、高效性、实践性的科研中心的建设和落成，2015 年新增 1—2 家国家工程技术研究中心、新增 2—3 家国家级重点实验室、新增 80—100 家市级工程实验室和技术中心。企业扩展融资渠道，积极助推资本助力层面，强力支持企业在新三板市场挂牌交易，建设新三板培育基地，争取成为国家新三板扩大试点首批高新区，鼓励支持企业参与资本市场竞争，鼓励企业参与市场化竞争。

三、高端人才加速聚集，区域竞争力稳步加强

立足于长远发展优先重视人才建设，深圳高新区坚持开放式、持续式创新的人才吸引政策，积极吸引高端人才资源落户深圳，形成人才资源的良性循环。加快建设现代化国际化城市，为高端人才提供完备的生活保障服务，在人才的基本生活方面提供全方位、合理化支持。目前参照深圳站在科技创新前沿和产业发展前沿的产业定位，需要引进更多高质量、高层次海外人才；进一步完善高层次人才引进相关工作，加强甄选、考评和反馈制度建设；以城市长远竞争力为战略重点，瞄准未来增长点，为深圳人才引进注入创新活力，加快形成全社会、全方位、全领域集聚创新人才的独特优势和竞争力。

第二十章　苏州工业园区

第一节　园区概况

苏州工业园区是 1994 年 2 月经国务院批准设立和建设，是国家之间互惠合作共同发展的典型代表和标志性产业园区，在 1992 年的 5 月启动规划和前期的建设工作，总体园区规划的占地面积为 278 平方公里，设置四个主要街区干道，适应和可以服务的常住类型人口总数约 80 万，到 2015 年苏州工业园区已经走过 21 个春秋。21 年以来，苏州工业园区坚持健康快速持续有效的发展战略，各项主要的经济指标和参数均实现了年均增幅超过 30% 的发展预期，同时取得了GDP 规模总数值超千亿元、利用外资以人民币作为折现规模数值超千亿元的发展业绩。试看现阶段发展的苏州工业园区，凭借苏州市 3.3% 的土地资源、7.4% 的人口红利、6.3% 的建设用地设施资源打造和实现了全市整体 15% 左右的经济总量创收计划、实现了 13% 体量的工业总产值、16% 的公共财政预算收入，同时苏州工业园区的整体规划生态环保指标也位列全国开发区首位的位置，做到在发展经济的同时做好环境的保护，既要金山银山更要绿水青山。

2014 年，苏州工业园区以开发建设 20 周年为契机，坚持稳中求进，突出创新引领，率先改革突破，协调推进经济建设、政治建设、文化建设、社会建设、生态文明建设和党的建设，各方面共组都取得了新的进步。调查数据显示在 2014 年期间，苏州工业园区已经实现地区生产规模总值达到 2001 亿元，同比增长 8.3%，在原有产业规模的基础上积极扩展其他生产类型和服务模式；累计完成公共财政预算收入达到 230 亿元，同比增长 11.3%，公共财政预算收入的提升可以更好地提升公共服务的设施建设和相应的服务的品质；实现进出口总额 803

亿美元，较 2013 年略有下滑；完成固定资产投资 701 亿元，同比下滑 5.6%；实现社会消费品零售总额 316 亿元，同比增长 13.4%。

第二节　发展特点

一、产业结构进一步优化

2015 年以来，苏州工业园区加快推进产业升级，加速产业的布局调整；加快培育和发展战略新兴产业，优先发展优势企业；加快发展现代服务业，不断进行资源优化配置和产业优势整合。

"园区制造"不断加快高端化、专业化、科技化步伐，以电子信息、机械制造为代表的主导产业不断优化升级。以择商选资、优势项目招商引资为突破口，一批优质项目相继落户、增资扩产，结合园区内部相应的政策优惠和扶持，罗氏诊断亚洲生产基地、上银科技、绿控新能源等优质项目落户，金红叶纸业、旭硝子特种玻璃等大幅增资，京东方光科技华东总部、礼来新工厂等项目加快推进，不仅提供就业机会而且拉动园区内部企业整体的科技水平。在一系列技术升级或新产品推出的带动下，园区工业经济平稳发展，规上工业企业实现利税、利润均增长 20% 以上。

以国际科技园、生物纳米园等科技产业园区作为载体，着力推动新兴产业发展壮大，及早实现新兴产业的布局和产业链的搭建。积极推动生物医药、纳米技术应用、云计算等新兴产业发展，加大对新兴产业项目扶持和投资力度。

加快发展现代服务业，推动第三产业比重不断上升，第三产业具有低污染、低能耗、高附加等优势，因此园区谋求着力布局。2015 年 6 月统计显示，园区服务业增加值占 GDP 比重连续多年较上年提高 1—2 个百分点，到 2014 年底达到 41.3%；服务业投资占全社会固定资产投资比重连续多年超过 75%。一大批服务业项目开工、投运，第三产业快速发展的同时也带来了更多的就业机会，创造可观的社会价值。农银国际、耐世特、卫材等投资公司顺利入驻，新增南洋商业银行、平安银行、国寿产险、太平人寿、浙商证券、国泰君安证券等金融和准金融机构 67 家，累计达 585 家；转口贸易额实现同比 15 倍快速增长，电子商务交易额增长 25%，金螳螂、聚美优品等规模型电商项目成功落户。

二、改革化创新扎实推进

苏州工业园区积极落实党的十八届三中全会精神，坚持以开放创新综合改革试验为抓手，积极推进先行先试和各项改革，发展活力动力得到新的激发，产业转型升级新优势开始显现，作为苏州地区产业改革的先行军，园区积极探索和助推了一系列创新改革企业的落地实现。

"走出去"战略稳步实施。根据江苏省的统一部署，苏州工业园通过共建等方式积极推动园区发展经验向外辐射，积极带动周边地区的产业覆盖和为产业沟通融合搭建桥梁。通过共建方式，苏州工业园分别同苏州市相城区、宿迁市成立苏相合作区、苏宿工业园，苏州工业园派出管理人员。通过战略合作方式，苏州工业园与江苏部分地市成立苏通科技产业园、霍尔果斯经济开发区、苏滁现代工业园、苏虞生物医药产业园，加大产业对接力度。

三、中国开放创新"样本突破"

（一）实现"三大目标"建设"五大任务"

通过开展综合性质的创新制度化的建设和规划方式，苏州工业园区希望实现"三大目标"的宏伟志向：一是打造中国类型开发区建设和发展的升级版代表、二是建设达到世界一流水平的高科技产业创业、服务类型的新型产业园区、三是实现国际化开放互助共荣以及合作模式的示范区建设。基于园区未来的规划建设和目标的落地实施，苏州工业园区在未来需要完成"五大任务"的发展：一是开放、合作、互惠的示范平台的搭建，二是建产业化升级示范平台的建设，三是创新驱动示范平台达成更加国际化的概念，四是精简、高效的行政体制改革示范平台，五是建设生态宜居、服务人民的城市综合治理示范平台。

（二）鼓励跨国界的技术科技创新

苏州工业园区打造和实现的国家级别的开放创新综合试验区，从本质上来看是综合利用、调度、管理、协调国家关于自主创新示范园区的政策优势和支持优势，是在外向型经济发达区域的转型升级、服务模式创新方式的有力尝试，也是苏州工业园区积极主推产业转型和服务升级的典型探索。从两个层面实现跨国界的技术科技创新，一方面建立落实开放性质的经济新体制和制度模式，尝试将已经建成的、落地实施有效的外向型经济更深入地整合加载进入现阶段的全球的经

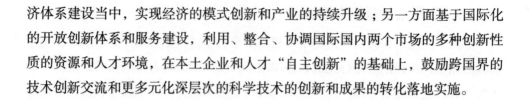

济体系建设当中，实现经济的模式创新和产业的持续升级；另一方面基于国际化的开放创新体系和服务建设，利用、整合、协调国际国内两个市场的多种创新性质的资源和人才环境，在本土企业和人才"自主创新"的基础上，鼓励跨国界的技术创新交流和更多元化深层次的科学技术的创新和成果的转化落地实施。

第三节 发展情况

一、高新技术产业稳步发展

苏州工业园区大力开展择商选资，加速提升经济发展方式转型升级和服务创新，着力于重点发展的产业类型包括电子信息和软件服务、机械生产和制造、生物医药以及临床医药的研发、纳米和微纳合成技术的成果转化和相关的应用、云计算和大数据分析等高新科学技术产业等。2014年的数据显示，苏州工业园区已经总计吸引的外资投入的联合创新项目超过5200多个，实际投入使用的外资总额超过267亿美元，其中的大部分资金都将用于人才的引进和技术的研发创新，全球范围内的91家级别为世界500强的大型企业均在园区内投资建立工厂和创新基地；首期投资30亿美元希望建成的三星高世代液晶面板项目竣工并且实现投产和发展，生物医药和临床药物的实验研发、纳米和微纳合成技术的成果转化和相关的应用、云计算、大数据和人工智能等战略性新兴产业快速发展。

二、云计算迸发出创新活力

云计算和大数据分析产业是苏州工业园区三大优势、新兴、创新、规模化的产业之一。从2012年伊始，苏州工业园区就已经制定出云计算和大数据分析相关产业的发展规划和未来的服务远景——"云彩计划"。该项目和计划提出将加速集聚云计算和大数据分析等相关产业项目资源的整合和协调工作，将比较优势的云计算产能设施和服务同相关的技术服务提供的企业和单位进行深入的对接和发展模式的共同探索，从宏观角度来主推云计算和大数据分析类型的产业生态建设和集群的搭建维护，走出具有园区特色的云计算产业发展之路，探索出一条高效化、资产化的云计算产业模式。2015年，园区进一步加大对云计算产业的政策支持力度，在政策层面对于创新创业孵化服务模式给予倾斜，大力发展创新型孵化器集群建设，打造形成生机蓬勃的云计算产业生态圈。

第四节　发展趋势

　　在经济发展新常态的趋势下，在服务模式不断探索和深入挖掘的基础上，在过去的 2015 年，从整体数据显示，苏州工业园区的重点工作着力于坚持以改革创新时代主题作为主旋律和发展主线，主动开放的战略布局使得园区的发展更加开放多元。2015 年实现地区生产总值 2100 亿元，同比增长 8%；实现高新技术产业产值 3000 亿元，形成和布局了大型云服务商和云服务平台设施的完善，培育、帮助建设了具有社会竞争力、社会影响力的云计算、大数据分析的企业达 150 家以上，实现规模以上产值达 200 亿元，同时拉动、协调了软件开发与创意服务、融合现代新型的通信技术、文化在线教育等新兴互联网产业产值达 1000 亿元的总体实现规模。

一、不断激发科技和创新的发展活力

　　苏州工业园区打造和建设具有创新科技发展企业和创新趋势引领作用的区域性、标志性的创新和服务平台，做到和实现拉动苏南地区的国家自主创新示范性质园区建设和发展的标杆作用，完善相应的科技和创业服务生态体系、人才吸引和积累、落地工作的建设。健全和完善了科技创新和成果转化的协同发展服务模式，搭建科技成果与应用市场沟通的桥梁、高校和相关科研院所与技术实施企业的对话窗口和交易平台；深入落实国家推行的人才强国的战略布局，人才引进来加强园区的建设，人才留下来的模式实现园区内部人才和技术人员及其家庭优先发展的机制，深入贯彻和执行了"金鸡湖双百人才计划"科技计划，确保高端园区内部整体规模的人才数量和相应的比例保持领先的地位和发展趋势。

二、加快推动产业转型升级

　　苏州工业园区在产业结构转型升级的基础上支持产业服务模式的创新的优惠政策，帮助和服务于企业增资扩股和积极引入资本主推企业发展、引入新型技术改造相应的落后产能、加快助推了罗氏诊断亚洲生产基地的建设和服务、华为研发基地人才的引入和相关优惠政策的实施等重大项目的建设和推进，推动和力争实现社会劳动生产率、工业增加值率年均增长 10% 以上的宏伟愿景。围绕现阶段国家所倡导的两化融合等服务的需求，未来在集成电路的设计和生产、下一代

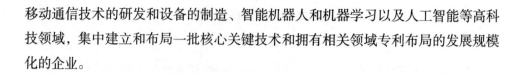

移动通信技术的研发和设备的制造、智能机器人和机器学习以及人工智能等高科技领域，集中建立和布局一批核心关键技术和拥有相关领域专利布局的发展规模化的企业。

三、深入推进行政改革创新

苏州工业园区目标争取列为国家行政审批制度改革试点，继续精简行政审批事项，优化行政审批流程，加大电子审批力度，探索实现由一站式服务向"一窗式受理，一站式审批"的综合审批服务运行模式。深入开展工商登记制度改革，探索实施对外资实行准入前国民待遇加负面清单管理模式，继续推动"三证合一"并联审批改革试点。加快推进社会诚信体系建设，探索加强事中事后监管。

第二十一章　武汉东湖新技术开发区

第一节　园区概况

武汉市东湖新技术开发区在地理位置上位于武汉市东南部地区，与武昌区、洪山区、江夏区相邻，东起武汉中环线，西至民院路，北接东湖，南临汤逊湖，总体占地面积大约 50 平方公里，由五个园区（关东工业园、关南工业园、大学科技园、华中软件园、武汉国家农业科技园区园区）以及存在托管性质的"九村一委"共同组成和进行相关的开发和发展布局。

在 1988 年，武汉东湖新技术开发区获得国家的审批和开始相应的开发建设；在 1991 年，东湖新技术开发区有幸被国务院和相关部门批准和挂牌成为国家级别的高新技术开发和应用服务产业发展园区；在 2001 年时东湖新技术开发区被科技部批准和统一成为国家发展光电子和信息通信产业的核心基地，也就是现在常说的"武汉·中国光谷"。 从相关资料显示东湖高新区在 2014 年全年实现总体企业规模化的总收入为 8526 亿元，同比增长 31%，相比上年同期不仅在收入上有了大幅度的提高，而且在产业的类型和企业发展的效率也有了大规模的发展。新达标实现认定的高新技术和服务类型的企业达到 161 家，累计可以达到 832 家，处于全国高新技术发展园区行列的前茅。在行政审批与服务流程上的制度创新、科技金融的产业布局发展和扩大国际资源的开放和协调合作三方面实现多达 38 项改革创新，形成 20 项制度性成果创新的落地实施，得到了企业的好评和认可服务。

第二节 发展特点

一、坚持创新驱动

光谷发挥科教人才资源优势，积极引进全球光电子信息领域的资本、人才和技术等，实现人才、技术等资源的优化配置，重点聚焦光通信、激光、地球空间信息等特色优势产业领域，组织实施一批带动性强的重大项目从而实现技术与规模双跨越，在积极布局重点优势产业的同时拉动园区内部技术创新和企业规模扩大。截至2015年，形成以领军企业为主牵头成立39家产业技术创新联盟（其中国家级联盟总数达8个），推进产学研协同创新；加速提挡升级，科技企业孵化器（加速器）33家，孵化总面积300万平方米；东湖高新区省级以上（含省级）技术创新平台达到444个，其中国家级216个。

二、坚持融合发展

积极推进光电子信息产业融合发展和交叉创新，促进光电子信息产业各细分领域之间、光电子信息产业与其他产业的融合发展，大力发展光电子信息服务业，打造光电子信息产业"大集群"。跨界融合形式的创新不仅可以带动原有产业的规模扩大和快速发展，同时在融合的过程中可以积极拓展业务模式努力探索更加合理、高效的商业模式。

三、坚持企业主体

突出领军企业在产业发展中的引领带头的作用，加快中小企业培育助推其中的骨干企业积极转型，创新模式，目的是形成以大企业为引领带动发展、各个中小企业协同进步，企业之间提升合作活跃度、以更加高效的互动带动整个产业发展格局的变化和发展。努力培养和扶持年销售收入过五百亿元企业1—2家、过百亿元企业5—6家、过十亿元企业150家，培育一大批"专精特新"的中小企业，实现大规模优势企业和特色小规模企业共同发展的愿景。

第三节　发展情况

一、光电子信息产业是武汉东湖高新区的支柱产业

武汉东湖高新区依托于武汉光电子信息及生物产业集聚区，在武汉大学、华中科技大学等 42 所本地高等院校的重要高校优秀人才群体的支持下，目前已经发展成为中国最大的光纤光缆、光电器件生产基地，最大的光通信技术研发基地和最大的激光产业基地，光纤光缆生产规模居世界第一，国内市场占有率 55%，国际市场占有率 25%，光电器件和激光产品国内占有率也达到 50%，成为名副其实的"中国光谷"。在高校、科研院所每年的技术实力的更新和迭代下，基于原有强大的生产关系的基础上，逐步实现了"中国光谷"的国际化道路。

二、政策规划是政府引导东湖高新区发展的原动力

武汉东湖高新区在短短的二十年间，从一个单一的智力密集型园区发展到如今成为三大国家自主创新示范区之一，关键性、决定性、主干性的因素离不开以下四点。

一是高瞻远瞩，提前规划。2000 年左右，时任湖北省科技厅厅长的周济发现国内大部分地区都将电子信息、生物制药、自动化、新材料等作为支柱产业，产业趋同化现象严重，在充分分析本地资源优势、结合当地特色的人才资源和相应的配套建设，提出了发展具有本地鲜明特色的地方产业，将光电子信息产业作为主导和支柱产业大力布局和发展，同时期还提出发展 TFT、半导体照明、集成电路等一系列长远构想，如今看来也都一一实现。此外，武汉市政府积极拓展园区建设规模，努力争取在场地空间上为企业创造良好的办公条件，东湖高新区的规划面积达到 518 万平方公里，这在目前土地已经成为园区发展最重要制约因素的条件下，为武汉东湖高新区进一步发展扩大提供了无穷的潜力和主要的优势。

二是明确重点，汇聚人才。光电子信息产业发展最重要的资源要素就是人才队伍的建设，武汉市一直高度重视人才队伍长期循环式良性供给平台的搭建。目前已引进海内外高层次人才近 2000 名，吸引一万余人到光谷工作、创业和生活，其中有 61 人入选国家"千人计划"。2009 年更是制订了"3551"计划，要求在

未来三年左右时间为光电子信息等五大重点产业领域引进和培养 50 名左右掌握国际领先技术、引领产业发展的领军人才，1000 名左右在新兴产业领域内从事科技创新、成果转化、科技创业的高层次人才，此项举措的实施必然会为武汉东湖高新区光电子信息产业的发展提供源源不竭的活力和动力，为光电子信息产业的长远建设。

三是因地制宜，政策支持。武汉市政府并没有将土地、税收优惠作为吸引企业入园的主要手段，他们认为大企业的发展靠政策靠资源，而创新能力恰恰主要体现在广大中小企业，对于这些企业要积极提供资金、市场等孵化环境。武汉天喻信息产业股份有限公司的发展就是一个很好的例子，最初公司研发的智能卡功能并不完善，武汉市政府为了鼓励其自主创新，将内部使用的饭卡、停车卡等业务都交给他们做，投入资金、提供市场让他们尝试、改进，最终获得了巨大成功，如今的天喻公司已经发展成为国内通信、社保、税控、金融等领域的主力供卡商。

四是以产业联盟推动区域产业快速发展。东湖高新区内目前已经有 17 个产业技术创新联盟，其中高新区企业领衔组建的光纤接入（FTTx）、高清光盘产业、地理信息系统等 3 家产业技术创新联盟已获批成为国家级产业技术创新联盟。产业联盟以产业链上下游企业集群的形式一齐推动技术协同研发、产品应用与业务模式创新。以红光高清光盘产业推进联盟为例，联合了 19 家核心骨干企业，目前已发展到 40 家，共同推进我国高清光盘技术研发、标准制定及产业化，开发完成了集三大功能于一体的新一代红光高清视盘机，并推动其系统在武汉 60 个示范试点应用，也有力地推动了未来广电点播系统的业务模式创新。光谷地理信息系统联盟则聚集高校、测绘局及空间信息企业，积极引导企业参与合作国家及省市重点项目，产品覆盖数据、软件、硬件、集成系统及运营服务等各个方面。

三、生产要素优势和劣势同时存在

从人力资源、自然资源、知识资源、资本资源、基础设施等五个方面来看，武汉东湖高新区具有以下几个特点。

一是人力资源优势和知识资源优势巨大。武汉东湖高新区集聚了 42 所各类高校、14 个国家重点实验室、14 个国家工程研究中心、37 个省级重点实验室和工程研究中心。区内有 49 位两院院士，40 万园区人口中，就有 20 多万名专业技术人员，武汉市在校大学生超过了 110 万人，位居全国各大城市之首，为园区发展提供了丰富的人力资源保障。

二是自然资源影响主要来自土地。东湖高新区地处中心城市，属于都市型经济园区。园区规划面积由224平方公里扩大到目前的518平方公里，土地资源虽然有所改善，但土地价格依然是制约发展的因素之一。由于光电子信息产业对其他资源依赖较低，其他自然资源因素对园区发展影响不大。

三是资本资源渠道较少。东湖高新区发展初期主要依靠自我滚动发展，政府投资和国家项目是企业发展初期主要的经费来源。随着产业的发展，许多企业通过上市和上市前的融资，带动了企业的规模化发展。

四是基础设施建设不足。武汉东湖高新区的基础设施建设相对薄弱。地方政府投入资金有限成为制约基础设施建设的关键性因素，今后一段时期内，如何借鉴外地经验，规划设计一套科学合理的投融资平台并做好相关监督和管理工作将成为提高武汉东湖高新区光电子信息产业竞争力的一项重要任务。

第四节　发展趋势

一、具有国际竞争力的产业集群基本形成

企业总收入达到10000亿元。产业结构继续优化，形成若干创新型产业集群，战略性新兴产业发展取得突破，高新技术产业增加值占地区生产总值比重比2010年提高10个百分点，经济增长质量和效益明显提高。培育一批年销售收入超过500亿元的企业，形成一批国际知名品牌。

二、显著提升自主创新能力

建设一批企业研发中心，搭建特色产业的公共技术服务平台和行业创新中心。科技型企业研发投入占销售收入的比重达到6%以上，推动企业真正成为技术创新主体。创新成果不断涌现，形成一批原始创新成果，转化一批重大科技成果。发明专利授权数比2010年翻两番，每万人口发明专利拥有量达到100件。

三、开放合作形成新局面

对外开放广度和深度不断拓展，形成与国际接轨的发展环境和经营理念，建成一批国际开放合作发展平台，区域合作与交流频繁，国际高端创新要素富集，

国际化发展水平大幅提升，互利共赢开放格局进一步形成。

四、园区发展环境明显改善

配套服务设施齐全，公共服务体系完善，社会管理水平显著提高。全面实现企业信息化、公共服务数字化和无线网络全覆盖。资源节约、环境保护成效显著，单位地区生产总值能耗比 2010 年降低 20%。

第二十二章　昆山经济技术开发区

第一节　园区概况

昆山经济技术开发区是国家级开发区、江苏省省级重点开发区。昆山经济技术开发区地处长三角核心地带，位于上海和苏州之间，地理位置极为优越。园区集聚和建设了众多的全球知名创新和发展的企业，形成了电子信息产业、装备制造和生产企业、民生轻工、精密机械和设计等多元化、创新化、服务化的产业格局和发展格局。目前昆山经济技术开发区已成为全球产业集聚地，中国对外贸易加工和进出口重要基地，园区的整体竞争实力已经连续八年处于全国整体范围的经济开发区前四名，并有不断上升的发展趋势。

2015 年，昆山开发区持续领跑全国示范性产业技术开发区；2014 年，昆山开发区在全省 126 家参评的国家级和省级开发区中综合排名列第三，连续七年进入前三甲，继续保持在全省开发区中较为领先的发展优势；2013 年，昆山开发区在评价体系全部七项分类指标中有六项指标进入全省前十位。其中生态文明列第一，经济实力和管理水平列第三，开放水平和集约水平列第四，科技创新列第六。昆山开发区是我国台资企业入驻最为密集的地区之一，成为笔记本电脑、液晶面板和显示器及电视整机等产品的生产和出口基地，全区出口总额占全国总量的 35%。

第二节　发展特点

一、继续深化两岸产业合作试验区，平台效应凸显

截至 2013 年底，昆山经济技术开发区已经累计实现批准台资等企业 4337 家，

增资项目 2084 个，总投资额 537.2 亿美元，注册台资 270.6 亿美元，做好了台资企业政策优惠扶持和相关的企业落地实施的要求。一年间，50 余家台资企业集团陆续在昆山试验区建立或筹建大陆区域总部，其中友达光电低温多晶硅面板项目、奇美偏光板项目等优质台资项目成功进驻。此外，试验区获批开展台资企业集团内部人民币跨境双向借款业务以来，已有 216 家台资企业集团开设人民币双向借款账户，借款规模达到 89 亿元。

二、高新技术产业和现代服务业筑起发展新高地

昆山开发区以昆山 1/9 的土地面积，贡献了昆山全市 50% 的财政收入、60% 的工业产值和 70% 的进出口总额，出口创汇占全国的 2%。截至目前，开发区累计引进欧美、日韩、港澳台等 45 个国家和地区客商投资的 2000 多个项目，投资总额 330 多亿美元；注册内资企业超过 10000 多家，注册资金 400 多亿元，初步形成了以高新技术产业为主导、先进制造业为支柱、现代服务业为支撑的现代产业体系。

三、吸引外资规模稳步增长，新兴产业加快发展脚步

2014 年 7 月，由中国台湾光电巨头——奇美实业股份有限公司投资的昆山之奇美材料科技有限公司，在昆山开发区光电产业园开工。项目总投资高达 10 亿美元，成为大陆新显示产业的新标志，填补大陆高端偏光片领域空白。10 月，位于昆山光电产业园的 5.5 代 AMOLED 产线所有主设备搬入完成，目前已进入设备安装和工艺调试阶段，2015 年中旬投入运营。项目一期拥有 4K/ 月的产能，年产值约 20 亿元。

历经 10 年发展，昆山光电产业园已形成国内产业规模最大、技术水平最高的“原材料—装备—面板—模组—整机”的完整产业链，吸引包括友达、龙腾、旭硝子、东京电子、康佳电子等行业龙头在内的企业 67 家，总投资 100 多亿美元，成为大陆唯一同时掌握 TFT-LCD、LTPS、AMOLED 三类不同面板显示技术并具备产业化能力的光电产业基地，被认定为国家新型工业化产业示范基地、平板显示高新技术产业化基地。

第三节 发展情况

一、产业综合能力不断提升，结构调整步伐不断加快

2014 年，昆山开发区完成地区生产总值 3001 亿元，工业总产值 8708.5 亿元。新兴产业、高新技术产业分别完成产值 3433 亿元和 3948 亿元，占规模以上工业比重均提高 2 个百分点。一般贸易完成进出口 140.5 亿美元，占比提高 2 个百分点。装备制造业实现产值 1645.9 亿元，增幅高于全市工业 8.6 个百分点。新设内资企业数和注册资本同比分别增长 49.3%、53.9%，新设外资企业数和注册资本分别增长 23.4%、37.1%。全社会研发投入占地区生产总值比重达 2.9%。新增国家"863"计划项目 4 个、星火计划重点项目 1 个、科技重大专项 3 个。新增省工程技术研究中心 24 家、外资研发机构 19 家，新建产学研联合体 142 个。开发区产业结构调整提速，加大高新技术产业、现代服务业的发展力度，2013 年开发区服务业增加值、高新技术产业、新兴产业，分别完成 136.13 亿元、945.83 亿元、763.45 亿元，同比增长 13.8%、12.3%、7.1%，势头强劲。

二、光电产业成为区域经济发展极具活力的增长极

目前，昆山光电产业园内三大核心项目均处于国内技术领先地位。其中，国显光电注册资本 30 亿元人民币，下属的昆山维信诺显示技术有限公司是 OLED 国际标准和 OLED 国家标准的主要制定者，先后获得中国知识产权界的最高奖项"中国专利金奖"和国家技术发明一等奖；友达光电注册资本 16.5 亿美元，目前正在建设 6 代低温多晶硅（LTPS）面板生产线，建成后将成为中国第一条、全球第三条最高世代 LTPS 面板生产线；龙腾光电注册资本 8.15 亿美元，具备每月投入 12 万片以上玻璃基板的生产能力，是国内最具生产规模的五代线非晶硅 TFT-LCD 生产企业。2013 年昆山光电产业实现产值 908 亿元，成为电子信息产业新的重要增长极。

三、现代服务业不断发展壮大，带来转型新契机

随着昆山开发区从工业化主导的经济园区向产城融合发展的综合性园区转型，休闲旅游、文化创意、商贸物流、房地产等现代服务业，成为开发区招商引资新的"兴奋点"和产业增长点。经过多年发展，开发区现代服务业虽然有了一

163

定基础,但发展步伐缓慢。加快发展现代服务业,既是科学发展的必然选择,也是增创新优势的重要途径。开发区高标准建设了"九通一平"基础设施,形成以"一站(高铁南站)、一江(娄江)、一带(夏驾河景观带)"为轴线的三大城市核心区及行政办公、金融服务、展览展示、企业总部、城市休闲、商业商贸等城市空间格局,走出了一条"凤凰涅槃"式的"产城融合"之路。其中,正在建设中的"汇设计"创意设计中心是开发区近年来重点打造的创意经济、服务经济平台。中心集成创意办公、项目孵化、交易评估等九大功能,体现了现代化建筑和智能化服务相结合的理念。此外,开发区还形成了金融街、智谷、东创等细分化的现代服务业产业平台,不断发展壮大。

第四节　发展趋势

一、转变发展方式,做到快速发展与资源保护相协调

随着当前经济社会发展进入新常态,昆山开发区面临的外部环境、基础条件等发生了深刻变化,开发区创新能力不足、可持续发展能力不强、体制机制约束等矛盾日益突出。如何正确处理经济发展与安全生产的关系,把安全生产与经济发展的各项工作同步规划、同步部署、同步推进是亟待解决的问题。昆山开发区未来将进一步转变发展方式,完善以高新技术产业为先导、先进制造业为支柱、现代服务业为支撑为特色的现代产业体系,力争服务业增加值占地区生产总值比重年均提高 2 个百分点,保持发展水平、发展质量、发展速度继续走在国家级开发区前列。

二、制造业加速向内陆转移,战略新兴产业成为发展重点

经过二十多年的发展,昆山开发区开始进入以结构优化为特征的相对发达经济阶段。但同时经济结构性矛盾突出、生产要素利用效率低、资源和环境代价大、产品自主创新能力不强,给昆山开发区经济进一步发展带来压力,转变发展方式和转型升级的要求也更为迫切。伴随着昆山地区的电子信息制造业成本逐年增加,笔记本电脑、智能终端和通信设备等的生产制造环节将加速向中西部地区转移,开发区将着力发展信息产业的中高端环节如集成电路设计研发和移动互联网、云计算、大数据、物联网、智能制造等国家战略性新兴产业,同时也为上海、苏州等高端电子信息产业做好配套服务工作。

第二十三章　青岛高新技术产业开发区

第一节　园区概况

青岛高新技术产业开发区是 1992 年 5 月经国务院批准设立的国家级高新区。2007 年，青岛高新区形成青岛新技术产业开发试验区、胶州湾北部园区（含新产业团地、新材料团地）、青岛高科技工业园、青岛科技街、市南软件园在内的"一区五园"的发展格局。2015 年 2 月，青岛市政府调整和拓展了青岛高新区范围，将蓝色硅谷核心区、海洋科技创新及成果孵化带和青岛（胶南）新技术产业开发试验区纳入青岛高新区。调整后，青岛高新区总开发面积 327.756 平方公里。

青岛高新区充分发挥其承载和引领功能，着力增强自主创新和技术孵化能力，园区建设取得了显著成效。高新区被确定为"国家高新技术产业标准化示范区"试点建设园区；新产业团地被确定为"创建国家生态工业示范园区""全国首家数字化园区建设试点单位"；新材料团地被认定为"国家火炬计划新材料产业基地"；高科园被认定为"国家生物产业基地""国家通讯产业园""国家知识产权试点园区"；科技街被认定为国家动漫产业基地；市南软件园被认定为"国家火炬计划软件产业基地"。

第二节　发展特点

一、依托区域优势，加快集聚涉海研发机构

国家海洋科学与技术实验室、国家深潜基地、国家海洋技术转移中心等创新平台在青岛高新区加快推进。北大科技园、清华科技园、哈工大青岛科技园、山东大学青岛校区、天津大学海洋装备研究院、大连理工大学海洋学院相继落户，

中船重工 710 所、713 所、714 所、716 所、719 所、725 所、388 厂等 15 个海洋装备研究机构年内完成注册。青岛深海工程国际产业园、温州医科大学青岛国际生物科技园、山东生命科技研究院海洋中心、青岛大学海洋新药创制研究院等一批涉海高端项目落户建设。

二、加大开放力度，国际技术合作日益活跃

世界创新百强企业日本日东电工株式会社中国首个研发中心在高新区投入运行，主要研发面向青岛需求的光伏、家电、海洋制品等新材料、生物医药领域的产品。高新区与美国旅美科技协会签订创新合作框架协议，推动美国生物医药产业高端人才及项目与青岛高新区展开多层次、多渠道、多领域的合作共赢。青岛与欧盟之间技术创新与投资贸易综合性合作新平台——"欧盟项目创新中心（青岛）暨欧洲企业网络（EEN）中国北部中心"落成，促进了中欧科技合作、贸易投资和技术转移，有利于集聚欧洲优秀创新创业团队和优质项目落户青岛，使青岛市及高新区成为欧盟各国在中国东部推动合作的重要窗口和基地。

第三节　发展情况

一、形成"1+5"主导产业结构

青岛高新区按照"蓝色、高端、新兴"的产业发展方向，坚持"聚焦、聚集、聚合、聚变"的发展路径，在主园区打造形成"1+5"主导产业结构。即以突出发展科技服务业为支撑，加快壮大软件与信息技术、蓝色生物医药、高端智能化装备、海工装备研发、节能技术与新材料 5 个战略性新兴产业，通过板块化、平台化推进产业集聚发展。

二、积极布局云计算和大数据产业

近年来，青岛高新区坚持实施"产城一体、创新驱动、人才先导、金融助推、国际链接"五项战略，科技、人文、生态新城建设呈现勃勃生机。在经济新常态条件下，创新驱动已成为发展的主旋律，尤其是大数据、云计算、物联网、移动互联网等新兴信息技术对经济社会的影响不断深入。2015 年，高新区将云计算、大数据作为 30 平方公里软件科技城发展的重点产业努力加以推动，清华科创慧谷、香港招商局青岛网谷等 30 个软件园区 700 万平米软件载体相继落户建设，

青岛智能产业研究院、清华—青岛大数据工程研究中心、IBM 联合创新中心、中科院软件所等一批龙头研究机构纷纷集聚此地，各类软件企业已超过 300 家。未来在云计算和大数据领域的投入将继续加大，为吸引国内龙头互联网和云计算企业来此发展创造条件。

三、不断加强创新能力建设

自主创新方面。2015 年 4 月，青岛高新区与海尔集团签署战略合作协议，共同建设向社会开放的"海创汇"创客孵化中心，推动创新创业及科技成果转化。2015 年 7 月，由青岛瑞利特新材料科技有限公司投资建设的国内首条石墨烯导电油墨生产线在青岛高新区石墨烯科技创新园落成并投入使用，该条石墨烯生产线的正式启用，标志着青岛高新区在石墨烯技术装备水平和新品研发方面走在全国前列，在石墨烯规模化应用方面取得新的突破。2015 年 8 月，青岛若贝电子有限公司发布中国首片具有自主知识产权的自适应芯片，并申请了国际专利，填补了国内自适应芯片领域的空白，开启了中国芯片发展的新领域。

创新载体建设方面。2015 年 8 月，科技部火炬中心下发文件通知，由青岛高新区组织申报的"国家火炬青岛石墨烯及先进碳材料特色产业基地"正式获批建设，标志着青岛以石墨烯为引领的先进碳材料产业正式进入国家产业布局版图。2015 年 8 月，科技部授予青岛高新区"青岛国家海洋装备高新技术产业化基地"称号，这是山东半岛蓝色经济区成立以来形成的首家以海洋装备产业为特色的国家级高新技术产业化基地，标志着青岛高新区海洋装备产业进入国家战略性新兴产业布局。2015 年 12 月，高新区推荐的青岛市海洋生物医药产业技术创新战略联盟获批成立，青岛蓝色生物科技园、中国海洋大学、中科院海洋所、青岛海洋生物医药研究院、青岛银行科技支行等单位探索建立以企业为主体、市场为导向、产学研结合的海洋生物医药产业技术创新机制，加快重大科技成果产业化，带动产业技术进步。

第四节　发展趋势

一、以创新为主线打造青岛创新、创业、创客基地

青岛高新区全面统筹孵化资源，细化载体功能，优化配置政策、资金、人才、

研发等要素，打造创业生态链，形成了完整的"苗圃—孵化器—加速器"科技创业孵化链条，建设了盘谷创客空间等全市创业苗圃建设示范园区，截至2015年11月，共引进中国3D打印创新中心、以色列柏科孵化器、海尔海立方等高端创新创业项目178个（含91个注册项目）。总投资3亿元的青岛市工业技术研究院，目前共有正在孵化项目60多个，通过一系列优惠政策及完备的创业服务，帮助高端人才实现创新创业，已经发展成为全市标杆孵化器。下一步，高新区将继续完善孵化体系和服务平台，为全市加快打造创新之城、创业之都、创客之岛作出新贡献。

二、打造国内石墨烯产业先行区

基于现有基础，青岛高新区着力优化产业布局，打造国内石墨烯产业先行区。未来将积极建设产业载体，不断建设完善青岛国际石墨烯科技创新园，加快建设产业协同创新平台、技术研发平台和金融服务平台三大平台，并着力搭建国际合作平台，推进与西班牙、意大利、瑞典、澳大利亚等多个国家的石墨烯研究机构及院校深入合作，共同促进石墨烯产业的研究、应用和产业化。

第二十四章　天津经济技术开发区

第一节　园区概况

天津经济技术开发区是中国首批国家级经济技术开发区之一，于1984年12月6日经中华人民共和国国务院批准建立，同时也是国家综合配套改革试验区的一部分，在全国54个国家级开发区、工业园区投资环境评价中，天津开发区多年位居第一。

天津经济技术开发区位于天津市东40公里，为天津市滨海新区的重要组成部分，紧邻塘沽区，总规划面积33平方公里。此外，还分别在武清区、西青区和汉沽区建设有逸仙科学工业园、微电子工业区和化学工业区等三个区外小区。

第二节　发展特点

一、区位优势推动产业快速发展

天津经济技术开发区具有得天独厚的区位优势，其所在的环渤海区域是一个城市集中、人口密集、交通便利、工商业发达、市场空间大、购买力强的黄金地带，同时，依托京、津，辐射三北，天津经济技术开发区具备良好的工业发展条件。天津经济技术开发区以"21世纪现代化国际工业新城区"为目标，着力塑造与国际惯例和国际市场接轨的投资环境。目前，天津经济技术开发区投资环境日臻完善，经济实力迅猛发展，已成为中国乃至整个亚洲最具吸引力的投资区域。

二、跨国龙头企业带动效应显著

目前，天津经济技术开发区已聚集3000余家外商投资企业，吸引投资总额

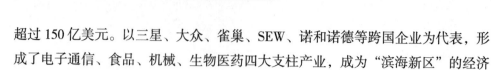

超过 150 亿美元。以三星、大众、雀巢、SEW、诺和诺德等跨国企业为代表，形成了电子通信、食品、机械、生物医药四大支柱产业，成为"滨海新区"的经济增长龙头和天津市重要的经济增长点。

第三节 发展情况

一、电子信息制造业成为全区九大支柱产业之一

电子信息制造业是天津开发区规模最大的支柱产业，围绕三星、诺基亚西门子、摩托罗拉、富士康、伟创力等龙头企业，形成了实力雄厚的电子信息制造产业群和完整产业链。同时，随着产业与技术的提升和融合，开发区战略新兴信息技术产业也已形成聚集，惠普、腾讯、华胜天成等国内外领军企业纷纷落户。

目前，开发区共吸引电子信息制造业和服务业领域外商投资企业近 500 家，内资企业 200 多家，主要集中在通信设备、光电显示、电子元器件、工业电子、新型消费电子以及战略新兴信息技术，如云计算、互联网、软件等方面。2015年开发区电子信息产业产值达到 2500 亿元左右，年均增长 12% 左右，形成两个以上产值超 500 亿元的产品集群；电子信息产业占开发区工业总产值中的比重保持在 25% 以上，占天津市电子信息产业产值的比重保持在 90% 以上。

大津开发区作为现代制造和研发转化基地、国家新型工业化产业示范基地(电子信息)、天津国家集成电路高新技术产业化基地、滨海新区云计算产业基地和滨海新区物联网产业基地，目前共设有 30 余家工程技术研究中心，40 余家企业技术中心，50 余家跨国公司研发中心及 90 余家博士后工作站和实践基地。2015年，新建企业研发中心或技术中心超过 20 家，研发经费支出占生产总值的比重达到5%，高新技术产品增加值占电子信息制造业生产总值比重达到 70% 以上，50%的电子企业被认定为高新技术企业。

二、电子信息领域重大项目纷纷落地

2015 年 4 月，天津中科智能识别产业技术研究院启动后，将有助于吸引聚集高端研发团队和创新企业在天津开发区形成产业聚集，并逐步建设成为国际知名、国内一流的智能科技创新中心和智能识别企业孵化育成基地。2015 年 5 月，施莱德集团在亚太地区的主要生产基地在开发区开业，施莱德新工厂配备了最先

进的设备和完善的管理体系，将专注于生产 LED 产品，并推进本土化，天津新工厂将成为施莱德发展的里程碑。2015 年 6 月，创客总部、YOU+ 国际青年社区、36 氪等三大创新创业平台落户天津开发区。2015 年 7 月，开发区管委会与阿里云"创客 +"、亚杰商会签署战略合作协议，阿里云将与开发区共同打造"泰达创客 +"平台，互联网创业平台"创客 +"将为落户泰达的创业者输送云资源扶持、创业指导、园区入驻帮助以及企业融资等创业相关多元化的增值服务。2015 年 10 月，中国电子商务协会及中智商（北京）数据科技研究院有限公司投资的全域大数据产品中心在开发区落户，将推动大数据和智慧产业、智慧城市领域的应用研究成果走向产业化。2015 年 11 月，天津开发区与中环智地、企商科技签署战略合作协议，在打造"硬件设计服务 + 孵化加速器 + 制造产业链服务 + 科技金融投资系统"四维一体式的综合服务平台，同时每年引进 10—15 家智能硬件类创业项目团队。

三、科技型中小企业迅速崛起

2015 年开发区继续大力实施瞪羚工程、金种子工程、小巨人工程等重点工程，根据产业领域和企业规划筛选出瞪羚企业 70 家、金种子企业 110 家、小巨人企业 50 家和领军小巨人 20 家，进行重点培育。同时，实施杀手锏产品打造工程，围绕开发区传统优势产业转型升级，促进战略性新兴产业发展，依托凯莱英、中能锂业、银宝山新、哈娜好医材、一重电气、茂联科技、卓达科技、浩元精细化工等 26 家科技小巨人企业发展形成众多杀手锏产品。着力服务于区内 30 家重点拟上市企业或新三板挂牌意向企业，协调解决其上市、挂牌过程中的办公场地租用、政策申报等外部问题；协助企业有针对性地筛选、对接适合的券商、中介服务机构，帮助企业练好"内功"。2015 年以来，博益气动公司在新三板成功挂牌，中晟博汇公司在天交所成功挂牌，海润移山公司在 OTC 成功挂牌，目前开发区在各类交易机构挂牌、上市企业累计达 21 家。阿尔发、微纳芯等 8 家企业启动股改；三箭生物公司、唯捷创芯公司、振威展览公司完成股改；恒拓开源、海林园艺等 5 家完成股改企业正在准备申报材料，计划向新三板申请挂牌。截至 2015 年 9 月底，全年当年新增科技型中小企业数量超过 700 家，累计数量超过 5000 家，新增主营业务收入过亿元的科技小巨人企业近 60 家，累计数量达到 405 家，科技小巨人企业新增数及累计总量继续保持全市第一。

第四节　发展趋势

天津经济开发区将进一步巩固电子信息制造业基础，并通过推动"互联网 +"发展，为电子信息制造业带来新的发展空间。"互联网 + 产业"方面，天津经济技术开发区既聚集了一批以三星、大众、长城等为代表的内外资先进制造业项目，也引进了以国家超算中心、腾讯数据中心为代表的互联网、云计算、大数据平台，未来将以此为基础，深入推进"互联网 +"与产业融合，打造"互联网 + 制造业""互联网 + 供应链金融""互联网 + 大宗商品交易平台""互联网 + 保险""互联网 + 公共服务"等新兴业态和商业模式。"互联网 + 政府管理与服务"方面，开发区将继续坚持政务领域的信息化改造，特别是利用新一代信息技术推动体制机制改革，完善工作流程，提高工作效率、管理质量和服务水平。"互联网 + 社会民生"方面，在推动互联网与经济融合同时，开发区将加快推进互联网与社会事业融合，全力建设"互联网 +"新城区，包括推进综合服务管理平台、泰达新市民生活平台、绿色环保生活平台等公共服务平台建设，创新教育领域"互联网 +"新模式，完善医疗领域"互联网 +"模式等。

第二十五章　厦门火炬高技术产业开发区

第一节　园区概况

厦门火炬高技术产业开发区（以下简称"厦门火炬高新区"），1990年12月由国家科委和厦门市人民政府共同创办，1991年3月被国务院批准为首批国家级高新技术产业开发区。2015年1—9月，高新区规模以上工业增加值累计完成343亿元，同比增长14.2%，占全市规模以上工业增加值36.8%，增速高于全市增速6.2个百分点。固定资产投资累计完成149亿元，同比增长86.11%。其中，工业固定资产投资累计完成145.7亿元，占全市工业固投57.7%。

2015年1—9月，高新区合同利用外资3.46亿美元，完成全年任务的86.5%，超千万美元的项目有8个。实际利用外资3.08亿美元，完成全年任务的88.14%，比上年同期增长32.89%，增长幅度位居第三，一次性到资额超过500万美元的项目有5个。内资招商方面，共引进注册资本上亿元的项目27个，共引进注册资本500万元以上的新项目161个，注册资本总额约86.42亿元。

第二节　发展特点

一、推进重点项目建设，打造现代产业体系

厦门火炬高新区围绕厦门"5+3+10"的现代产业体系，重点打造平板显示、计算机与通信设备、软件与信息服务、微电子与集成电路、电力电器、LED等六大重点产业，推动新能源、生物医药、文化创意、新材料等新兴特色产业创新发展，已形成具有一定竞争力的产业集群。目前，厦门火炬高新区已有3000多家企业，

世界500强企业投资项目29个;产值超亿元企业100多家,产值超百亿元企业5家。

厦门火炬高新区大力发展重大项目,一批强度高、关联性强、产业链长的重大项目加快聚集,以项目带动产业升级。目前国内最大液晶基板玻璃项目——日本电气硝子液晶基板玻璃落户厦门。厦门火炬高新区开启集成电路的全产业链布局,总投资62亿美元的联芯集成电路制造项目启动。2016年建成投产全球先进的第六代低温多晶硅显示面板生产线项目计划——厦门天马微电子有限公司二期项目,预计年产值超百亿元。ABB全球最大的工业中心在厦门火炬高新区建设。预计年度总营业收入将超100亿元的清华紫光集成电路产业园将投入运营。

目前,园区大型项目建设进展顺利,建成后将增强厦门火炬高新区乃至厦门市的产业发展动力,新增工业总产值千亿元以上。厦门火炬高新区加快产业平台建设,火炬翔安高新技术产业基地、厦门软件园(三期)和火炬同安高新技术产业基地是厦门火炬高新区未来重点打造的产业新载体。

二、创新投融资渠道,助力中小企业发展

厦门火炬高新区进一步完善科技金融体系,打造海西股权投资中心等科技金融平台。依托海西股权投资中心,多次举办投融资洽谈对接活动,与十几家券商建立战略合作关系,加快企业改制上市进程,助推拟上市企业引进风险投资、战略投资和私募资金。厦门火炬高新区先后成立担保公司、创业投资公司,设立创业投资母基金,为企业提供科技担保、贷款贴息、种子基金、股权投资等多种融资方案。火炬运营中心在高新区海西股权投资中心设立后,为园区内中小科技企业提供定制化金融解决方案,满足企业的融资需求。

2015年3月,高新区企业火炬担保公司正式成为厦门市科技担保贷款合作机构,有效降低业务风险,推动企业优惠政策有效落实,累计为科技型中小企业提供贷款担保1.5亿元。由于科技型中小企业具有技术更新快、产出不确定、缺乏固定资产等特征,园区内此类企业获得融资的难度更大。为解决此问题,火炬担保公司积极开展科技贷款担保业务。对科技局或财政局认定的科技型中小企业、高新技术企业、市"海纳百川"人才创办企业、福建省"百人计划"、国家"千人计划"和留学人员创办企业提供科技贷款担保。

第三节　发展情况

一、科技创新提升产业核心竞争力

厦门火炬高新区面对经济发展新常态，注重从要素驱动向创新驱动转变，让企业成为创新的主角，推动科技创新成为园区经济发展原动力，促进产业核心竞争力提升。园区聚集了一批创新型"小巨人"企业，包括弘信电子、美亚柏科、三维丝环保、清源科技、科华恒盛等，大批高科技产品持续涌现，背光模组、多点触控显示和 TFT 组件封装、互联网监控、显微技术与应用、OLED 显示、电动化空气断路、碳化硅半导体外延晶片、神经生长药物、中文游戏平台、纳米功能材料等众多技术领域不断创新，凸显出旺盛的生命力和良好的发展势头，部分领域居全国甚至全球领先地位。

2015 年，厦门火炬高新区企业加快科技创新步伐，取得一系列创新成果。厦门惟华光能有限公司研制出光电转换效率 19.6% 的钙钛矿太阳能电池，超越了欧日韩等研究所同类型电池转化效率。瀚天天成电子科技有限公司成为中国首家、全球第四家提供商业化 6 英寸碳化硅外延晶片的生产商，完成第一批商业化 6 英寸碳化硅外延晶片订单生产。厦门火炬高新区企业赛凡信息科技（厦门）有限公司建成国内首个"大数据研究实验室"。

二、科技企业创新孵化成效显著

厦门创业园 2015 年初开始大力推动众创空间建设，大力推进大众创业、万众创新。众创空间"芝麻开门创客汇" 2015 年 9 月正式启动，首期建筑面积约 1500 平方米，目前已有 8 个创客项目入驻。厦门创业园拥有在孵企业 700 余家，在科技企业创新孵化方面成效明显，厦门高新技术创业中心和厦门海峡科技创业促进有限公司均获评年度优秀（A 类）国家级科技企业孵化器。

科技创业企业先后从创业园毕业迁出，共涉及 500 多家企业，其中年产值超亿元的企业有 22 家，规模以上企业 120 家。2015 年科技企业加速器二期已竣工并投入使用。厦门高新技术创业中心进一步加快建设科技企业加速器等项目，助力科技企业培育体系构建。目前已培育出威士邦、笔特尔等一批高新技术企业以

及乾照光电、三维丝环保等创业板上市公司。

厦门台湾科技企业育成中心为我国台湾地区科技创新成果转移提供目标明确的商业化、产业化承载平台，为台湾企业家和资本运营机构投资大陆高新技术开辟更广阔的合作渠道，为台湾中小科技企业提供良好的创业发展环境。作为大陆首批"对台科技合作与交流基地"自 2008 年运营以来发展迅速，总建筑面积近 20 万平方米。

第四节　发展趋势

一、地区引领带动作用将不断加强

进入 2016 年，厦门火炬高新区管委会继续深入贯彻落实党的十八大精神，按照打造"新火炬"、建设"特区中的特区"的理念，进一步发挥国家级高新区引领科技创新作用，继续推进将厦门火炬高新区建设成为国家创新型科技园区。

一是继续加大招商引资力度。发挥资源优势和服务优势加大招商，着眼发展高端大力招商。加大对园区优势产业和产业链群的调研分析，开展有针对性招商、精细化招商，多引进一些占用资源少、带动能力强、有关键技术和核心知识产权的项目。

二是继续加大园区平台建设。加快两岸新兴产业和现代服务业合作示范区起步建设，做好园区规划，条件成熟的可以率先启动配套设施建设，力争尽早造声势、出形象。加快推进火炬同安产业基地、火炬翔安产业园、厦门软件园（三期）的征地、土地整理、给排水、供电、道路等一系列工作，着手研究火炬（湖里）总部提升方案，提高现有土地的使用效益。

三是继续加大企业服务扶持。深入了解企业发展需求和面临困难，找出规律和共性，研究制定具有普适性的扶持政策，着重解决企业发展融资、用工、生产生活配套等问题。做细做精重点企业服务，重视对中小型企业、成长型企业的培育扶持，在市场开拓、资金扶持、费用减免等方面尽量给予帮助，形成更加稳定的产业基础和潜在增长点。

二、产业结构将不断优化提升

随着我国经济实力和综合国力的进一步发展，厦门地区也获得前所未有的发展机遇，在中央统一指导部署和地方政府的大力支持下，厦门火炬高新区正着力建设国家创新型科技园区，并日益成为集研发创新、孵化创业和高新技术企业成长于一体的高新技术产业化基地、高新技术创新基地、高新技术企业孵化基地、高新技术产品出口基地以及科技人才和企业家集聚地。

第二十六章 成都高新技术产业开发区

第一节 园区概况

成都高新区筹建于 1988 年，1991 年被国务院批准为全国首批国家高新技术产业开发区，2006 年被科技部批准为全国首批"创建世界一流园区"试点单位，是全国科技和金融结合试点地区、全国版权示范园区、国家高新技术产业标准化示范区、国家知识产权示范园区、全国知名品牌创建示范区，在科技部国家级高新区综合排名中长期稳居第四。其中，98.5% 的国家、省、市监督抽查合格率，较全市平均水平高 4 个百分点。96.5% 的工业产品质量等级品率，较成都市平均水平高 9 个百分点；质量损失率 0.08%，较全市平均水平低 0.5 个百分点。制定国际标准 11 个，占全省 90%；荣获中国政府质量奖提名奖 1 个、标准创新贡献一等奖 2 个；国家行业标准 366 个，占全市三分之一。

第二节 发展特点

一、启动"创业天府"引领工程

成都高新区在财政、金融、技术、人才等方面对区内成长型科技企业提供支持，发布《"创业天府"高新区引领工程方案》，提出打造经济增长新引擎。为此，成都高新区出台"创业十条"，大力支持创新创业活动，明确在资金方面，每年投入不低于 10 亿元的各类创新创业资金，其中各方面的预算资金达到 1 亿元。为此，成都高新区出台"创业十条"，大力支持创新创业活动，明确在资金方面，每年投入创新创业的各类资金不低于 10 亿元，其中 1 亿元专门用于创业服务平台搭建、创新型孵化器聚集、创业活动开展等方面。

在招才引智方面，2014年成都高新区引进海外留学创业人才和创业博士超过200人，给予41名"高新区创新创业人才"3700万元奖励。在创业品牌活动方面，2015年3月29日，成都高新区举行主题活动"创业天府·菁蓉汇"，北京中关村、美国波士顿等地区还举办了系列主题活动。解决企业融资难、融资贵问题方面，成都高新区推出了"成长贷""助保贷""高新创业贷"等创新金融产品，加强相关部门与银行合作，不断创新金融产品，为64家（次）企业发放各类信用贷款2.11亿元，帮助300多家中小企业实现担保贷款18亿元。

二、大项目支撑作用持续显现

2015年，一批国际知名、行业领先的龙头企业和重大项目入驻成都高新区。5月，世界500强企业美国利宝保险、德国巴斯夫、纽奥维特生物科技、贝泰福医疗、澳大利亚沃利帕森、咪咕音乐、振芯科技8个项目落户成都高新区，项目总投资超45亿元。2015年1至10月，成都高新区实际利用外资12.71亿美元，实际到位内资358.27亿元，42个重大项目引进园区。总投资16亿美元的英特尔晶圆集成测试中心、总投资220亿元的京东方第6代新型显示器件生产基地等重大产业化项目进一步深入发展。当前，成都高新区坚持"自主创新、招大引强"两手抓，中韩创新创业园、新川创新科技园和中国生物医药产业园正在加快规划建设，创新集群加快发展，逐步形成国有与民营、本土与外来、国内与国际形成补充、相得益彰，共同构建起全链条生态体系。力争到2025年聚集科技企业20000家，实现总产值15000亿，形成3—5个新的千亿级产业集群。

第三节　发展情况

一、新兴产业增长极作用明显

目前，成都高新区已有103家世界500强企业落户，正全力发展以新一代信息技术、高端装备制造、生物、环保为重点的战略性新兴产业。先后引进了英特尔、德州仪器等全球高科技产业的重大项目，形成了生物医药、生物医学工程两大产业特色。战略性新兴产业集约集群发展态势明显。2015年，战略性新兴产业在规上工业增加值中的比重接近90%。

下一代信息网络产业方面，成都高新区已成为中西部新一代通信技术产业活力最强、企业聚集度最高的区域。以英特尔和德州仪器为代表，总投资超过 30 亿美元。华为研发中心人员规模已超过 8000 人。高端软件和新兴信息服务产业已聚集软件企业 850 余家，成都成为中西部首个、全国第三个"中国软件名城"。电子核心基础产业形成了较为完整的集成电路产业链。

生物医药产业方面，生物医学工程产业拥有国家生物医用材料与医疗器械高新技术产业化基地，拥有国家中药现代化基地等 3 个国家级基地。聚集了西南医用、奥泰医疗、南格尔、迈克生物、双陆医疗、迪康中科等一批重点企业。初步形成了生物技术药物、生物医药服务、现代中药、化学药等特色产业领域。

先进环保产业规划建设了国际低碳环保产业孵化器，可吸纳企业 100 余家，园区企业年总产值将达到 120 亿元。航空装备产业方面，培育出海特等上市企业，聚集了中电科、艾特航空、中航空天基地等重点企业，形成了航空零部件制造、航空电子、航空维修等特色产业。

二、科技服务支撑作用不断深化

成都高新区建成一批相关产业的公共技术服务平台。一批高新技术产业化基地、产学研联盟、高新技术研究院等新兴创新组织。打造"盈创动力"一站式投融资服务平台，打造多元化融资服务体系，涉及天使投资、股权融资、风险投资等。高度重视推进自主创新，构建了较为完整的科技服务体系，涵盖载体、平台、资金、技术、人才、国际化等各个方面。

成都高新区着力打造西部人才特区，成功获批"人才优先发展试验区"，在成都高新区归国留学人员数超千人，在各科技企业、研究机构中从事研发、生产服务的。成都高新区建立全新的干部和行政管理体制，推进规范化服务型政府建设，构建了以三级政务服务、三段式企业服务、一站式呼叫服务为重点的"331"政务服务体系。目前，成都高新区再造政务服务流程，正在积极推进体制机制创新，国内领先的政务服务环境，着力打造与国际惯例接轨、构建未来区域竞争新优势。

第四节　发展趋势

一、创新创业持续推进，带动中西部转型升级

2016 年，成都高新区将建成全国创新创业生态链最为完整的众创空间，在

天府软件园打造全国规模大、孵化能力强、孵化要素全的孵化区域，建设全链条创新创业生态新体系。进一步深化与云南、贵州、西藏等地的经济联系，加强与成德绵乐高新技术经济带和绵阳"中国科技城"的合作。鼓励科研机构与西部地区企业加强技术合作，探索辐射带动机制，实现区域间产业的合理分工与协作配套，积极共建产业园区。

二、产业结构进一步优化，形成多元支撑产业格局

成都高新区将继续优化产业结构，2016年战略性新兴产业目标占比接近90%。目前，成都高新区新一代信息技术占比超过8成。随着近年来成都高新区出台六大产业政策。在战略性新兴产业支持中，宣布每年拿出10亿元，主要支持企业拓展市场、挖潜改造、降低融资成本、做强做大。生物产业产值首次突破100亿元，近年增长超20%。高端装备制造和节能环保产业，虽然占比仍然较小，但增长却很明显。此外，生产性服务业增速超13%，对服务业增长的贡献率达到25%。而整个服务产业增加值则近300亿元，同比增长超10%。未来，园区将力争形成以新一代信息技术产业为主体，多点支撑、多元支撑的产业格局。

第二十七章　南京江宁经济技术开发区

第一节　园区概况

南京江宁经济技术开发区位于南京市江宁区，是国家级经济技术开发区、中央海外高层次人才创新创业基地，是南京地区发展环境最优、建设发展最快、产业竞争力最强的开发区之一，在全省各级各类开发区综合评价中位列第五，在全国 2010 年后新晋国家级的 41 家开发区中位居第一。园区已引进 45 个国家和地区的 2000 多个项目，其中世界 500 强企业 53 家。

第二节　发展特点

一、坚持创新驱动

园区着力将发展重心转移到打造新业态、新平台和新环境上，坚持人才引领、创新驱动，实施引领转型发展的十大行动计划，探索实践"创新驱动、内生增长、绿色发展"的新路子，不断探索推进科技创新、功能创新和体制机制创新，加快打造国内领先的创新型生态化科技产业新城。在电子信息制造业领域，形成了移动通信、平板显示两大产业集群，集聚了群志光电、华宝通讯、爱立信等一批优质企业。同时，软件产业园从无到有，引进甲骨文、中兴软创等软件企业 160 家。

二、拥有丰富人才资源

江宁开发区是全省首个国家"千人计划"基地和首个"万人计划"和留学报国基地，为全省首批"创新型开发区"，目前园区集聚千人计划专家 60 人，省"双创"计划 58 人，"321"计划 228 人，人才集聚度和落户率位居全省前列。江宁开发区范围内累计拥有的"千人计划"、省"双创人才"总量位居全市第一，进入全省前三名。江宁开发区建有江苏软件园、紫金（吉山）科创特区、空港枢纽经济区、跨境电子商务园、综合保税区、九龙湖国际企业总部园等新产业、新经济的孵化、产业化专业功能平台，在与南京大学、东南大学等985院校共建大学科技园。

第三节　发展情况

一、现代产业体系初具规模

园区基本建成以高科技为先导的"2+2+2"现代产业体系，拥有电子信息和汽车制造两大支柱产业、智能电网产业和软件及通信网络产业两大战略性新兴产业以及航空产业和航空指向性产业两大未来优势产业。

智能电网产业领域，园区引进了南瑞集团、西门子、ABB、大全集团等100多家关联企业，其中规上企业55家、上市企业9家，成为国内同级区域企业总量和上市企业最多的地区，产业链完整覆盖发电、输电、变电、配电、用电和调度等六大环节，产业集聚、经济规模、科技创新、市场占有和综合实力位居全国前列，园区先后被批准为"国家级智能电网特色产业基地""智能电网产业集聚发展国家试点"。

软件产业领域，软件产业主要以电力自动化软件、管理软件、通信软件等嵌入式软件为主体，目前已建成软件创业载体57万平方米，集聚双软认定企业达75家，引进微软、IBM、惠普、远景能源、光辉互动等世界500强5家、中国软件百强3个，引进君立华域、第九城市等高增长潜力软件企业103家。通信网络产业领域，目前已集聚由行业顶尖专家领衔的3家核心平台，进驻院士13名、"千人计划"专家15名、科研人员5000多名，引进了中兴通讯、大唐电信等200多家高科技企业，成功搭建了全国首个未来网络小规模试验设施，50多个国际领先成果实现就地产业化。

航空产业领域，园区成立了南京·江宁航空航天产业联盟，由15家政府机构、企业、高校、科研院所发起，已吸引50家航空航天单位加盟。引进了总投资32亿元的中航轻动、美国航空巨头派克、南航大科技园、中航民机产业园等30余家航空企业入驻，项目投资总额超过200亿元，产业集聚度位于全省前列。依托临空优势，大力发展电子商务、航空物流、航空会展等航空指向性产业，总投资

25亿元的空港跨境电子商务产业园加快建设，并成功引进亚马逊、阿里巴巴菜鸟等电商物流项目，将成为一张开放式、社会化智能物流网络，最终实现全国任何一个地区24小时内送货必达。

二、产业结构优化

2015年上半年，江宁开发区9个主要经济指标全部实现两位数增长，位居全省重点开发区前列。其中地区生产总值、规模工业总产值、服务业增加值分别增长11%、12.5%、14.3%，外贸出口也逆势增幅高达9%。这得益于开发区主动调整产业结构。

电子信息是江宁两大传统支柱产业之一，2015年江宁电子信息产业实现产值约600亿元。同时，江宁瞄准"中国制造2025"，扶持企业自动化生产和智能化改造，孵育一大批"行业小巨人"和"隐形冠军"。江宁埃斯顿掌握机器人控制器、核心算法、伺服电机等五大核心部件中4项核心技术，公司产值以几何级数递增。江苏大烨以配电终端和智能化"看门狗"产品，成为配网领域的设备提供商和方案解决商，两年内产值达到2.5亿元。江宁音飞储存公司通过"机器换人"和"互联网+"，成为国内最大的仓储设备企业。

第四节　发展趋势

一、以打造全国领先的创新型生态科技产业新城为目标

智能电网领域，园区将坚持"高技术、高增值、大规模"的发展导向，加大战略新兴产业培育力度，智能电网产业瞄准全国技术创新、标准质量、研发制造、人才培育和应用示范"五大中心"，全力打造国际一流的智能电网产业基地。软件及通信网络产业领域，将加速产业、人才、技术集聚，努力打造独具特色的"软件名城示范区"、全国首个绿色生态软件社区和全国最大、技术最强的无线通信和未来网络产业高地。同时，园区将抢抓南京市打造"中国航运（空）与综合枢纽名城"战略机遇，以打造与国际接轨、国内一流的空港枢纽经济区为目标，以跨境电子商务产业园建设为抓手，加快临空产业集聚，形成未来发展的新支撑。

二、受益于南京枢纽经济

枢纽经济战略是南京抢抓国家战略机遇，发挥城市资源优势、提升城市发展

能级的关键举措,江宁开发区将聚焦枢纽,建设空港、海港和高铁三大枢纽经济区,带动产业转型升级,培育城市发展新空间。同时,紧紧抓住国际制造业向长江三角洲地区转移的契机,全力打造成以汽车制造、电子信息产业等高科技龙头项目和研发中心为重点,二、三产业协调发展,社会文明进步,生态环境优美,基础设施和生活服务设施一流的高科技产业化基地和人居环境优良的新城区。

第二十八章　上海漕河泾新兴技术开发区

第一节　园区概况

上海漕河泾新兴技术开发区于 1988 年经国务院批准成为国家级经济技术开发区，原规划面积 5.984 平方公里，后于 1991 年再经国务院批准成为国家级高新技术产业开发区，2000 年成为 APEC 国际科技工业园区，现规划面积 14.28 平方公里。开发区已建成研究开发、网络运行、金融数据、技术创新等四大中心，另有双优园区、数字园区、国际园区等三大园区正在建设中。目前，开发区已落户中外高新技术企业 2500 多家，其中外商投资企业 500 多家，包括 81 家全球 500 强企业设立的 126 家高科技企业。

目前，上海漕河泾新兴技术开发区已在计算机、集成电路、光电子及通信设备等多个领域具有较大发展，拥有英氏企业、华北科技、中电打印、中晶科技等计算机制造企业，形成集成电路从设计、制造、封装测试到专用设备生产的完整产业链，拥有先进半导体、新进半导体、贝岭股份等芯片生产企业，泰鼎、日冲、IDT、澜起、微开、先驱、新茂、盛扬、百利通、矽映、意法半导体等研发企业，凸版光掩模、液化空气、爱立发封装、爱德万测试、印科防尘罩等组成的配套企业，以及瑞侃电子、安普泰科电子、毕诚电子等元器件企业。

第二节　发展特点

一是以高新技术产业为发展根本。漕河泾开发区坚持引进"高技术、高层次、高投资"项目，坚持统一产业导向和环保要求，经过多年的发展，形成了以新一代信息技术产业为支柱，新材料、生物医药、航天航空等战略性新兴产业为重点的高附加值现代产业集群。

二是高科技、高质量跨国公司研发机构的集聚。漕河泾开发区以资金密集型、人才密集型和技术密集型项目为引进重点。近年来，加快引进跨国公司和国内著名企业的高科技项目及研发机构，提升自主技术创新能力。包括 GE、泰科、朗讯科技、3M、杜邦、飞利浦、爱普生、理光、联合利华、汉高等 40 多家世界 500 强公司在开发区内设立了 60 多家高科技企业和研发机构，科技创新对产业发展促进作用大幅提升，并带动中小企业加快发展。

三是为高科技企业发展持续提供良好的配套服务。漕河泾开发区持续进行投资环境的建设，提升自身服务水平，促进招商引资。开发区重点开展了以"七通一平"为主的基础设施建设及配套设施建设，建立"一站式"服务体系及适合高新技术产业发展的支撑服务体系。当前开发区内各类政府管理机构和服务、咨询等中介机构已达一百多家，包括海关、税务、商检、高新技术企业认定、人才服务中心、留学人员中转站、专利商标事务所、成果转化中心、电信业务受理、开发区企业协会、创业投资公司、工业经济担保公司等，为企业提供了良好的发展环境。另外开发区成立客户服务中心，全天候接受企业投诉；建立企业联络员制度，加强与企业的沟通。"硬件"的建设与"软件"的并行发展，提升园区的核心竞争力，使得漕河泾开发区成为外商投资上海的首选地之一。

四是充分发挥人才聚集优势。开发区周边拥有 20 多所高等院校和 120 多所研究开发机构，依托这些高素质专业人员资源，以及高质量的配套服务设施，形成了科技创新人才高度集聚的产业后生动力，使该区域创新活动活跃，极大提升了以新一代信息技术为引领的尖端创新模式，使产业发展核心竞争力显著增强。

第三节　发展情况

依托地理优势，辅以持续的优惠政策制定，以及产业集群优势，漕河泾开发区逐渐发展为方向正确、产业结构合理的园区。

一是土地资源集约化管理利用。坚持"一次规划、分期实施、滚动开发、稳步推进"的方针，合理利用并科学规划多种配套资源，重点培育和发展以新一代信息技术为代表的高科技产业，不断完善标准化体系，开发区逐渐形成了浦江高科技园、现代服务聚集区、科技绿洲、海宁分区、盐城分区等板块，各项单位土地面积产出指标多年来在全市开发区中均保持领先地位。

二是以绿色、节能为持续发展的根本。开发区持续发展绿色经济，从整体规划、集中建设，完成了一批低碳、节能、环保建设项目。建立上海漕河泾开发区创建国家生态工业示范区，成功实现低碳经济转型，"产业高端、资源高效、生态安全、机制创新"的发展模式初步形成。科技绿洲项目采用国外先进的投资、经营、管理模式，已建成一个高绿化覆盖率、低容积率的花园式科技园区，重点发展信息产业、新能源产业等高新技术产业，主要引进知名科技企业设立总部及研发中心，并提供舒适的办公环境。目前，飞利浦创新园、国家核电、民航凯亚、中电投的总部及研发中心已经入驻一期、二期园区。

三是完善的知识产权建设。目前，开发区拥有国家知识产权示范企业 1 家、上海市知识产权优势企业 2 家、上海市知识产权示范企业 8 家、专利示范、试点、培育试点企业 27 家，开发区的 576 家企业具备研发机构。开发区提供完备的知识产权保护政策，专利申请量稳步上升，远超上海市 10% 的年增长率。开发区于 2014 年被国家知识产权局认定为国家知识产权试点园区。

第四节　发展趋势

一是加快产业转型升级。漕河泾开发区将以提高自主创新能力为重点，持续发展高新技术产业和高附加值服务业。在第二产业的优势基础上，推进第二产业与第三产业的融合互动、并举发展。

二是注重品牌战略。开发区借助自身产业集群优势，引入一大批各行业的顶尖企业，提升了开发区自身的品牌。同时引进国外科技园区的先进理念、规划建设和管理经验，提高开发的科学建设和管理。同时与芬兰坦佩雷、德国海德堡、法国梅朗等 16 家著名科学园区建立了友好伙伴关系。开发区探索形成科学化的、可复制的园区建设、经营、服务和管理规范。在国际上，漕河泾开发区品牌影响力日益提升。

三是优化投资环境建设。开发区注重效率环境和效益环境的并举，成为具有世界一流水准的都市化高科技生态工业园区。提供了完善的"市区联手、区区合作"政府管理服务体系、面向中小科技企业的创新创业服务体系、满足工业厂房管理的物业管理服务体系、"一带三圈五点"为主要构架的商业配套服务体系，投资环境进一步优化。

四是打造区域人才优势。开发区完备的人才服务设施和政策，满足创新型人才高地的建设要求，逐渐成为海内外高层次人才集聚的示范基地。

五是发挥区域辐射和示范。开发区于 2009 年联合浙江海宁经济开发区，完成了漕河泾开发区海宁分区的建设，并重点发展新材料、电子信息、新能源、生物医药等战略性新兴产业；于 2009 年 3 月联合江苏盐城经济开发区，开发了漕河泾开发区盐城分区，致力于发展新能源汽车、新能源装备制造等产业，构建盐沪合作的示范园区；于 2014 年 8 月，与遵义经开区签署合作共建协议，漕河泾遵义分区项目签约启动。

第二十九章　无锡新区

第一节　园区概况

无锡新区位于无锡市东南部，北邻无锡市锡山区，西靠太湖新城，东与苏州市鹅湖接壤，南与苏州隔河相望，是无锡市城区的有机组成部分，东距上海125公里，西距南京183公里，距离江阴港和张家港均为40公里。高新区成立于1992年。1995年，在无锡高新技术产业开发区、无锡新加坡工业园的基础上，成立无锡新区。截至目前，已有近60家全球500强公司投资项目80个。目前，新区管辖无锡高新区、无锡新加坡工业园、无锡出口加工区、无锡（太湖）国际科技园、无锡空港产业园等若干园区，以及两个镇、五个街道，本地户籍及外来人口近60万人，以全市5%的人口和资源消耗、6%的土地，实现了全市17%的财政收入、20%的工业产值以及50%的到位外资和进出口总额。

无锡新区位于长江三角洲核心位置，与周边的上海、南京、苏州、常州等主要城市形成了"同城化"效应。在城际高速铁路的连通下，无锡新区至上海仅30分钟车程，同时它也是全国唯一域内拥有国际机场的开发区。公路交通网四通八达，境内有京沪G2高速公路（北京—上海）、沪蓉G42高速公路（上海—成都）、上海—新疆的312国道等。无锡市一直以来都是京沪铁路动脉上的主要站点之一，无锡到上海的客运时间缩短至30分钟，至北京最快4.5小时，沪宁城际高铁在无锡新区拥有站点。无锡新区距离上海洋山港约210公里；距离上海外高桥港约150公里；距离张家港港口约50公里。无锡市规划建设8条地铁/轻轨，其中4条贯穿新区，与无锡主城区时间距离将缩至10分钟。无锡新区公共交通有限公司于2007年6月成立并投入运营。

经过多年的发展，无锡新区已形成电子信息、精密机械及机电一体化两大产业集群，并成功打造"太湖硅谷""太湖液晶谷"和"汽车零部件产业基地"，集成电路、太阳能光伏、精密机械等制造技术处于国际领先水平，培育了尚德太阳能、永中科技等一批具有国际竞争优势的民营高科技企业，其中高新技术产业贡献份额超过60%。

第二节　发展特点

一是注重发展高端制造业，实现产业转型升级发展。作为主导产业，无锡新区制造业体量规模逐步提升，当前园区规模及以上工业产值已超3000亿元，其中装备制造业产值超过1000亿元，成为国内领先的制造业集群。

二是打造产业集群，构筑竞争优势。壮大产业集群、打造规模产业链是无锡新区建设国际制造业基地，实现"二次跨越"的战略性目标。目前已取得显著的成绩，主要经济指标连续多年保持40%的增幅，在全国国家级高新区中经济发展综合评价居第二位。无锡新区已形成IC设计、制造、测试、封装等完整的集成电路产业链，并且物联网产业规模加速扩容，已集聚企业超千家。

三是经济总量持续提升。新区生产总值增长9%；公共财政预算收入同比增长10.3%；工业总产值完成同比增长3.9%；固定资产投资同比增长16.9%，其中工业投入同比增长15.8%；进出口总额同比增长3.5%。主要经济指标增幅连续九年位列江苏省开发区综合考评第二名，新增挂牌上市企业40家。

四是经济结构持续优化。服务业总收入达到3000亿元，同比增长13.5%，服务业增加值占生产总值比达到35%。总部经济快速发展，经省级认定"跨国公司地区总部和功能性机构"达到13家，社会融资规模达1310亿元。

五是重大项目招引建设成效突出，新兴产业快速发展。全年新批超3000万美元项目18个，"百渠工程"取得丰硕成果，新引进世界500强企业投资项目12个。全区高新技术产业产值1825亿元，高新技术产业占规模以上工业比重达63.5%。物联网核心产业产值突破700亿元，感知猫团产值突破100亿元，M2M技术联合实验室落户新区，生物医药园区综合实力跻身全国前十，集聚世界500强企业总数达到8家。

六是创新型经济持续发力。全年引进各类科技企业超过300家，同比增长

25%，海内外各类创业企业销售总额增长 50%，其中超亿元企业 8 家，超千万元的企业共计 50 家，15 家科技型小微企业成长为规模企业。全年新认定国家级高新技术企业 47 家，累计达到 298 家，市级以上工程技术研究中心达到 231 家．其中国家级 1 家，省级 69 家。全社会研发费用占 GDP 比重预计达到 4.7%。培育引进国家"千人计划"人才 15 名，累计达到 67 名。海外院士项目 3 个，新增省"双创"人才 16 人和省创新团队 3 个。

第三节　发展情况

目前，无锡新区产业集群已具规模，培育发展了海力士、英飞凌、华润等微电子设计制造企业 160 多家，已形成 IC 设计、制造、测试、封装等完整的集成电路产业链。物联网产业被工业和信息化部评价为全国物联网行业技术创新、标准制定、示范应用的"最高地"。智能传感集群同样表现突出，与北京中关村移动互联网等入选首批 10 个创新型产业集群试点单位。2013 年 8 月，国内首个物联网云计算中心（无锡城市云计算中心）在无锡新区投入使用，支持智慧城市、智慧园区、智慧企业系统构建。同时，无锡新区拥有超过 400 家物联网企业，初步形成智能识别、智能通信、云计算和物联网应用服务等四大产业集群。无锡中科光电技术有限公司、富华科技、德思普科技等特色企业均在自身领域颇有建树。目前，无锡在建物联网项目中，投资额超亿元的产业化项目共计 20 项，投资总额 263.9 亿元。此外，无锡新区大力兴建科技公共服务平台，建成的 66 家服务平台涵盖了微电子、物联网、先进制造、工业设计、生物医药等战略性新兴产业领域。科技公共服务平台正逐渐形成推动企业创新的重要力量。各类科技服务平台形成共享、中介、合同制等多种服务模式，通过缩短流程、简化手续、完善手段、提高效率，逐步实现科技资源共享。

第四节　发展趋势

无锡新区注重转型升级，提升经济发展质量，规划建设无锡国家软件园、无锡新区超大规模集成电路产业园、无锡科技创业园、中国传感网国际创新园、无锡生命科技园、无锡高新区综合保税区、无锡新区新能源产业园（无锡光伏产业园）、无锡星洲工业园、无锡传感网大学科技园等九大园区，并将在装备制造业、物联网和云计算、新材料、新能源、生物医药、微电子、软件信息服务等领域重点予以支持和引导。受政策引导和市场驱动影响，产业规模和产业发展质量将进一步提升。

受长江三角洲整体工业环境不断优化、东部沿海地区经济发展日趋国际化影响，无锡新区将在现有基础上继续加快转型，依托新一代信息技术等尖端产业，开展传统产业智能制造改造升级，提升发展质量，并与上海、苏州、常州、南京等地多个重要园区的发展相融合，逐步实现分工专业化、发展系统化、服务平台化等特点，产业核心竞争力显著增强。

第三十章　合肥新站综合开发试验区

第一节　园区概况

　　合肥新站综合开发试验区的前身为合肥新火车站工程建设区，1992年与合肥新火车站同步开工建设，1995年，经安徽省政府正式批准，将合肥新火车站工程建设区设立为省级开发区，新站区由此正式成立。1996年，新站区被国家建设部批准为全国首家城市综合开发试点区。2004年起，新站区全面实施发展战略转变，推动经济结构由房地产为主向以现代商贸业、现代物流业和制造业为主转变，同时财政收入由土地收益为主向工商税收为主转变。在合肥工业立市战略指引下，2006年，新站区进一步调整转型，实施新型工业化发展展览，先后引进京东方、彩虹、长虹、海润、赛维、南车、欣奕华等高新技术企业的核心制造业项目以及法液空、住友化学等全球500强企业投资的配套项目，重点打造新型显示和高端装备制造产业，核心竞争力和产业内生动力逐步增强。

　　2012年，新站区荣获国内唯一的"新型平板显示国家新型工业化产业示范基地"、安徽省唯一的"新一代信息技术国家科技兴贸创新基地"称号。2014年，经国务院正式批准，新站区设立合肥综合保税区，成为安徽省首家综合保税区，2015年正式通过国家验收。目前，新站区辖七里塘、磨店、三十头、瑶海、站北等五个社区（乡镇），面积204.73平方公里，人口约40万人。

第二节　发展特点

　　一是打造高新产业集群，提升核心竞争优势。新型显示产业集群以京东方光电、合肥乐凯、合肥彩虹、鑫晟光电、三利谱、康宁、晶合等骨干企业为核心，着力完善产业链条，同时有约 40 家全球五百强企业陆续入区配套，形成涵盖液晶面板和模组、装备、玻璃基板、掩膜板、偏光片、显示光源、电子化学品、特种气体、整机生产等完整的上下游产业链。

二是核心项目重塑产业发展新格局。2015 年 10 月，合肥晶合晶圆制造项目（一期）在新站区内开工，总投资额 135.3 亿元，该项目的建设将极大提升驱动芯片生产的能力，并将填补国内空白。2015 年 12 月，京东方 TFT-LCD 10.5 代线项目（总投资金额 400 亿元）和康宁液晶玻璃工厂项目（总投资 15 亿美元）在新站区同步开工建设，其中京东方 TFT-LCD 10.5 代线是目前全球尺寸最大、世代最高的液晶面板项目，也在国内单体投资额最大的工业项目。欣奕华智能制造生产基地项目，项目投资金额为 20 亿元，本项目占地面积 120 亩，建设智能制造生产基地，主要实现洁净搬运机器人现代化制造，自主开发控制器实现对机器人搬运动作精确控制，并为客户提供自动上下料、自动仓储、自动包装、成套自动化生产线、标准化计算机集成制造系统等智慧工厂解决方案，以及相关软硬件设计加工和系统集成服务。2015 年度，全区地区生产总值 229.6 亿元，同比增长 13.3%，增速位居合肥市第一；规模以上工业增加值 187.5 亿元，同比增长 19.0%，增速位居合肥市第一；带动全市以新型显示为代表的电子信息产业同比增长 49.7%。

三是科技创新提升产品竞争力。新站区及周边区域内拥有中国科技大学等100 余所高等院校，中科院合肥分院等 500 多个科研院所，50 多万科研人才。2012 年初英国《自然》杂志发布报告，合肥科研实力仅次于北京和上海，居全国第三。在新型显示领域，新站区拥有现代显示技术重点实验室等国家级技术研发平台 10 个，安徽省平板显示工程技术研究中心等省部级平台 20 多个，研发方向涵盖液晶面板、玻璃基板、背光模组、特种显示、触摸屏等新型显示各个产业链环节。

第三节　发展情况

一是新型显示产业蓬勃发展。京东方 TFT-LCD 10.5 代线项目和康宁液晶玻璃工厂项目同步开工建设。作为全球第一条 TFT-LCD 10.5 代薄膜晶体管液晶显示器件生产线，京东方合肥 10.5 代线主要生产 65 英寸以上大尺寸高清液晶显示屏，设计产能为每月 9 万片，尺寸为 3370mm×2940mm，预计 2018 年投产，届时京东方将跃升全球显示行业前三甲之列。2012 年，开发区新型显示产业实现产值 142 亿元，销售收入 136 亿元，税收 5.3 亿元；2013 年，实现产值约 159 亿元，销售收入约 152 亿元，税收 10.6 亿元，利润为 11.6 亿元；2014 年度，实现产值 230 亿元，占全区规模以上工业产值比重达到 35.5%，销售收入 197 亿元，税收 23 亿元，实现利润超 18 亿元。

二是驱动 IC 延伸产业链。合肥晶合晶圆制造项目（一期）在新站区内开工建设，其 12 英寸晶圆代工产品为液晶面板配套驱动 IC，采用 0.15 微米技术生产大尺寸面板驱动 IC，以及 0.11 微米和 90 纳米技术生产中小尺寸面板驱动 IC，一期设计产能为 4 万片 / 月。

三是优化产业项目布局，完善配套。新站区以打造世界级新型显示产业集群为目标，遵循"集聚发展，布局优化"原则，规划近 20 平方公里作为新型显示产业集聚发展基地核心区域，明确发展导向和功能定位，突出集约节约发展理念，实施有序秩序。新站区坚持产城一体、产城融合发展的理念，着力提升基础设施建设，完善城市功能配套，努力将基地建设成为"产业新城"。新站区始终将完善基础设施作为推进基地快发展的中心任务，五年来已累计完成基础设施投资近 200 亿元。基地内道路、水、电、气等基础设施按照规划超前实施。服务业配套水平显著提升，民生设施配套逐步完善；提升综合服务能力，按照政府积极引导、鼓励社会参与的要求，构建高效运转的科技创新和产业发展支撑服务体系。

第四节　发展趋势

一是加快面板项目建设，扶持龙头企业，壮大产业规模。大力扶持龙头企业京东方，充分发挥其带动作用，通过加快核心项目的引进，抢占产业发展的制高点。基地将积极布局更高世代线，建设 10.5 代 TFT-LCD 生产线项目；进一步提升鑫晟光电 8.5 代 TFT-LCD 生产线运营能力；推进鑫晟光电 8.5 代线 AMOLED（EL 先导线）建设，积极开展新产品研发，逐步完善技术储备；继续实施 6 代线柔性化技术改造，扩大产品小型化、高端化比重；建成 OGS 触摸屏生产线，确保产线良品率稳定在较高水平。

二是聚焦产业核心配套，加快完善产业链条。在区内彩虹、乐凯、三利谱等核心配套企业基础上，聚焦玻璃基板、偏光片、驱动 IC 等核心配套，努力在单一环节引进两到三家行业领先企业，打造价值链高端产业，满足本地产业配套需求，并为全国显示产业服务。智能装备领域，建成投产欣奕华机器人、商巨、通彩装备等项目，在实现为京东方国内项目配套的基础上，加大新产品研发，积极扩大国内市场份额。终端产品领域，建成鑫昊 200 万台高速智能生产线并达产；加快合肥惠科年产 3000 万台整机等项目建设进度。启动鑫晟光电年产 1200 台智能整机生产线项目前期工作。

三是加强创新能力建设，完善产业发展环境。加强企业与高校科研院所的合作，支持京东方省级工程研究中心、合肥现代显示研究院、安徽新型显示创新中心加大研发投入，开展关键技术研发，加快掌握低温多晶硅（LTPS）、氧化物半导体（Oxide）背板规模生产技术，突破 OLED 背板、蒸镀和封装等关键工艺。积极谋划推动建设各类国家级技术创新平台，追踪前沿技术，吸引高端人才，形成全球新型显示产业创新源。推进彩虹平板显示玻璃工艺技术国家工程实验室、合肥乐凯高性能薄膜工程技术研究中心建设，加快关键核心配套产业发展。支持企业开展技术创新和专利申请，不断提升专利申请量和授权量。推动专利池建设，加强专利保护与共享。建立新型显示产业创新园，发挥新型显示产业投资基金作用，支持中小企业发展，构建良好的产业生态，促进产业链上下游联动发展。

第三十一章　杭州国家高新技术产业开发区

第一节　园区概况

　　杭州国家高新技术产业开发区建于 1990 年 3 月，1991 年 3 月经国务院批准成为全国第一批国家级高新技术产业开发区，是浙江省第一个国家级高新技术产业开发区，规划面积 11.44 平方公里。1996 年 12 月，国务院批准设立滨江区，1997 年 6 月，滨江区正式挂牌成立，面积 73 平方公里，下辖 3 个街道，现有 40 个社区、7 个行政村，人口 31.9 万。2002 年 6 月，杭州市委市政府对高新区、滨江区进行管理体制调整，实行两块牌子、一套班子、全交叉兼职。管理体制调整后的两区合二为一，简称高新区(滨江)。2009 年杭州市委市政府再次做出调整，将萧山临江围垦区内滨江区所属约 8 平方公里土地经置换整合成高新区江东科技园，从而形成了目前高新区（滨江）"一体两翼"的格局。目前，高新区（滨江）已相继被国家各部委确认为国家通信产业园、国家软件产业基地、国家软件出口创新基地、国家集成电路设计产业化基地、国家动画产业基地、国家留学人员创业园、中国服务外包城市基地（示范区）、中国软件出口欧美工程试点基地。高新区正逐步成为浙江省最有影响的科技创新基地、高新技术产业基地。2015 年 9 月 6 日，国务院正式批复同意杭州建设国家自主创新示范区，而杭州高新区（滨江）正是杭州建设国家自主创新示范区的主阵地。

　　杭州高新区（滨江）一直坚持"发展高科技、实现产业化"的发展理念，通过发挥体制、机制、管理、服务、区位等优势，吸引创新资源，优化创新环境，大力发展高新技术产业和战略性新兴产业。2015 年前三季度，全区 GDP 增幅保持在 13.2%，信息技术产业实现营业收入 1157.8 亿元，同比增长 23.6%，206 家规模以上工业企业累计实现工业总产值 823.2 亿元，同比增长 11.5%。2015 年上半年网络信息技术产业实现营业收入 728.3 亿元，增长 22.6%，其中信息软件、物联网、安防、电子商务产业分别增长 27.2%、17.9%、21% 和 68.4%。高新技术产业增加值占规模以上工业增加值的 94.3%。

第二节　发展特点

一、"大众创业、万众创新"气氛浓厚

2015 年是"大众创业、万众创新"元年，在政府的不断推动和企业的积极响应下，"双创"氛围日益浓厚。高新区在"大众创业、万众创新"方面也做了积极而有效的探索。2015 年 9 月 19 日，杭州瑞德设计股份有限公司在白马湖畔正式启动开源创新互联网服务平台"创客梦工厂"。通过创客梦工厂平台，企业可以发布合伙创新项目，并通过项目约伴的方式聚合技术、设计等合作伙伴，组成项目团队。创客们也可以自己发起项目召集令，通过远程协同的方式一起工作完成创新方案，共同实施项目，分享项目长期带来的收益。为更好地推动创客项目的商业价值实现，创客梦工厂与淘宝众筹正式达成"淘梦成真"战略合作，将为优质创新项目孵化提供众筹入口。另外，创客梦工厂还可与国内外投资机构联合成立创客投资基金及项目投资基金，为创新项目发展提供一站式服务。

二、人才集聚效应逐渐形成

目前，高新区（滨江）已经成为高学历、高层次和留学归国人员的集聚地。2015 年前三季度，全区累计引进人才总量 17362 人，拥有国家级"千人计划"人数 54 人，同比增长 35%，拥有省级"千人计划"人数 96 人，同比增长 24.7%。全区人才资源总量达 19 万人，其中留学归国人员 5000 余名。组织实施九批海外高层次人才引进"5050 计划"，累计征集项目 1126 个，465 个项目入选，已有 220 个项目正式落地。建有 1 个海创基地、2 个大学生创业园、300 余个大学生实习基地。

三、创新平台建设取得突破

2015 年，高新区积极推进政府主导的创新平台建设，设立软件开发工具创新服务平台等 6 个公共技术平台、行政服务中心等 4 个公共服务平台，组建了

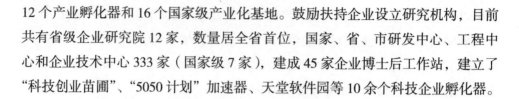

12 个产业孵化器和 16 个国家级产业化基地。鼓励扶持企业设立研究机构，目前共有省级企业研究院 12 家，数量居全省首位，国家、省、市研发中心、工程中心和企业技术中心 333 家（国家级 7 家），建成 45 家企业博士后工作站，建立了"科技创业苗圃"、"5050 计划"加速器、天堂软件园等 10 余个科技企业孵化器。

四、骨干企业竞争力持续提升

2015 年，高新区骨干企业业绩良好，竞争力持续提升。其中海康威视连续四年在全球 CCTV 以及视频监控设备市场取得第一的市场占有率。据 IHS 报告显示，海康威视在全球网络视频监控设备市场的份额达到了 18.9%，在多个类目中均排名第一。在近日公布的中国制造业企业 500 强榜单中，高新区企业大华股份首度入围中国制造业企业 500 强。除此之外，高新区企业阿里巴巴（中国）有限公司、网易（杭州）网络有限公司、浙江生意宝网络有限公司、网易无尾熊（杭州）科技有限公司、华数数字电视传媒集团有限公司、浙江一达通企业服务有限公司等 38 家企业入选中国（杭州）跨境电子商务综合试验区首批试点企业。

第三节　发展情况

一、创新投入持续增加

为增强高新区企业科技研发能力，2015 年继续加大创新投入。高新区近五年累计研究与试验发展经费投入达 307 亿元，占地区生产总值的比例始终保持在 14% 左右，遥遥领先于全国国家级高新区，投入强度分别为全省、全市平均水平 8.6 倍和 5.2 倍。投入的增加也带来了丰硕的成果：在近日揭晓的浙江省 2015 年度创新型试点城市（县、区）测评结果中，高新区位列 37 个试点县（市、区）榜首，这也是该区继全省 90 个工业强县（市、区）排名第一后，再次获得全省第一。这也是继 2014 年在全省评比获得第一的好成绩后，再次蝉联第一。

二、创新能力显著增强

经过不懈努力，高新区创新能力显著增强。目前，杭州高新区（滨江）创新能力居全国高新区第 4 位。共集聚国家"863"成果转化基地 2 家，荣获国家科技进步一等奖 1 项、二等奖 25 项，2014 年专利申请量 6479 件，授权量 4218 件；其中发明专利授权量达 936 件。3 项专利获第十六届中国专利奖，万人拥有发明专利授权量 39 件，列浙江省第一。企业承担的国家核高基重大专项占杭州市的 100%、浙江省的 70%；承担的国家高技术产业化项目占杭州市的 50% 以上、浙江省的 30%。承担国际标准制（修）订并发布 13 项，占全省 54%；承担国家行业标准制（修）订并发布 343 项，位居浙江省前列。被认定为首批国家知识产权示范园区、国家专利导航产业发展实验区。被评为全国科技进步先进区，科技综合水平连续 8 年蝉联浙江省第一。

三、高新重点项目集中开工

2015 年，高新区努力打造高新技术产业高地，致力于构建物联网产业以及互联网产业智慧经济新格局，进而推动杭州智慧经济建设。12 月 17 日，矽力杰、搜房网、联吉科技等 6 个重点产业项目集中开工建设。此次开工的 6 个项目，总投资达到 16.3 亿元，而用地仅为 109 亩，在"亩产经济"更被看重的背景下，信息产业已成高新区经济保持两位数增长的主要动力。除此之外，2015 年，海康威视三期、网易二期、阿里巴巴二期相继破土动工，全区 20 个智慧信息产业项目总投资超过 106 亿元。

第四节　发展趋势

一、继续坚持"高"和"新"的产业发展方向

2016 年，高新区将继续把"高"和"新"作为产业发展方向，大力发展高新技术产业和战略性新兴产业，打造了从关键控制芯片设计，到传感器和终端设备制造，到网络通信设备、信息软件开发、物联网系统集成以及电子商务、金融服务、智慧医疗等运用，再到网络运营服务、大数据平台的全产业链和技术体系，继续培育阿里巴巴、华三通信、海康威视、大华股份、中控集团、聚光科技等骨干龙头企业，以此引领和带动杭州乃至浙江转型升级和产业结构调整。

二、抢抓机遇实现高新区的再次跃升

2015 年 9 月 6 日，国务院正式批复同意杭州建设国家自主创新示范区，而杭州高新区（滨江）正在成为杭州建设国家自主创新示范区的主阵地。目前，高新区已经出台了包括产业发展、孵化器建设、众创空间建设、社会民生、教育等领域的"三年行动计划"。而国家自主创新示范区的批复，为高新区（滨江）实

施行动计划、推进"三次创业"提供了绝佳的机遇。因此，高新区将把握好当前战略机遇期，紧紧围绕杭州国家自主创新示范区和中国（杭州）跨境电子商务综合试验区两区叠加、"中国制造 2025"和"互联网+"两大国家战略实施的历史机遇，在园区建设、产业结构调整、产城融合、智慧经济等方面积极谋划，推动高新区建设进入新的发展阶段。

第三十二章　张江高科技园

第一节　园区概况

张江高科技园区创建于 1992 年 7 月，是国家级的重点高新技术开发区，也是上海浦东新区四个重点开发区域之一。自 1999 年上海市委、市政府提出"聚焦张江"战略以来，张江高科技园区进入了快速发展阶段，园区范围也在不断扩大。2010 年，上海康桥工业园和国际医学园区相继划入张江高科技园区；2012 年，上海周浦繁荣工业园划入张江高科技园区。目前，张江高科技园区地域总面积约 79.9 平方公里，下辖张江核心区 40 平方公里、康桥工业区 26.88 平方公里、国际医学园区 11.78 平方公里以及周浦繁荣工业园 3.77 平方公里。2014 年 12 月 29 日，国务院决定将上海市自贸区扩区至张江片区，这为张江高科技园区带来了新一轮的发展机遇。

经过二十余年的发展，张江高科技园区形成了生物医药创新链、集成电路产业链和软件产业链的三大主要产业链。目前，园区建有国家上海生物医药科技产业基地、国家集成电路产业基地、国家"863"信息安全成果产业化（东部）基地、国家半导体照明产业基地、国家信息产业基地、国家文化产业示范基地、国家网游动漫产业发展基地、国家软件产业基地、国家软件出口基地等多个国家级产业基地。在科技创新载体建设方面，张江高科技园区拥有多种模式和类型的孵化器，建有国家火炬创业园、国家留学人员创业园等孵化园区。目前，张江高科技园区正向着世界级高科技园区的愿景目标阔步前进。

第二节　发展特点

一、政府大力支持推动产业创新和集群发展

张江高科技园区制定了具有前瞻性的发展战略规划，逐步明确了创新集群的发展方向。通过规划引领指导，张江高科技园区得到快速发展，自主创新能力得到极大提高，特色产业也呈现出集群特征。园区的主导产业、机制创新和创业文化等张江特色也在不断摸索中形成。同时，张江高科技园区出台土地和资本的大量投入及多项优惠政策，推动了创新集群效应的快速形成。

二、政府和市场相结合的管理机制推动创新发展

上海市政府出资成立张江集团作为推动园区开发建设的载体从高科技园区成立之初便开始探索政府支持和市场运作相结合的管理模式。同时，形成了多样化、多元化的创业孵化器以及国家火炬创业园、国家留学人员创业园等创业园区，这些都形成了张江特色，从不同角度有效促进了园区产业的发展。

三、产业链招商模式推动产业集聚

张江高科技园区确立了以"人才培养—科学研究—技术开发—中试孵化—规模生产—营销物流"为主的产业链的招商模式。例如，在集成电路方面，在引入中芯国际、华虹宏力两大芯片制造企业的同时，还推动集聚了150余家芯片设计企业、10余家封装测试企业以及30余家设备配套企业，企业总数超过200家，形成了包括集成电路设计、制造、封装、测试等在内的国内最完善、最齐全的产业链布局。

第三节　发展情况

一、电子信息领域形成三大传统特色优势产业

电子信息产业是张江园区主导产业之一，涵盖集成电路、软件与信息服务、光电子、消费电子终端、文化创意等。其中，集成电路领域，形成了包括设计、制造、封装、测试、设备材料在内的完备产业链条，集成电路产值约占全国的1/3。软

件领域，聚集了包括宝信软件、美国花旗、印度 INFOSYS、TATA 等在内的大批国内外知名软件企业、研发机构，全球软件企业 30 强中有 8 家、中国软件企业 100 强中有 11 家先后在张江高科技园区设立了研发中心。文化创意领域，以创意设计、数字出版、网络游戏以及动漫影视为产业特色，集聚了炫动卡通、盛大文学、Electronic Arts（美国艺电）、Blizzard Entertainment（暴雪娱乐）、沪江网、聚力传媒、河马动画等一大批国内外知名文化创意企业。

二、以物联网和传感器为代表的新兴产业实现快速发展

目前，张江高科技园区已是上海物联网产业集聚程度最高的区域，在传感层、网络层和应用层这三大物联网产业层面均具备了雄厚的基础。在传感层，张江高科技园区成为全国唯一的"国家射频识别产业化基地"；在网络层，张江及周边区域聚集了中兴通讯、IBM、上海贝尔等全球先进的物联网传输设备制造业产业群；在应用层，张江软件园拥有宝信软件、九城、盛大网络、上海亿通国际、上海移动、上海电气等在物联网产业应用领域领先的系统集成企业。张江高科技园区正在加快物联网产业核心基地的开发建设，2015 年张江高科技园区物联网产业规模达到约 500 亿元，2020 年预计将达到 1000 亿元。

三、电子信息领域新技术、新产品、新业态不断涌现

2015 年 4 月，PPTV 推出基于 Android 系统进行深度优化、个性定制、自主开发的智能电视系统 PPOS，推动建设开放、可持续的电视生态系统。2015 年 6 月，创领心律管理医疗器械（上海）有限公司建设的中国首条国产心脏起搏系统生产线在上海张江高科技园区落成，这将彻底改变心脏起搏器被进口产品垄断的局面，实现中国人造"中国心"的梦想。

第四节　发展趋势

依托张江园区产业发展的良好基础，并结合当今产业边界越来越模糊，产业间互相融合、复合的趋势，未来，张江高科技园区将着力打造两大产业：一是"医产业"，涵盖医药、医疗、医械、医学的医疗健康产业；二是"e 产业"，基于互联网和移动互联网的互联网产业。其中，"医产业"不仅将传承张江在生物医药、

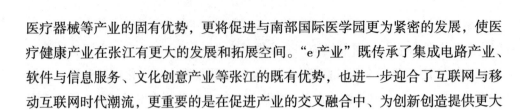

医疗器械等产业的固有优势，更将促进与南部国际医学园更为紧密的发展，使医疗健康产业在张江有更大的发展和拓展空间。"e产业"既传承了集成电路产业、软件与信息服务、文化创意产业等张江的既有优势，也进一步迎合了互联网与移动互联网时代潮流，更重要的是在促进产业的交叉融合中、为创新创造提供更大的可能。

企 业 篇

第三十三章　计算机行业重点企业

第一节　联想集团有限公司

一、总体发展情况

2015/16财年，联想集团Q2（自然年二季度）营业收入为121.5亿美元，同比增长16%，低于上年同期2个百分点。其中，联想PC业务收入154.25亿美元，同比下滑了9%。终端方面，由于对摩托罗拉移动整合过程中，联想丢失了一些智能手机的市场份额，因此，2015年第一季度仅销售1620万部智能手机，其中摩托罗拉智能手机仅为590万部，销量下跌31%；Strategy Analytics的研究报告显示，第三季度联想集团全球智能手机市场份额下滑至5.3%，低于上年同期的7.6%。上半财年，联想个人PC销售2850万部，同比下降6%。但由于PC市场的不景气，全球市场整体下滑了12%，因此联想PC市场份额反而增至21.2%。

二、企业发展策略

（一）市场战略

在完成对IBM x86服务器业务并购后，联想企业级市场表现不错。财报显示，包括收购的IBM Think服务器及System X业务，联想企业级业务收入达到了22.54亿美元，同比增长563%，增长态势迅猛。

联想集团积极部署硬件、软件和服务的战略调整。目前，联想的PC业务、智能手机业务和x86服务器业务挺进全球前三，在中国市场上，联想PC业务在2015年市场份额接近40%，创下新高。在智能手机方面，联想收购摩托罗拉后，已回归中国市场，与京东合作的乐檬成为爆款。x86服务器的市场份额第一，达到 21.5%。杨元庆表示，要利用规模和效率寻求新的发展机遇，要从 PC 端逐渐转移到移动领域，从前端智能设备扩展到后台基础设施，最后重点打造云服务业务完成联想产品体验生态链。杨元庆要求，2015 年联想 PC 销量要达到 7000 万台，中国市场 PC 业务份额要达到 40%，营业额达 100 亿美元。服务器市场份额达 25%，营业额要达 15 亿美元。

（二）产品战略

2015 年 5 月 28 日，联想集团于北京发布了全新企业品牌标识以及智能手机、智能手表、物联网产品等智能硬件产品。11 月 9 日，联想举行了 YOGA 新产品发布会，一口气发布了三款产品，分别为 YOGA Tab 3 Pro，YOGA 4 Pro 和 MIIX 4，正式将 YOGA 作为子品牌。

对于 Yoga PC 品牌的战略，联想是希望使它能更加轻，更加薄，更加智能。尤其是希望 Yoga 能在各种不同价位上为消费者提供产品，它有各种价位的不同产品来适应消费者，就像所有 Yoga 的主题，就是 Adapts to you，专门为消费者设计的，适合消费者的。目前，联想启用新品牌的战略目的是为用户提供"设备＋服务"的 IT 厂商，并为联想集团提供新一轮的增长动力和增长空间。

第二节　浪潮集团有限公司

一、总体发展情况

2015 年，浪潮集团市值达到 342 亿元，是去年的两倍。第三季度，浪潮服务器产品出货量 88625 台，市场占有率达到 14.7%，位居中国第三，同比增长 17.66%，排名仅次于联想和戴尔，高于惠普和华为。营收方面，第三季度浪潮收入 3.265 亿美元，同比增长 30.48%。

二、企业发展策略

（一）产品战略

2 月 4 日，浪潮召开整机柜服务器 2015 年度产品发布会，会上浪潮发布了协处理加速服务器、高温耐腐蚀服务器、高密度计算服务器、高性能存储服务器以及液冷存储服务器等在内的五大整机柜产品系列。此五大系列 SmartRack 产品分别为面向新风数据中心（自然风冷数据中心）的高温耐腐蚀整机柜服务器，面向人工智能、深度学习的协处理加速整机柜服务器，面向热数据处理、搭载 SSD 硬盘的高性能存储整机柜服务器，面向大数据存储、社交网站的冷存储整机柜服务器，以及面向云计算、虚拟化的高密度计算整机柜服务器。五大产品系列的发布，也使得浪潮构建起了齐全的整机柜服务器产品阵列。五个产品系列分别对应五个不同的方向，有针对 HPC 高性能计算的、有面向高密度计算的、有主打存储的、有耐高温的，可见浪潮对于 SmartRack 的定位已经不简简单单是服务器之外的产品补充，而将作为一个主打产品来推向更广泛的市场。同时，2 月 4 日也是浪潮 SmartRack 第 50000 个节点正式下线的日子。

（二）市场战略

2015 年，浪潮提出"计算 +"的战略。浪潮提出"计算 +"背后有一个重大原因，是浪潮不满足做单个硬件产品提供商或者是产品解决方案商，而要更加强化其 IT 基础设施整体解决方案能力。IT 基础设施供应商就是底层架构，包括服务器、存储、数据中心等硬件设施。浪潮的"计算 +"指向新型数据中心架构，为企业业务提供强大的计算能力，加上分析软件，形成其他信息，为信息使用者服务。浪潮在后端提供强大的计算能力，前台有不同的表现形式，这就是"计算 +"的本意。与其他厂商相比，浪潮信息有两个无法取代的核心产品，K1 和 SmartRack。K1 是纵向集成的代表，为关键主机系统，SmartRack 是横向集成的代表。

浪潮正在加快构建生态圈。目前，浪潮合作伙伴数量近 7000 家，同比提高 40%，激活率超过 70%。其中，具有集成资质的增值合作伙伴占到 65%，行业软件开发商 ISV 超过 700 家，全国方案百强商有 80 家。

（三）创新战略

2015 年 12 月 29 日，浪潮推出云操作系统云海 OS V4.0，该操作系统基于 OpenStack 架构，旨在构建符合市场趋势和用户需求的融合架构数据中心。同时，浪潮启动了面向云计算生态的云图计划，目前 Mirantis、阿里云、亚信安全、七牛在等近二十家企业成为首批成员。云图计划从技术整合、解决方案开发和本地安全服务三个领域入手，协同构建融合、开放、安全、共赢的云生态版图。据了解，云图计划的技术合伙人计划指向领先的软件、硬件、SaaS 服务商，通过开放 API 接口、产品互兼容联合认证开发，为用户打造最广泛的异构硬件资源池及虚拟化资源池，帮助用户搭建起"高可靠互兼容"的"混合云"；方案合伙人计划联合行业 SI、ISV、安全厂商，交付行业整体解决方案及行业应用，结合浪潮在政务云、行业云多年的理解及应用，一同为用户提供个性化开发及支撑；服务合作伙伴计划将依托浪潮各地的分支机构、SI 及区域合作伙伴，联合为用户提供云计算本地化可持续的服务。

第三节　曙光信息产业有限公司

一、总体发展情况

2015 年上半年，中科曙光实现营业收入 12.7 亿元，同比增长 21.69%，净利润 0.36 亿元，同比增加 53.64%，增长显著。第三季度，曙光服务器出货量 62315 台，同比增长 15.39%，排名国内市场第六；服务器市场收入 2.236 亿元，同比增长 30.97%。中科曙光已经连续六次蝉联中国高性能计算机 TOP100 市场份额第一。

二、企业发展策略

（一）市场战略

在联想收购 IBM 的 x86 服务器业务的背景下，曙光积极优化自身的业务结构。3 月，中科曙光发布了"数据中国"战略，旨在充分发挥公司既有的 ICT 硬件研发、生产、制造等领先优势，将公司优势资源向云计算、大数据等领域注入，形成以"云计算＋大数据"的全新服务计算体系。11 月 27 日，在"2015 年度中国品牌新锐榜"中，中科曙光成功入围。曙光坚持开放合作的市场战略，先后与英特尔公司联合创办了"MIC 应用程序优化联合实验室"，与红帽公司共同布局开源解决方案，与中科院计算所、英伟达公司共建深度学习联合实验室，合作开发深度学习一体机等产品。

（二）创新战略

曙光公司积极迎合市场变化的需求，成功研制出我国第一款全浸没式液冷服务器"PHPC300"，具有明显的节能降耗等优点。7 月份，曙光在北京举办了"2015 中科曙光技术创新大会"，展示了在云计算、大数据、高性能计算、自主可控等众多关键科研领域的前沿技术与创新成果。在大会上，曙光发布了解读地球计划、全新架构的高性能计算机——硅立方（Silicon Cube）、国内首款规模化量产的液冷服务器 TC4600E-LP、龙芯系列产品、龙安联盟首台一体机产品、XSystem 深度学习产品、曙光高端服务器、曙光高密度存储服务器、曙光云就绪 Stack 系列产品家族等一系列新产品。

第四节　华为技术有限公司

一、总体发展情况

2015 年上半年，华为实现营业收入 1759 亿元，同比增长 30%。第三季度，华为实现 x86 服务器市场出货量 79387 台，同比增长 35.03%，实现收入 2.521 亿美元，同比增长 59.11%，收入增长速度仅次于惠普。

二、企业发展策略

（一）市场战略

在激烈的市场竞争下，华为服务器业务秉承创新与开放的战略，正在瞄准高价值行业市场。市场研究机构 IDC 的研究数据显示，华为服务器在全球服务器市场中连续八个季度排名市场第四，表明华为在服务器领域取得了不小成功。华为服务器继续聚焦高性能、高可靠性、技术领先、产品的研发上。华为将重点研发两类高密度服务器产品：一类是超融合基础设施 FusionCube 系列，强调部署简单、快速，维护方便；另一类是面向大规模云数据中心的低能耗、高计算密度服务器，主要以刀片式和高密度服务器为主。

（二）创新战略

12 月，华为关键业务服务器和新一代高端存储亮相"世界互联网大会"。在大会上，华为展示了基于开放 x86 架构的 KunLun 关键业务服务器，这是中国首台 32 路 x86 关键业务服务器，其业界领先的性能和可扩展性，以及最高级别的 x86 服务器 RAS 特性，有力保障了关键业务系统高效、可靠运行，提升关键业务处理的计算经济效益，成为替换小型机的不二之选。另一明星高端产品——新一代高端存储 OceanStor 18000 V3，在架构、软件、方案可靠性设计方面不断创新，并在企业级数据中心核心数据存储方面被广泛应用，其全球领先的业务永续、弹性高效和面向未来的融合能力，使其成为税务、海关、金融、能源等重要领域的关键业务主存储，可以为客户提供安全可信、弹性高效的数据存储服务。

第三十四章　通信设备行业重点企业

第一节　华为技术有限公司

一、发展情况

2015 年，华为预期全年实现销售收入约 3900 亿元，研发投入约 500 亿元。过去一年，华为的运营商业务、企业业务、消费者业务三大业务表现尚佳，尤其是消费者业务在智能手机市场的持续强劲。2015 年华为运营商业务收入达到 1921 亿元（310 亿美元），同比增长 16.4%；企业业务收入达 194 亿元（31 亿美元），同比增长 27.3%；消费者业务收入达 751 亿元（121 亿美元），同比增长 32.6%。

华为企业业务受益于云计算、敏捷网络等主力产品和解决方案在全球智慧城市、金融、ISP 等领域的广泛应用，开始加速增长。消费者市场同样快速增长，华为将不断增强产品能力，并且持续扩展渠道。在运营商业务方面，中国 4G 网络建设和全球网络容量投资的持续提升，以及运营商数字化转型驱动的 ICT 产业投资，保障了华为运营商业务持续而稳定的增长。2015 年，华为消费者业务集团取得强劲业绩表现及同比快速增长。华为在全球市场取得快速发展，同时成为了中国顶级智能手机品牌。华为在 2015 年的智能手机全球出货量达到 1.08 亿部，相比上一年增长了 44%，全球市场份额第三。除了在中国市场取得突破之外，华为在全球市场也大获成功。在西欧，华为在高端智能手机市场的份额（手机售价介于 400—500 欧元）取得骄人业绩，而且公司在西班牙、意大利、比利时、瑞士、葡萄牙及多个其他国家的市场份额均排名前三。

二、发展策略

三大业务部门协同前进。2015年，依托芯片设计、系统集成、软件与云计算、大数据、4G/5G通信等多方面的技术积累，华为的三大业务部门齐头并进。在运营商业务领域，华为将通过软件和服务创造更大价值，以准确定位实现战略增长。在企业业务上，其可参与的市场空间到2018年将达到1500亿美元，在该领域拥有强劲的竞争力和庞大潜力。在消费者业务方面，华为已经在全球各地设立了研发中心，不断增强产品能力，积极扩大旗下的终端业务和规模，持续扩展渠道。

华为的业绩可归因于其在创新和研发方面的大力投入。华为在中国、德国、瑞典、俄罗斯和印度等国家建立了16个研究实验室。2014年，华为将其年收入的14.2%投入到研发中，同时获得76687项专利，其中18000项应用于华为终端。华为已将其自主研发的创新成果应用于其最新的产品，使得用户获得卓越的终端体验。例如，华为在过去三年投入了9800万美元资金，并在法国成立了一支研发团队，为Mate8打造首个由华为开发的ISP。这使得用户能够借助更快的对焦、增强的清晰度和更精准的色差拍摄更高质量的照片。此外，Mate S中推出的Press Touch技术打破了二维触摸屏控制传统，并开启人机交互新时代。而且，华为的Fingerprint 2.0（指纹识别2.0）技术将身份识别速度提高了一倍，Knuckle（指关节）操作备受用户青睐。

第二节　联想集团有限公司

一、发展情况

财报显示，联想集团2015年第四季度实现营收129亿美元，同比下滑8%；净利润3亿美元，增长19%。其中，移动业务当季营收32亿美元，同比下滑4%，税前亏损3000万美元，联想移动营收在集团占比继续上升为24.8%。联想指出，如果不包括此前并购带来的相关支出，当季移动业务实现了运营利润，完成了此前扭亏为盈的目标。当季联想智能手机总销量2020万部，同比下滑18%。在中国以外市场，联想智能手机销量同比增长15%，尤其是在印度和印尼等新兴市场。在印度市场，联想已经成为销量第三大手机厂商。根据联想财报，海外市场在联想移动整体销量的占比从上个季度的75%增长至83%，而上年同期则为59%。造成联想智能手机在中国市场失利的原因有：一是三大电信运营商消减了营销费用，包括对合约机补贴的减少，二是国内市场饱和，联想技术推进遭遇瓶颈，三是互联网手机品牌加入竞争，个别厂商不以健康经营为目的，只为销售数量的做法侵蚀了联想的原有市场，再加上库存太多，联想手机业务风光不再。

二、发展策略

海外市场成为联想手机业务主要增长点。联想继续坚持并购消化吸收策略，收购摩托罗拉后，借助丰富的专利组合和知识产权在海外市场尤其是成熟市场开展业务。

联想开始走精品策略，减少机型。2015年11月，在发布新旗舰手机乐檬X3系列时，联想明确今后手机产品将保留乐檬与摩托罗拉两个品牌，这意味着VIBE品牌将被取代。这一方面是因为长期以来，联想手机品牌混乱，产品型号多，子品牌也杂乱无章。联想需要厘清产品线，确定明显的品牌形象，走精品化路线，摆脱定位中低端、采用机海战术、运营商渠道机的品牌形象，借由MOTO和乐檬两个品牌发力。按照计划，乐檬产品定位在3000元以下，而摩托罗拉产品的定价区间则从1500元到5000元。另外，乐檬品牌也分两个系列，K系列针对千元机和600元以下市场，而X系列则布局2000元以上市场。

第三节　北京小米科技有限责任公司

一、发展情况

小米公司成立于2010年，是一家在智能手机、互联网电视领域具有自主研发实力的创新型科技企业。根据市场调研公司Canalys的数据，2015年第三季度，小米在中国的智能机出货量同比下滑8%，这也是首次出现下滑。另外一家调研公司IHS认为，小米第三季中国智能机出货量同比下滑3.9%，勉强维持住了对于华为的领先优势。小米进军海外市场的表现未达预期，尽管官方宣称印度市场销量已过300万台，但相比较华为海外出货量占据一半的成绩，小米的海外拓展不力。受限于专利和产能等因素，小米想短期内依靠海外销量反哺总量也不太可能。此外，小米的线下渠道成为发展短板。目前国内手机市场的剩余上升空间集中在五线、六线乃至农村市场，华为、OPPO和vivo等具有线下优势的厂商早已准备就绪，小米仍过度依靠线上渠道。小米的品牌势能仍未形成，目前仅靠一些小米周边生态所推出的高性价比产品，如小米手环、路由器等等去拉用户冲业绩。小米仍未摆脱低端品牌的形象，在国内智能手机增速放缓以及华为、魅族、乐视等竞争对手的崛起的背景下，小米生态圈的吸引力大幅下降。

二、发展策略

小米 2015 年试图向高端价位进发，但成绩不佳。在年初就发布了小米 note，标配版本售价 2299 元，顶配版本售价 3299 元。然而小米 note 的市场反响并不如人意，先后发布标准版、竹制版、女神版、顶配版、顶配全网通版等 7 个版本，并在传统手机销售旺季的金九银十期间采取降价措施。小米选择将产品退守至 2000 元价位。此外，受智能手机市场增速大幅放缓的影响，小米的高速增长期进入尾声。

第四节　中兴通讯股份有限公司

一、发展情况

由于在产品及营销方面的持续投入与改进，2015 年，中兴在向消费者品牌转型中收获颇丰，首度跻身"最具价值中国品牌 100 强"（BrandZ Top 100），位列第 48 位。2015 年中兴终端服务 150 多个国家，海外收入超过 70%，在美国、俄罗斯、印尼、土耳其、澳大利亚等大国进入行业前五。2015 年，中兴终端在亚太市场的智能手机出货量增长 120%，超过预期目标。据报告显示，海外收入占比最大的中国品牌 20 强中，中兴排名第二。按照第三方资讯公司 Strategy Analytics 公司数据显示，中兴在 2015Q3 属于全球 TOP 5 LTE 智能终端厂商。

中兴通讯 2015 年营收 1008.25 亿元，较上年增长 23.76%，归属于上市公司普通股股东的净利润为 37.78 亿元，较上年增长 43.48%。2015 年度中兴通讯实现了营业收入及毛利的双重提升。运营商网络方面，随着国内外 4G 项目的建设，4G 系统设备营业收入和毛利均增长，此外，国内运营商在光接入系统、100G 光传送的投入加大，光接入和光传送产品营业收入和毛利均增长，国际市场高端路由器实现较大规模的商业布局，营业收入和毛利均增长；政企业务方面，公司智慧城市签约项目持续增加，在云计算、数据中心及物联网等面向政企用户市场的产品获得持续性增长和突破，包括云桌面、基于自主研发的分布式数据库、数据中心业务，ICT 业务不断增长，轨道交通业务营业收入稳步上升，政企业务营业收入及毛利均增长；消费者业务方面，国际 4G 手机收入持续上升，AXON 天机高端商务形象已初步形成，与此同时，随着国内外市场的持续开拓，家庭终端产品营业收入和毛利均增长。

二、发展策略

加强对新技术的跟踪和研究。网络虚拟化一直是中兴通讯 M-ICT 战略的重要一环。中兴已加入 70 多个标准化组织，提交了 2 万多个提案，在中国、欧洲和美国申请了 3 万多个专利，是网络虚拟化的主要推手。2015 年中兴通讯携手中国移动向外界共同展示了云化 / 虚拟化网络概念和 VoLTE 4G 语音及视频通信业务。

以高端定制为主，大幅调整整体战略。在生产精品手机时，中兴兼顾造型设计、功能完整性和技术独立性。从技术独立性的角度来看，国家出资 24 亿元支持中兴通讯微电子，目前在核心路由器、光传输，机顶盒芯片、手机已经实现了自主研发。此外，中兴调整渠道策略，于 9 月份开始启动了渠道战略实施。中兴与迪信通、国美等大型连锁手机卖场签署了战略协议。线上的部分则主要是与京东合作，主要是需要平台用户的反馈信息，AXON 天机在京东的好评率高达百分之九十以上。

第五节　上海贝尔

一、发展情况

2015 年，上海贝尔在微基站、NFV 等领域的进展顺利，商业化合作频繁。上海贝尔一直主张使用宏站叠加微站（HetNet）的解决方案来改善覆盖、提升容量、增强用户体验，现今这一理念已被世界各国运营商广泛认同和采纳，成功部署在中国移动、中国电信、中国联通、Verizon、AT&T、沃达丰等运营商的网络中，为热点地区和关键用户提供高质量的网络服务。针对微基站的规模部署，上海贝尔推出了独特的、多样化的解决方案：如 Mobile X-haul 方案提供 GPON、IP、光传输和微波等多种产品解决基站的前传与回传问题，可以因地制宜、灵活多样地满足各种场景需求。GPON 作为快速回传的一种技术手段，其便利性和成本优势都颇具吸引力,目前已在运营商网络中开展积极试点。上海贝尔的 EBlink 解决方案,使得利用无线技术提供移动前传成为可能。上海贝尔凭借在移动技术和虚拟化方面的丰富经验和技术积累,在大会上向业界展示虚拟化无线网络接入技术(vRAN)。该技术彻底改变目前封闭的网络架构,利用 IT 技术的优势实现硬件资源的共享和网络制式的融合,有助于运营商降低成本并快速提供移动互联网应用。今天,上海贝尔已经牵手中国移动、西班牙电信、韩国 KT、英特尔等行业翘楚,共同推进 NFV 的商用进程。上海贝尔将 LTE 和 WiFi 的优点相结合,创新地提出融合 LTE 与 WiFi 的方案,将室内下载速率提高 30%—80%,同时也扩展了室内的覆盖范围。

二、发展策略

资源整合与技术升级相结合。上海贝尔依靠特殊的资源优势和全球合资的天然基因,公司成立 30 年来,在国际化经营模式上不断探索和创新,先后经历了"引进来""走出去""合作共赢""接管海外区域市场""全球业务收购"等重要阶段,走出了一条独特的成功发展之路。在这一过程中,上海贝尔始终坚持技术开发,追求产业的能级提升。目前公司业务覆盖多达 50 多个国家、50% 的收入来自国际化经营,现今拥有 1500 余名外籍员工,将近 5500 余人从事海外业务。从 20 世纪 90 年代末至近期,上海贝尔充分利用"两片市场,两种资源",大力发展直接出口业务交钥匙工程,如今已成功实现 4G TD-LTE 设备出口北美市场,成为唯一一家进入到美国市场的国内通信设备供应商。同时在继续扩大海外市场的基础上,加大国际化运作力度,收购了安弗施(RFS)公司,并通过中国华信上海自贸区公司,成功收购了阿尔卡特—朗讯集团全球企业网络业务,对海外直接投资和兼并收购,提高国际运营能力。

第六节　烽火通信科技有限公司

一、发展情况

经过多年发展,烽火科技集团已经发展成为全球唯一一家同时具备光通信系统设备、光纤光缆和光电子器件三大战略性技术的中国高科技企业。烽火通信财报显示,2015 年前三季度公司营收和利润均取得稳定、快速增长,其中,实现营业收入 92.37 亿元，同比增长 22.18%；净利润 4.44 亿元，同比增长 21.65%。受益于 4G 网络建设的推动，公司通信设备业务平稳增长，期内实现营业收入同比增长 15.57%，营收占比达到 58.94%。受益于各运营商对接入网 FTTH 的规模投资建设加大、4G 网络建设深入进行，公司光纤及线缆收入增长较快，期内实现营收同比增长 40.67%，营收占比由上年同期的 25.97% 提高到 29.81%。同时，干线骨干传送网、城域网及接入网的光通信产品迎来发展机遇。

二、发展策略

烽火通信在巩固传统光通信业务的基础上，积极开发新产品，拓展新市场。公司持续发展数据通信业务、智慧城市、军工业务，打造新的收入和业绩增长点，其中公司与省联投合资公司湖北省楚天云有限公司承接的"湖北省楚天云项目"是国内首个全省统一，贯穿国家、省、市、县四级的信息基础设施服务和信息共享交换枢纽平台，其信息综合服务能力国内领先。鉴于芯片和软件在公司通信系统产品中成本占比较高，公司着力发展芯片和软件技术。2015 年 12 月 30 日，公司与武汉邮科院出资共同发起设立武汉飞思灵微电子技术有限公司，加大研发突破核心芯片研制技术以实现公司内部芯片需求自给。烽火通信旗下烽火星空作为中国网监领域龙头，呈现出良好的发展态势，是中国具备完备网络监控资质的三家公司之一，其营收和净利润规模行业领先。2015 年烽火星空呈现出良好的发展态势，上半年烽火星空净利润同比增长 46%。烽火星空在巩固网监市场的同时，积极拓展政企和民用市场，并凭借数据采集技术探索大数据分析服务业务，实现业务模式由硬件向"硬件＋服务"转变，谋求长期可持续发展。公司海外市场加速发展，2015 年 4 月公司契合"一带一路"国家战略投资 1 亿元成立西安烽火。

第三十五章　家用视听设备行业重点企业

第一节　TCL 集团股份有限公司

一、总体发展情况

2015 年前三季度 TCL 营业收入 741.1 亿元，同比增长 7.08%；净利润 26.1 亿元，同比下降 13.3%，其归属上市公司股东的净利润 20.65 亿元，同比下降 6.97%，实现每股收益 0.18 元。前三季度，华星光电仍然实现销售收入 127.11 亿元、净利润 17.91 亿元，其中经营性净利 13.18 亿元，同比增长 10.8%。2015 年，TCL 和三星、LG 一起成为全球电视品牌出货量前三名，全年电视机总生产量超过 1700 万台。TCL 多媒体具备了全球研产销一体化的服务能力，销售网络覆盖全球 80 个国家和地区，海外的销量占到全产业链的 50%。

二、企业发展战略

（一）转型战略

2015 年，TCL 集团深化"智能＋互联网，产品＋服务"的"双＋"转型战略，开启面向智能和互联网时代的全面战略转型。"双＋"战略使 TCL 更加注重用户的个性化体验、更加注重产品的服务质量，实现在互联网时代战略转型突破。而为了消除互联网领域的短板，TCL 决定采取跨界合作的模式。12 月 11 日，TCL 集团发布公告称旗下控股子公司 TCL 多媒体引入乐视网控股子公司乐视致新为战略投资者，而乐视方也凭借 TCL 多媒体 20% 的股份成为 TCL 的第二大股东。由此，TCL 终端产品将引入乐视生态圈的相关内容，包括乐视网许多独家的视频资源。更重要的是，TCL 为完善自己的智能云生态圈奠定了基础。

（二）产品战略

2015 年，在产品端，TCL 多媒体推出 TV+ 曲面电视系列产品，从 55 英寸到 78 英寸主流大尺寸覆盖，包括量子点版、至尊版、卓越版、典雅版在内一共 9 款产品，从 FHD 到 4K 显示技术全覆盖、从 TV+ 真彩二代到量子点显示技术。TCL 通过在视频、微信、游戏等多方面与腾讯深入合作，加速 TV+ 生态圈内容服务建设。特别是 TV+ 量子点曲面电视 H8800 的发布，是继去年 TCL 率先推出全球首个量子点平面系列 H9700 后，TV+ 量子点系列的升级发展，是 TCL 在量子点显示技术和曲面技术的重要突破，使 TCL 跻身全球量子点电视阵营。

第二节　青岛海信电器股份有限公司

一、总体发展情况

2015 年前三季度，海信电器公司营业收入达到 221.3 亿元，同比增长 4.92%，归属于上市公司股东的净利润达到 9.28 亿元，同比增长 0.95%。作为世界家电龙头企业，海信近年来表现不俗。在国内市场，海信电视连续 12 年占据市场份额第一；在国际市场，海信今年市场份额再升一名，已经跃居全球三强。多年以来，海信的全球用户数量已经上亿。

海信智能电视运营报告数据显示，2015 年前三季度，海信在彩电行业经营业绩表现突出，根据中怡康统计数据，电视的零售量占有率 16.77% 和占有率零售额 16.44% 占有率，均居行业第一位。创新战略的深入实施使海信智能电视用户体验持续改善、用户粘性不断提高。

二、企业发展战略

（一）产品战略

2015 年，海信重点在高清电视和激光电视方面取得了一系列新进展。海信 K7100 系列 ULED 电视和 VIDAA MAX 激光影院广受市场关注，海信 VIDAA3 智能电视操作系统在操控响应和用户体验方面提升较大。在 ULED 方面，海信已有 170 多项专利技术，在自适应峰值亮度提升、多分区动态背光控制、高色域画质处理技术、二次光学透镜设计等关键技术加强创新，量子点高色域的色彩处理技术不断突破，形成具有自主知识产权和领先优势的新型显示技术体系；在激光电

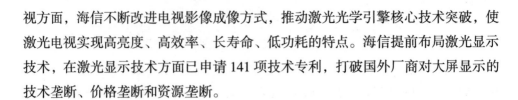

视方面，海信不断改进电视影像成像方式，推动激光光学引擎核心技术突破，使激光电视实现高亮度、高效率、长寿命、低功耗的特点。海信提前布局激光显示技术，在激光显示技术方面已申请141项技术专利，打破国外厂商对大屏显示的技术垄断、价格垄断和资源垄断。

（二）创新战略

2015年，海信进一步拓展业务范围、创新业务模式，在医疗电子、智能交通、光通信等领域智能显示方面取得新进展。12月，海信发布计算机辅助手术和海信外科智能显示系统。其中，计算机辅助手术系统精确计算器官和病变体积，对肝脏增强CT影像进行深度数据分析，以确定最佳手术路线；外科智能显示系统识别医生手臂动作，通过手势控制三维显示系统。海信拓展其在新型显示方面的优势，推出包括3D打印、CAS搭建、数字肝脏库搭建等业务，在"精准医疗"的大屏显示方面处于国内领先水平。在智能交通和光通信产业，海信已确立重要优势地位，在医疗电子产业的布局将成为海信技术孵化产业转型的重要实践。

第三节　康佳集团股份有限公司

一、总体发展情况

2015年，康佳集团前三季度营业收入为138亿元，同比增长2.8%。前三季度净亏损8.52亿元，与上年同期净利润4757.9万元相比，同比下降1891%。2015年，总体来讲，康佳集团智能电视销售有所提升，产品结构持续改善。但相比上年同期，公司出现了较大幅度的亏损，具体原因如下：（1）康佳集团2015年管理层变动对企业经营有产生负面作用；产品市场竞争加剧，致使2015年前三季度公司在主营业务的盈利能力出现一定幅度的下降；（2）2015年以来，人民币兑美元的汇率出现一定幅度的贬值，导致集团公司产生约1.9亿元的汇兑损失；（3）康佳集团于2015年前三季度需要退回近9000万元节能补贴资金，并产生约1.3亿元的无法收回的账面应收国家节能补贴资金净额，以上减少康佳集团前三季度合并报表利润2.2亿元；（4）2015年前三季度公司没有大额非经常性收益，导致与上年同期相比公司净利润出现大幅下降。

二、企业发展战略

（一）创新战略

2015 年，康佳进一步深化互联网转型战略，加强与内容服务侧合作，重点打造互联网运营平台。康佳与腾讯视频、银河互联网电视开展合作，已有共 3 家合作互联网电视牌照方。康佳与天猫达成战略伙伴关系，拓展互联网电视商务领域。在康佳电视产品中安装阿里巴巴家庭娱乐服务平台，为消费者提供内容服务更为丰富的智能电视产品。康佳相继推出一系列智能电视新品。包括：与腾讯、优酷和阿里合作推出的优酷电视、阿里云电视和腾讯超级电视。在技术领域继承发展的电视系列，包括嫦娥 4K 曲面电视、冰冰超薄电视、真彩金典系列和精品系列电视，重点打造康佳电视全新产品，着力增加市场份额。

（二）生态战略

2015 年，康佳围绕智能家居构建新型生态体系，提出涵盖彩电、冰箱、洗衣机、手机、空调、净化器、电饭煲等在内的智能家居战略。聚焦于"互联网 +"时代的智能家居用户体验，重点打造旗舰型产品，不断强化品牌竞争力，促进企业可持续发展。康佳成立了涵盖所有智能家居硬件设备的运营公司，推动实现康佳旗下彩电、冰箱、洗衣机、空调、电饭煲在内的十余种品类产品的互联互通与智能操作，丰富产品的时尚化外观，注重产品体系的人性化的用户体验。在公司激励机制和市场化的经营管理体制方面突出智能生态体系建设，推动智能家居引领智慧生活推广落地。

第四节 四川长虹电器股份有限公司

一、总体发展情况

2015 年前三季度，长虹集团实现营业收入 459.6 亿元，较上年同期增长 11.13%；归属于上市公司股东的净利润为亏损 4.95 亿元，与上年同期公司前三季度亏损 3.14 亿元相比，亏损幅度进一步增大。自 2014 年起，长虹电器股份有限公司受到行业竞争加剧与产品转型的影响，业绩开始出现下滑。2015 年，长虹电器股份有限公司第一大股东长虹控股公司正式改组成立，面向全球市场化选聘总经理，长虹国企改革步入快车道。

二、企业发展战略

（一）创新战略

2015年，长虹集团围绕智能战略产业转型取得重要进展，加快构建长虹家庭互联网体系，提出"智能化、网络化、协同化"新三坐标战略。发展智能电视、开拓智能家电领域，重启智能手机业务。开发具有差异化特色和独特价值定位的应用服务，实现单一终端难以支撑的智能应用和用户体验。从发展的角度看，四川长虹、华意压缩等上市公司隶属集团旗下，为上下游产业链拓展提供平台支持。不断完善电视、冰箱、空调、手机等终端的智能协同。当前长虹集团公司面临从制造业到服务业的转型，随着长虹国企改革的逐步深入，长虹集团的下属其他企业均能从转型中获益。

（二）投资战略

2015年，长虹集团公司进一步拓展经营领域以实现全方位发展，通过定向增发军工企业081军工集团使公司进入军工领域。该定向增发事项约在2014年11月启动，长虹22亿元用于收购081军工集团100%股权，拟募集资金总额不超过40亿元。本次交易拟通过自有资金参与进场竞价收购081集团100%的股权，由四川电子军工集团有限公司挂牌出让081集团股权。长虹集团公司将定向增发方式改为自筹，以自有资金继续完成上述项目的并购和投资。长虹进军军工领域过程并不顺利，但鉴于长虹集团已完全控股081军工集团，长虹此次成功竞标概率较大。长虹拓展军工领域后，公司发展范围不局限于单一领域，将更注重全方位发展。

第五节　创维数码控股有限公司

一、总体发展情况

创维数码控股有限公司2015年财报显示，截至2015年9月30日，创维集团营业额195.49亿港元，比上年增加5.8%，毛利40.23亿港元，较去年同期增加11.4%。集团整体毛利率20.6%，较上年同期上升1.1个百分点。集团总盈利9.85亿港元，较上年同期增加8.5%。2015年，在电视机总销售量同比上升11.0%的推动下，创维集团的整体营业额得到提升。创维集团今后将不断推出新产品以及加强推进线上线下垂直一体化的经营，并继续聚焦于彩电市场的大尺寸及超高清电子产品，不断提升线上销售占比。同时，集团不断发掘海外市场的并购项目，利用海外收购获得的品牌及渠道优势，以此加强自有品牌于海外市场的占有率及知名度。

二、企业发展战略

（一）创新战略

2015 年，创维集团大力推广高端智能产品，坚持技术创新导向，推动产品智能化转型。突出产品差异化特征，强化高端品牌附加值，大力推广高毛利、高售价的智能产品，使我国超高清智能电视销量占比大幅升至 24.6%，同比上升 90.7%。创维成立互联网品牌子公司酷开，持续推进智能平台服务开发，在视频、广告、购物、游戏、教育、音乐、旅游及应用圈等八个方向全面推进；完善支付体系、线上售后服务体系和内容服务运营体系，推动后台内容服务建设；建立酷开粉丝社区，使酷开品牌融入粉丝互动生活，形成线上线下协同的活跃粉丝经济效应。

（二）国际化战略

2015 年，创维深化双品牌运营战略，持续开拓海外市场。创维集团成功收购德国美兹电视业务，在德国及欧洲实行双品牌并行的销售策略。创维参加柏林 IFA 电子展，让用户充分体验创维产品功能，提升其在欧洲市场的品牌形象。集团还配合各地市场积极调整产品结构，拓展海外中、高端电视产品市场占有率。2015 年创维在彩电海外市场营业额为 30.8 亿港元，同比上升 51.0%。创维集团对海外市场的三大发展策略体现在：第一，搭建海外终端销售网络，建立海外销售团队，构建渠道和经销商合作体系；第二，建设海外生产组装工厂，完善海外市场供应链。第三，加大产品和技术的研发投入。通过推进国际化、智能化、多元化的海外发展战略，不断开拓国际市场，形成海外市场的重要增长点。

第三十六章　集成电路行业重点企业

第一节　紫光集团

一、总体发展情况

紫光集团业务范围广泛覆盖信息技术领域的软硬件以及相关服务，提供大到扫描仪、笔记本电脑，小到鼠标的多样化硬件产品，也提供各行业有针对性的信息化解决方案和软件服务。近年来通过内部创新，研发出了许多新兴智能电子产品。2014 年公司主营收入中，硬件产品销售收入占比约 94%，IT 服务类收入约占 5%。近年来，公司硬件产品销售收入规模持续快速增长，从 2010 年 30 多亿元增长到 2014 年 100 多亿元，年均复合增长率接近 30%。

公司在 IT 和互联网技术领域主要有两方面业务，包括芯片领域和云领域。在芯片领域主要有手机基带芯片及外围芯片、物联网芯片、数字电视芯片，以及来自同方国芯的 FPGA、智能卡和存储器。芯片设计领域目前比较领先企业包括展讯和锐迪科，2014 年展讯和锐迪科总共向手机领域提供了 5.5 亿套手机芯片，三星是公司产品的最大客户，华为的低端手机从 2015 年起采用展讯的芯片。2015 年公司预计销售 6.5 亿套手机芯片，市场占有率 27%，稳居世界第三位，预计在 2020 年市场份额将会成为世界第一。公司通过收购同方国芯，随后会进入制造领域和存储领域。

在云领域，2015 年收购了华三通信和惠普服务器的中国业务，通过入股西部数据成为第一大股东。华三通信在企业网领域（除运营商外）是中国第一，全球排名第二位，目前政府和银行的 60%—70% 的设备由华三提供。2015 年华三通信的销售收入为 500 亿元，资产达到 1000 亿，净资产为 400 亿，税后利润总额大概为 40 亿元。目前员工共 3.2 万人，高管和团队都非常国际化，40% 的高管和核心骨干是外籍人员。

表 36-1　2013—2015 年紫光集团营业情况

年份	2013	2014	2015E
营业收入（亿元）	85.2	111.4	149.1
增长率	30.4%	30.8%	33.8%
净利润（百万元）	100.9	125.8	171.8
增长率	39.6%	24.6%	36.5%
毛利率	4.7%	4.6%	4.3%

资料来源：赛迪智库整理，2015 年 12 月。

二、企业发展策略

（一）构筑从"芯"到"云"的信息技术产业链

2013 年，紫光股份为了顺应电子信息技术和产业发展趋势，正式提出"云服务"的发展战略，包含了提供云计算基础设施建设服务、云计算行业应用解决方案和云计算平台化服务这三个层次。在"云服务"的指导下，公司大力拓展面向行业应用的 IT 服务业务，构建"云—网—端"产业链，同时在应用层面横向拓展以云计算、智慧城市和移动互联网为主要方向的产品线，做现代信息系统建设、运营与维护的全产业链服务提供商，积极推动公司向现代云服务全产业链服务公司的转变。公司云服务业务的发展主要通过两条途径来实现，其一是加大公司内部的产品创新、科研开发、管理水平、业务水平等，力争提供有竞争力的云产品和云服务；其二是加大对外投资并购，吸收在云服务相关领域已经有所成果的领先企业，从而实现紫光股份在云服务业务上的跨越式发展。

（二）以资本运作为手段开展国际并购

紫光集团将产业链和资本链深度融合，通过自身积累、资本市场公开融资、基金公司借贷、发行 PE 基金等方式全方位、多手段地募集资金，采用全面收购、境外入股、境内合资等方式获得产品和技术优势，超常规、超大规模地快速形成信息产业集群。2015 年以来，紫光集团通过资本运作，在集成电路领域展开了密集的布局。如先后收购国内集成电路设计领域的龙头企业展讯通信和锐迪科，以获取通信芯片技术优势；入股华三通信进军交换机、企业路由器等业务领域，完善在最基础的网络硬件布局；入股美国重要存储器企业西部数据，随后西部数据收购全球第三大 NAND Flash 企业闪迪，从而使紫光获得部分技术授权；通过同方国芯定向增发打造国内存储器产业，打造闪存 IDM 平台；随后入股台湾第二大封测企业力成，完善存储器产业链。

（三）依托清华智力资源实现产学研结合

紫光股份是典型的"产—学—研"相结合的校办企业。1998 年，紫光股份前身清华大学科技开发总公司成立，这是清华大学为加速科技成果产业化而成立的第一家校办企业。1993 年，清华大学科技开发总公司更名为清华紫光（集团）总公司。1999 年，清华紫光（集团）总公司发起设立清华紫光股份有限公司，并于同年上市。2015 年第一季度，启迪控股通过协议方式向西藏紫光卓远转让紫光股份 13% 的股份，成为紫光股份第一大股东；启迪控股持有紫光股份总股本的 12%，为紫光股份第二大股东；清华控股有限公司通过直接和间接的方式持有紫光股份总股本的 32.61%，为紫光股份的实际控制人。紫光集团依托清华大学的高校优势，每年吸引了大批科研和技术毕业生人才，为产业发展提供重要的智力支撑和人才保障。

第二节　长电科技

一、总体发展情况

（一）业务分布

长电科技作为中国大陆最大的内资半导体封装测试公司，进行了封装测试领域的全产品线布局。从地域布局来看，宿迁和滁州定位为传统封装测试产品，江阴定位为 FC、Bumping、基板、MIS 和摄像头模组等高端产品。尤其是其子公司长电先进具备 Bump、FC、WLCSP、SiP、TSV 五大先进圆片级封装技术服务平台，其芯片铜凸块和晶圆级封装测试产能均处于全球前列，并拥有部分核心专利授权，目前规模接近十亿，拥有较强的盈利能力。公司在功放、电源芯片、驱动芯片、影像传感器、MEMS 等领域均有丰富技术储备，未来将有极大的拓展空间。

（二）销售情况

近年来，在上游芯片设计业大量订单的带动下，长电科技作为下游主要封装测试企业销售额持续增长。国际方面，长电科技成功进入苹果手机产品供应链，成为苹果 WLCSP 芯片的主力封装测试供应商。国内方面，长电科技在全球第三大手机基带芯片供应商展讯公司的封装份额也逐年提高。被紫光集团收购以来，展讯芯片的封装订单逐步由台湾地区向中国大陆转移。随着 4G 和 28nm 时代的到来，展讯计划未来将有 2000 万颗 / 月的芯片使用 Bumping+FC 技术进行封装，长电科技已经为展讯配备了相应的产能，并且凭借着与中芯国际的合作，有望深度受益于展讯的转单。此外，在先进封装方面，长电科技已经具备了该领域的四大关键技术：圆片凸块技术（Wafer Bumping）、圆片级芯片尺寸封装（WL-CSP）、硅通孔封装技术（Through Silicon Via）、倒装技术（Flip Chip），并由此开发了包括 WL-CSP、Cu Pillar Bump、TSV-CIS、FC-BGA 等在内的多种封装产品。长电目前在中道 Bumping 和后道 FC 技术进行了深度布局，公司已经形成了 8 英寸 Bumping 量产能力，并具备全球稀缺且国内唯一的 12 英寸 Bumping 的量产测试能力。

随着国际经营环境的转暖，以及国内宏观政策环境的推动，长电科技 2015 年实现营业收入 64.28 亿元，同比增长 25.99%；归属于母公司所有者净利润 1.57 亿元，同比增长了 13.09 倍。长电科技下一步将继续培育自主知识产权的核心竞争力，实现技术转型升级，力争在先进封装关键工艺和核心技术方面达到世界先进水平。在公司的十年发展规划中，公司计划在十年时间内承接 280 亿—300 亿元的产业基金，在 2018 年和 2023 年完成 100 亿—150 亿和 400 亿元的收入目标并进入全球封装测试行业前三位。

二、企业发展策略

长电科技将坚持内生外延兼顾的发展策略，内生方面，高端产能已进入回收期，未来持续放量，传统封装测试扭亏为盈（2014 年滁州盈利，预计 2015 年宿迁扭亏为盈），业绩拐点逐步显现；外延方面，预计通过机制优化，扁平管理，债务剥离和导入客户等综合措施，尽快扭转星科金朋微亏损局面，若完成整合，将带来巨大发展机会，公司长期目标升至 5—10 年内比肩日月光，成为全球顶级综合封装测试企业；在提升效率，集中资源，以及全球战略的驱动下，预计未来有望将集团优质资产注入上市公司。

第三节　中微半导体设备有限公司

一、总体发展情况

从 2012 到 2015 年中微半导体的在线刻蚀机累计反应台数量以每年 >30% 速度增长，刻蚀机及 MOCVD 已有 409 个反应台在亚洲 34 条先进生产线使用，三年间在线累计反应器数量平均每年增长 40%。中微拥有来自十多个国家的 100 多位半导体设备专家，成立至今的 10 年间已经将业务拓展到全球 6 个国家 / 地区的 25 个客户。

当前中微正在开发从 65nm 到 10nm 的第三代等离子刻蚀设备。正在建设的第二厂房第二期完成后，公司将达到 400—500 台设备 / 年，共计 80 亿—100 亿人民币的开发能力。中微现在的设备主要用于制造 45nm、40nm 和 28nm 及以下的制程，每月可实现加工 30 万片以上的 28nm 及以下制程硅片；MEMS 和 CIS 每月加工超过 8 万片。台湾代工企业已使用中微设备生产了 1200 多万片硅片，并且核准了几套刻蚀设备应用于 10nm 产线的研发。中微的设备还在韩国厂商已经量产的存储器生产线中用于 16nm 接触孔刻蚀。

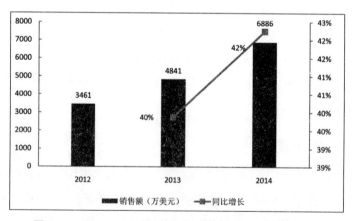

图36-1　2012—2014年中微半导体销售收入及增长情况

资料来源：赛迪智库整理，2015 年 11 月。

中微半导体近几年以每年 30%—40% 的高速成长，2014 年销售额达到 6886 万美元。在今后 8 到 10 年会继续保持高速度的增长，以达到年销售额 50 亿人民币水平，成为国际半导体微观加工设备的领先企业。中微 MEMS 刻蚀已达到国际先进水平，将来 TSV、MEMS、功率器件刻蚀等领域将有快速的增长，市场预计 TSV 刻蚀设备规模将在未来十年增长到 10 亿美元以上。

二、企业发展策略

中微专注于刻蚀和薄膜两个核心领域，始终贯彻最大限度地利用拥有的产品资源缩减开支，减小产品开发成本，追求国产设备产业化。中国极具活力的供应链大大提高了中微的运营效率，通过全体员工的努力，公司在提高技术水平和生产效率方面取得了重大突破，并且赢得了业内顶尖芯片制造商和其他技术创新企业的信任，并发展成为新型的高端微加工设备公司。

在中微的管理理念中，首要的是解决好投资商、客户、政府、顾问、管理团队、雇员和供应商七大利益集团的关系。第一，领军团队是前提；第二是解决投资商的资金，包括早期、中期投资以及后期上市的问题；第三是客户是否接受；第四是能否获得供应厂商的支持；第五是各地区政府的支持也至关重要，特别是在国外技术垄断的情况下，一定要获得政府扶持；第六，雇员是核心问题，他们是公司价值的创造者与实践者；第七是各种顾问，包括法律顾问，财务顾问，审计公司等等的协作支持。这七个利益集团同等重要，中微半导体秉承全面协同发展的理念处理各方关系，谋求进一步发展。

第四节　上海新阳半导体材料有限公司

一、总体发展情况

上海新阳半导体材料有限公司可提供集成电路制造、封装和基板产业关键工艺化学品和配套设备，覆盖集成电路制造的前后道。在集成电路制造环节，新阳提供铜工艺用集成电路铜互连超纯化学品（电镀液、添加剂、清洗液等）和铝工艺用超纯化学品（光刻胶玻璃、清洗、刻蚀等）；在集成电路先进封装环节中，新阳可提供 TSV 工艺用超纯电镀清洗化学品、BUMP 工艺用超纯电镀清洗化学品、集成电路基板用电镀和清洗化学品和配套晶圆级电镀和清洗设备；在集成电路传统封装环节中，新阳可提供 IC 封装后引线框架电镀和清洗化学品和配套设备。

2015 年前三季度，新阳营业收入 2.7 亿元，预计全年营业收入 4.4 亿元，同比增长 17.8%。2014 年，新阳营业收入达到 3.8 亿元，同比增长 80.1%，连续两年实现高速增长。其中晶圆化学品未来 1—2 年将保持 100% 以上的增长。2014年晶圆化学品销售收入为 1000 万，预计 2015 年可实现销售收入 2000 万元，2016 年将达 1 亿元。

上海新阳拥有自主知识产权的电子电镀和电子清洗核心技术，先后开发研制出四大系列 100 多种电子化学品与 30 多种配套设备产品，形成了完整的技术体系和丰富的产品系列。新阳已申请国家专利 100 余项，其中发明专利 30 项。用于晶圆电镀的高纯铜电镀液和添加剂系列产品达到世界领先水平，成为中国半导体封装化学材料和表面处理设备行业的知名品牌。

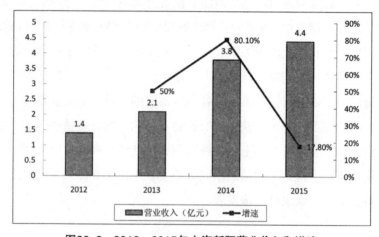

图36-2 2012—2015年上海新阳营业收入和增速

资料来源：公司年报，赛迪智库整理，2016 年 1 月。

表 36-2 2015 年上海新阳主要产品及产能

	产品	现有产能
电子化学品	硫酸铜	1000吨
	甲基磺酸铜	500吨
	添加剂	100吨
	清洗液	1000吨
	常规化学品	3000吨
硅片	12英寸硅片	2014年实现720万片
划片刀	划片刀	6万片
配套设备	30余种配套设备	75台套

资料来源：赛迪智库整理，2015 年 10 月。

二、企业发展策略

（一）重视技术研发，实现创新驱动

上海新阳先后两次承担国家科技重大专项《极大规模集成电路制造装备及成套工艺》项目，分别是"65—45nm 芯片铜互联超高纯电镀液及添加剂研发和产业化项目"和"40—28 纳米集成电路制造用 300 毫米硅片"，国家级科研项目的支持为新阳的创新发展提供保障。2014 年新阳的研发投入总额 2648.99 万元，占营业收入的比重为 7.04%。新阳团队中的研发人员占比接近 30%，计划每年的研发费用不低于营业收入的 6%，现已申请专利 100 余项，其中发明专利 30 余项。

（二）投资 12 英寸硅片项目，填补国内空白

2014 年 5 月 21 日，上海新阳与兴森科技、上海新傲科技股份有限公司、张汝京博士签订《大硅片项目合作投资协议》，拟共同投资设立"上海新昇半导体科技有限公司"，承担 12 英寸半导体硅片项目。该合资公司注册资本为人民币 5 亿元。其中上海新阳以货币出资 1.9 亿元，占注册资本的 38%；兴森科技以货币出资 1.6 亿元，占注册资本的 32%；新傲科技以土地或货币出资 0.5 亿元，占注册资本 10%；张汝京博士技术团队公司以货币 1 亿元出资，占注册资本的 20%。

国产 12 英寸集成电路用硅片的缺失是我国在集成电路全产业链布局战略的重要障碍，而新阳投资的大硅片项目致力于在我国建设 12 英寸半导体硅片生产基地，实现产品的国产化，该项目建成后将形成 15 万片 / 月的生产规模。项目达产后，根据市场需求适时进行扩产投资，扩大产能至 60 万片 / 月。通过进入高品质 12 英寸集成电路硅片生产领域，新阳进一步丰富了公司的产品结构，扩大了公司在半导体材料领域的业务范围，可提高公司的核心竞争力。

（三）展开横向并购，丰富主营收入构成

上海新阳除了深耕半导体产业链，还积极开拓其他机会市场，寻找其核心技术和产品的应用市场。2013 年以来，新阳通过并购或参股逐步向金属表面处理功能性材料领域横向拓展。2013 年新阳收购考普乐，进军高端涂料新领域，并携手德国 DH 公司布局汽车表面处理市场。2015 年新阳投资东莞市精研粉体科技有限公司，进入蓝宝石单晶专用的高纯氧化铝材料制造领域。

第三十七章 平板显示行业重点企业

第一节 京东方科技集团股份有限公司

一、总体发展情况

创立于 1993 年的京东方科技集团股份有限公司（BOE）是全球第五大面板生产企业，中国最大的半导体显示技术、产品与服务提供商。产品广泛应用于手机、平板电脑、笔记本电脑、显示器、电视、车载、数字信息显示等各类显示领域。目前，BOE 拥有北京第 5 代和第 8.5 代 TFT-LCD 生产线、成都第 4.5 代 TFT-LCD 生产线、合肥第 6 代 TFT-LCD 生产线和第 8.5 代 TFT-LCD 生产线、鄂尔多斯第 5.5 代 AMOLED 生产线、重庆第 8.5 代 TFT-LCD 生产线等 7 条生产线，还有一条建设中的成都第 6 代 AMOLED 生产线、一条建设中的福州第 8.5 代 TFT-LCD 生产线和一条建设中的全球最高世代线——合肥第 10.5 代 TFT-LCD 生产线。

2015 年，BOE 全球首发产品覆盖率 38%，年新增专利申请量 5000 多件，累计可使用专利超过 32000 件，位居全球业内前列。此外，BOE 手机面板、平板电脑面板出货量市占率位列全球第一。

目前，BOE 注册资本 351.53 亿元，归属于上市公司股东的净资产 780 亿元，总资产 1467 亿元。2015 年前三季度，主营业务收入 364 亿元，较上年同期增长 44.02%，主营业务利润 18.4 亿元，较上年同期增长 7.42%。

二、企业发展策略

1. 新建多条产线，持续扩张产能

2015 上半年，京东方开始在成都建设 6 代 AMOLED 生产线，在福州建设 8.5

代线，在合肥建设全球最高世代线——10.5 代线等一系列动作。在重庆 8.5 代线投产，该项目采用先进的 Oxide TFT（氧化物薄膜晶体管）、触控、ADSDS（高级超维场转换技术）宽视角等京东方自主核心技术，是未来高端显示最主要的生产技术之一，已成功吸引液空、住友、东进等十余家上下游企业就近配套，达产后将形成千亿级高端显示产业集群。经过多年的自主创新和产业积累，京东方的技术能力从非晶硅 TFT-LCD，发展到了高性能 a-Si TFT-LCD、LTPS TFT-LCD、Oxide TFT-LCD 和 AMOLED 等新型半导体显示等新型领域，在超高清、高透过率、低功耗、超窄边框、多功能集成、3D 显示、触控、柔性显示、透明显示、氧化物 TFT 背板、低温多晶硅背板、AMOLED 显示技术等诸多前沿领域取得显著成绩。目前，京东方独有的 ADSDS 超硬屏技术已成为具有全球影响力的技术标准，10K、8K 等超高清显示产品和柔性、透明、镜面、防窥等创新应用产品屡获国际大奖。

2. 大力加快"DSH"转型战略

京东方建立在显示领域技术的优势基础上，整合互联网、大数据、云计算、信息医学等技术和资源，实现软硬融合、应用整合及服务化转型的目标，实现"DSH"转型战略。其中"D"指代的是显示器件，"S"指代的是智慧系统，"H"指代的是智慧健康服务。未来的京东方，将是以显示器件为核心的显示解决方案，并将智慧系统和智慧健康服务作为转型新方向，以新的产业和技术优势实现服务化转变。

京东方利用自己的核心优势，包括显示技术、传感技术、人工智能技术、大数据技术等领域，在物联网时代发挥更大的作用。届时，面对个人消费市场的京东方，所能提供的将不再是单纯的一块显示屏，而是融合了互联网、人工智能、节能和显示的智慧系统解决方案。

第二节　深圳市华星光电技术有限公司

一、总体发展情况

深圳市华星光电技术有限公司（简称华星光电）是 2009 年 11 月 16 日成立的国家级高新技术企业，公司注册资本 163.2 亿元，总部坐落于深圳市光明新区高新技术产业园区。华星光电成立以来，依靠自组团队、自主建设、自主创新经营持续向好，经营效率处于同行业领先水平，形成了在国内平板显示领域的竞争优势。

作为面板行业的新生力量，华星光电始终致力于提高国内面板自给率，提升中国显示面板的国际竞争力。目前，华星光电有第 8.5 代液晶面板、第 8.5 代 TFT-LCD（含氧化物半导体及 AMOLED）生产线和第 6 代 LTPS/AMOLED 显示面板生产线三条液晶面板生产线，产品全线覆盖大尺寸电视面板和中小尺寸移动终端面板。

二、企业发展策略

1. 快速推进 LTPS 产线，加码 OLED 面板

华星光电位于武汉的 6 代 LTPS 产线厂房于 2015 年 9 月份竣工，该生产线是国内自主建立的第一条高世代低温多晶硅液晶面板生产线，首期设计产能 3 万片/月，将有效提高国内中小尺寸面板供应自给率。该产线预计 2016 年 3 月实现首片产品点亮，预计 2017 年实现量产。届时，每年可生产显示面板或模组约 8800 万片，实现产值超百亿元。考虑到华星在过去各生产线产能从施工到开始运转、量产的速度往往较他厂迅速，加上从三星显示器（SDC）、友达取得 AMOLED 技术人才，预估其 AMOLED 面板进入量产的时程会比一般预期来得快速。

2. 抢占大尺寸面板战略高地，计划筹建 11 代线

近年来，投资建设 10 代及以上液晶面板生产线一直是面板厂商争夺的战略高地。虽然液晶面板并非世代线越高越好，但是考虑到切割电视面板的生产效率和良品率，不同世代的面板生产线，经济切割电视面板的尺寸是不同的。10 代线以上的高世代线更适合经济切割 60 英寸以上的面板。现在大尺寸面板成为趋势，尽管 55 英寸以上大尺寸市场占比仅有 10% 的市场份额，却成为面板厂商必争之地，可以说未来拥有大尺寸话语权的企业将占据主导权。但是目前，在 55 英寸以上面板市场，95% 以上是韩国和我国台湾厂商主导的，中国面板厂商话语权微弱。华星光电要想在 55 英寸以上占据话语权，布局更高世代线是必走的棋。

第三节　维信诺

一、总体发展情况

维信诺的前身是 1996 年成立的清华大学 OLED（有机发光显示器 Organic

Light Emitting Display）项目组，因对 OLED 技术将在新型显示产业发挥重要作用的前瞻性判断，于 2001 年成立企业以加快技术产业化进程。目前维信诺已成长为拥有 2500 名员工，集研发、生产、销售于一体的 OLED 行业领军企业，产品广泛应用于消费类电子、工控仪表、金融通信等领域。

迄今为止维信诺共申请专利近 1500 件，并基于自身卓越的技术实力及对 OLED 产业的深刻理解，参与了 OLED 国际标准的制定工作，负责制定或修订了 4 项 OLED 国际标准，主导制定了 5 项 OLED 国家标准和 3 项 OLED 行业标准，站在国际竞争的制高点上，为我国赢得了话语权。由于维信诺在 OLED 领域所取得的成绩，荣获了由国务院颁发的——"国家发明技术奖一等奖"，及联合国世界知识产权组织（WIPO）和我国国家知识产权局共同颁发的"中国专利金奖"等重要奖项。

公司现建有中国大陆第一条 PMOLED 大规模生产线和中国大陆第一条专业 5.5 代 AMOLED 大规模量产线。从 2012 年至今，维信诺 PMOLED 产品出货量稳居全球首位，产品遍及全球多个国家和地区；2015 年维信诺 AMOLED 产品实现量产，为推动中国 OLED 技术向更广阔的应用空间发展发挥重要作用。同时，维信诺在柔性 OLED 技术等代表产业未来主流趋势的技术前沿地带积极布局，率先推出可以完全卷曲的柔性 AMOLED 显示屏，并成为 2 项柔性显示国际标准的制定者，柔性显示技术水平位居国际前列。

二、企业发展策略

1. 成功实现小尺寸 AMOLED 面板量产

2015 年初，维信诺宣布其位于江苏省昆山市的 5.5 代 AMOLED 大规模生产线成功点亮。该量产线从设备开始搬入到成功点亮仅用了四个月的时间，并且首次投片就成功点亮，创造了 AMOLED 量产线从设备搬入到点亮的速度的新纪录，刷新了 AMOLED 量产线建线的历史。该生产线是中国大陆第一条专门用于 AMOLED 产品生产的 5.5 代 AMOLED 量产线，产线由维信诺自主设计，采用了维信诺自主研发的 OLED 器件和 LTPS（低温多晶硅）技术，成功实现了 TFT 和 OLED 器件技术的快速整合。

2. 发力可穿戴设备的 AMOLED 显示屏市场

维信诺公司宣布开始大规模生产 1.45 英寸的 AMOLED 显示屏用于可穿戴设

备。该 1.45 英寸面板具有 300PPI 的分辨率，厚度为 11 毫米，边框为 1.5 毫米。维信诺在 2015 年 6 月开始大规模生产 AMOLED 面板，但该公司的产能仍然有限。维信诺的 5.5 代 AMOLED 线目前每月可以产生约 4000 基板，一旦产量稳定，将达到每月 15000 基板的满负荷生产。

3. 加强 OLED 产业的升级和创新

作为技术决定性产业，OLED 显示需要大量的技术积累与创新。维信诺专注于 OLED 领域，十多年来致力于通过技术创新推动中国 OLED 产业发展，并取得了丰硕的成果。2015 年 11 月，维信诺在 AMOLED 领域的超高分辨率技术方面取得了重大突破，成功研制出的超高分辨率 AMOLED 显示屏，实现了当今全球 OLED 显示领域使用精密金属掩膜板蒸镀技术的最高像素密度。这款超高分辨率 AMOLED 显示屏的诞生，意味着维信诺在 OLED 超高分辨率技术研发方面迈上了新台阶，同时也为未来 AMOLED 高分辨显示屏的大规模量产和大范围应用奠定了坚实的基础。

第四节　天马微电子股份有限公司

一、总体发展情况

天马微电子股份有限公司成立于 1983 年，是一家在全球范围内提供显示解决方案和快速服务支持的创新型科技企业。公司服务于移动终端消费类显示市场和专业类显示市场，产品广泛应用于智能手机、平板电脑、智能穿戴、车载显示、医疗显示、工业控制、航空显示和智能家居等众多领域。

目前，天马共有 4.5 代、5 代、5.5 代等多条产线，其中，LTPS 产线为中国第一条，并率先实现量产。公司持续加大对全球先进技术和高端产线的布局，现正建设 5.5 代 AM-OLED 产线和 6 代 LTPS TFT-LCD 产线。在技术水平、产品质量、产品档次及市场占有率等方面均居国内同行业前列，已成为中小尺寸显示领域的领军企业。

2015 年前三季度，公司营收 77.9 亿元，同比增长 19.35%；净利润 3.3 亿元，同比增长 8.6%；前三季度获得政府补助 3.2 亿元，其中研发补助 2 亿元，2014 年同期政府补助仅 1.5 亿元左右（无研发补助），政府补助帮助企业保持良好业绩。

二、企业发展策略

LTPS 技术被公认为全球高端显示领域最具发展前景的主流技术，采用 LTPS 屏幕技术的手机多数定位于高端产品市场。在国内，深圳天马最早实施 LTPS 技术的产业布局。2011 年，厦门天马投资建设国内第一条 LTPS 生产线（第 5.5 代），填补了中国高端显示领域空白。目前该产线已经率先实现全面量产，良率到达业内领先水准，品质稳定，产品笼罩国内外主流客户，并支持多个客户实现中高端及旗舰移动智能终端的全球首发。天马在厦门和武汉的 6 代低温多晶硅薄膜晶体管液晶显示器工厂将于 2016 年底实现量产，将进一步增强天马在中小尺寸高端显示面板领域的实力。

第五节   上海和辉光电有限公司

一、总体发展情况

上海和辉光电有限公司成立于 2012 年 10 月，是由上海市政府和金山区政府共同投资的上海市战略性新兴产业重点项目。公司专注于中小尺寸 AMOLED 显示屏生产和下一代显示技术研发的高科技公司。公司首期项目于 2012 年 11 月破土动工，是国内第一条 4.5 代低温多晶硅（LTPS）AMOLED 量产线。公司首批产品于 2014 年 4 月亮相，2014 年第四季度开始大批量出货。

二、企业发展策略

1. 专注于 AMOLED 屏和小尺寸显示屏

和辉光电汇聚大量行业内专家，成功量产 5.5 英寸高画质（HD）AMOLED 面板，并开始出货给大中华区多家手机厂；2015 年第二、第三季度更计划再推出 5.5 英寸 FHD 和 2K 解析度方案，期在年底前达到每月 2.1 万片出货量，抢分 AMOLED 市场杯羹。

中小尺寸显示屏是发展最迅速，附加值最高的市场区块。聚集中小尺寸屏幕，可为企业创造更大价值。和辉引进全球最先进的中小尺寸显示屏生产线，集中力量，做强企业。

2. 立足国内市场，瞄准智能穿戴和车载显示市场

随着智能手机、平板电脑等数码产品在中国市场的不断普及，未来中国将成

为全球最大、最主要的显示屏需求市场。和辉光电立足中国市场，就意味着在未来竞争中占得先机。此外，和辉光电最新开发的应用于可穿戴设备的 AMOLED 显示屏和车载导航平台上的 AMOLED 产品，分辨率从 720P 到 1440P 都有，尺寸方面涵盖范围也很广。这些产品不仅为近期火热的可穿戴应用市场增加了一款领先的显示屏设计选择，更填补了国内 AMOLED 相关细分领域的空白。

第三十八章　太阳能光伏行业重点企业

第一节　常州天合光能有限公司

一、总体发展情况

2015 年，天合光能组件出货量为 5.74GW，同比提升 56.8%，其中内部出货量为 911.8MW。2015 年销售收入为 30.36 亿美元，同比提升 32.8%，净利润为 7650 万美元，同比增长 29%。

表 38-1　2015 年 Q1—Q4 天合光能生产经营数据

	组件出货量（MW）		净收入（亿美元）	净利润（万美元）	净利润率
	内部	外部			
2015Q1	134.5	891.7	5.581	1570	2.8%
2015Q2	230.9	1000.7	7.229	4310	6%
2015Q3	350	1353.2	7.926	−2000	−1.8%
2015Q4	196.6	1579.7	9.619	4170	4.4%
2015年	911.8	4825.4	30.355	7650	2.8%

资料来源：企业财报，赛迪智库整理，2016 年 3 月。

2015 年通过收购或产品线技术升级，天合全产业链环节产能均有所提升。其计划到 2016 年底扩大内部硅锭生产至 2.3GW，硅片至 1.8GW，太阳能电池达到 5GW，组件达到 6GW。

表38-2 2013—2015年天合光能产能增长情况

年份	硅锭	硅片	电池	组件
2013年（GW）	1.4	1.4	2.5	2.8
2014年（GW）	2.2	1.7	3	4
2015年（GW）	2.3	1.8	3.5	5

资料来源：企业财报，赛迪智库整理，2016年3月。

二、企业发展策略

（一）创新战略

在新产品发布上，天合光能宣布公司发布两款高效组件（60片156mm×156mm规格）——多晶组件Honey Plus和单晶组件Honey M Plus。这两款晶硅组件的平均输出功率分别为275瓦和285瓦，平均单块电池的转换率分别为18.7%和20.4%。两款产品均采用了PERC（背钝化技术）及5主栅线电池技术。

在技术创新上，该公司研发的156mm×156mm P型单晶硅太阳能电池单元实现了工业级产品中的全球最高转换效率22.13%，156mm×156mm高效P型多晶硅（mc-Si）太阳能光伏电池效率达到21.25%。

在营销创新上，天合光能于3月13日在乐清开设了温州首家太阳能发电体验店，把太阳能发电拉近到普通百姓面前。

在模式创新上，天合光能与福特汽车、台达电子、海尔家电共同打造"智·能生活"项目，在北京、上海两地率先试点。该项目由高效、易安装的光伏发电系统为家庭电动汽车、智能家电的使用提供清洁能源，实现"环保智慧生活方式"。

（二）市场战略

进入储能市场。天合光能宣布成立天合储能公司，包括工商业用户及公共事业电网储能解决方案、家庭储能解决方案、离网应用储能解决方案、通信电源解决方案和汽车动力电源解决方案几大板块，定位系统集成商。计划到2016年公司在全球储能市场占有率约1%，到2020年成为全球排名前5的储能解决方案供应商，打造"智慧能源＋互联网能源"，其发布了组件、储能、能管等全线产品及最新Sunbox阳光宝盒。

积极向下游系统集成布局。天合光能计划在2015年实现并网光伏电站700MW到750MW，而其中分布式项目占据总数的30%到40%。截至2015年第

四季度，天合光能有 869.2MW 光伏项目正在建设过程中。天合光能还计划采取
"GrowthCo" 的方式将其下游光伏电站业务单独拆分上市。

大力开拓新兴市场。2015 年，对东南亚国家的出货占比快速增长。

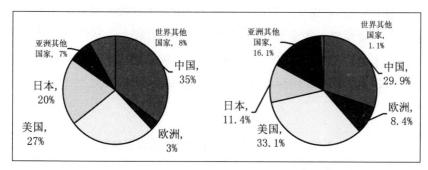

图38-1　2014年及2015年组件出货区域（左为2014年，右为2015年）

资料来源：企业财报，赛迪智库整理，2016 年 3 月。

意欲私有化。天合光能宣布于 12 月 12 日收到一封初步无约束性收购提议书。
发函方为天合光能董事长兼首席执行官高纪凡和兴业银行股份有限公司旗下上海
兴晟股权投资管理有限公司（两方以下合称为"买方"）。提议书表示，买方有意
向收购天合光能上市公司除了买方已经持有的股份以外的所有流通股，包括美国
存托凭证（"ADS"）形式的普通股（每份 "ADS" 代表 50 股普通股）。

（三）投资合作

实施"走出去"战略。2015 年 5 月与印度 Welspun 公司签署合作谅解备忘录，
将合作在印度建设 1GW 电池、1GW 组件制造基地。同月投资约 1.6 亿美元在泰
国建设 700MW 光伏电池及 500MW 组件工厂，计划 2015 年底或 2016 年初投入
生产。11 月与印度安得拉邦政府签署一份临时协议，计划投资 280 亿卢比（约 4.22
亿美元）在印度安得拉邦建立一座新的光伏组件制造厂。此外还在马来西亚与当
地企业合作，委托其 OEM 光伏组件，2015 年预计从马来西亚提供 400MW 的组件，
未来将扩到 500MW。

第二节　英利绿色能源控股有限公司

一、总体发展情况

2015 年，英利组件出货量为 2.38GW，同比下降 28.5%。

由于早在扩张期，英利为满足发展需求，广发债券融资，且债务主要集中在短期。进入 2015 年，英利多笔短期债务到期。但由于公司前期通过长单锁定的原材料采购价格较高致使成本控制较差、垂直产业链战略实施失败、之前出货量占比较高的欧洲市场由于"双反"大幅下滑等原因，公司经营状况不理想，自 2012 年以来持续亏损，现金流压力紧张，偿付压力较大。其已于 5 月 3 日向中票持有人支付了 12.7 亿元到期债务，并通过旗下六九硅业的闲置土地和拆迁补偿金偿付了保定天威英利 2015 年 10 月 13 日到期、总额为 10 亿元的中期票据中的 7 亿元。

表 38-3　2015 年 Q1—Q3 英利生产经营数据

	组件出货量（MW）		净收入（亿美元）	净利润（万美元）
	内部	外部		
2015Q1	27.5	726.7	4.69	−5860
2015Q2	43.2	684.7	4.38	−9650
2015Q3	—	460.4	3.52	−50350

资料来源：企业财报，赛迪智库整理，2016 年 3 月。

2015 年英利未宣布任何产能扩张计划。

二、企业发展策略

（一）创新战略

在新产品发布上，发布了适用于大型地面电站的 1500 伏铝边框新型组件、超薄超轻双玻组件（采用两层 0.85 毫米化学钢化玻璃，60 片电池组件总重量仅为 9.5 公斤，总厚度不到 3 毫米），并与美国太阳能技术公司 PWRstation 公司合作，将向美洲市场推出一款新型太阳能解决方案。该系统专为 3—100 千瓦的离网和并网项目设计，能够完全折叠，便于运输，并且配有全套的组件、电缆、支架和逆变器，能够在 30 分钟内安装完毕。

在技术进步上，英利 N 型单晶"熊猫"电池通过应用离子注入等技术，组件量产功率达 282 瓦，功率提升比例达 2.5%。

（二）市场战略

积极向下游系统集成布局。至 2015 年第三季度其海外开发光伏电站项目合计达到 200MW。

新兴市场开拓力度加大。2015 年，对新兴市场，如印度、泰国等市场的出货比例逐步增大，欧洲出货比例继续下滑。

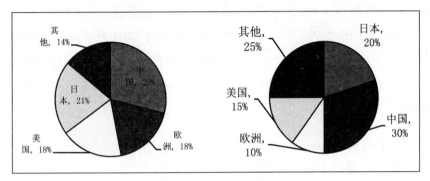

图38-2　2014年及2015年组件出货区域（左为2014年，右为2015年）

资料来源：企业财报，赛迪智库整理，2016 年 3 月。

缩减资金消耗，应对债务危机。由于需要资金偿还到期债务，英利采取了一系列措施开源节流。一是缩减组件生产，暂停电站开发项目，以降低资金消耗率。2015 年英利光伏组件出货量为 2.35GW 至 2.40GW，产能利用率降至 60%。2015年第三季度，英利已经停掉所有下游光伏电站建设项目；二是优先选择全额付款订单或利润空间大的订单，加快流动资金周转。截至第三季度末，英利在中国签订全额支付订单总计约 350MW；三是开展来料加工业务，降低原料成本支出，缩减回款周期。2015 年第三季度英利使用其总产能的 20%—30% 用于来料加工；四是出售下游电站与部分固定资产，换取现金流。2015 年第三季度英利出售在中国的 115MW 电站项目，并正与第三方协商出售其在中国的另外 200MW 已建成项目。

（三）投资合作

加强与第三方合作。与中来股份、上海易津投资共同签署了《合作协议》，搭建高效电池技术和产品服务平台。同时，三方将合作收购上海博玺电气股份有限公司，以其作为三方商业合作及资本运作平台。中来股份拥有离子注入法制备 N 型单晶双面高效电池的技术及工艺，借助英利"熊猫"电池和组件的制造经验和品牌营销渠道，与专注于新能源投资的易津投资发挥各自比较优势，以离子注入技术工艺对英利中国现有单晶太阳能电池产线进行技术改造和升级，提高对市场高效组件的供应能力，满足领跑者计划相关要求。6 月 17 日，与隆基股份签订战略合作协议，双方将在单晶拉棒、硅片、单晶电池、组件环节展开合作。

实施"走出去"战略。旗下控股子公司海南英利新能源有限公司已经和泰国 Demeter 公司旗下 Demeter Power 签署协议，双方计划通过成立合资公司，在泰国打造 300MW 太阳能组件工厂。按计划，该工厂将于 2016 年下半年投入运营。9 月 3 日，旗下全资子公司——英利绿色能源欧洲有限公司与西非地区可再生能源解决方案开发商 Namene 成立合资公司 Yingli Namene West Africa，开拓西非地区光伏市场。

（四）品牌战略

其在保定打造的电谷城市低碳公园正式开园。

第三节　保利协鑫能源控股有限公司

一、总体发展情况

2015 年前三季度，累计多晶硅产量达到 5.58 万吨，同比增长 12.5%，其中外销量 1.17 万吨，占总产量的 22.4%，与 2015 年基本持平；累计硅片产量 10.9GW，同比提高 14%，销量 11.1GW。2015 年保利协鑫全年多晶硅产量将有望达到 7.5 万吨，硅片的产、销量将有望达到 15GW。

表 38-4　2015 年 Q1—Q3 保利协鑫生产经营数据

	产量		销量		平均售价	
	多晶硅（吨）	硅片（MW）	多晶硅（吨）	硅片（MW）	多晶硅（美元/公斤）	硅片（美元/瓦）
2015Q1	17800	3478	2866	3072	19.14	0.2
2015Q2	18968	3624	4139	3989	15.86	0.189
2015Q3	19003	3826	4653	4022	15	0.181

资料来源：企业财报，赛迪智库整理，2016 年 3 月。

截至目前，保利协鑫多晶硅及硅片产能分别为 7 万吨与 14GW。预计 2016 年硅片产能可扩充至 15GW，并计划采用新工艺硅烷流化床法，增加多晶硅产能 2.5 万吨，预计未来 5 年内可建成。

协鑫新能源截至 2015 年上半年光伏总装机量达到 772.5MW，其中并网项目

645.3MW（包括合资光伏电站），另有776MW正在建设中。在建及可建项目总计约1GW，此外还有超过900MW的将于2015年内开工的项目储备。营业收入9.3亿元，净利润7423万元，净利率7.9%。

协鑫集成截至2015年上半年组件出货量753MW，营业收入35.7亿元，净利润1.88亿元，净利率5.27%。

二、企业发展策略

（一）创新战略

在技术进步上，保利协鑫发布了第四代高效多晶硅片产品"鑫多晶S4"，产品平均转换效率达到18.33%。协鑫集成发布了户用智能光伏高效发电系统"鑫阳光"，"鑫阳光"系统由鑫微网、鑫高效、鑫储能、鑫光云和鑫金融五大功能共同支撑，以覆盖户用光伏电站全生命周期每个环节。12月，协鑫集成发布了"鑫金刚"组件系列新产品，采用17.8%效率的商业化电池，组件功率345W，效率约为17.5%，效率仅损失0.3%，预计2016年正式投产。

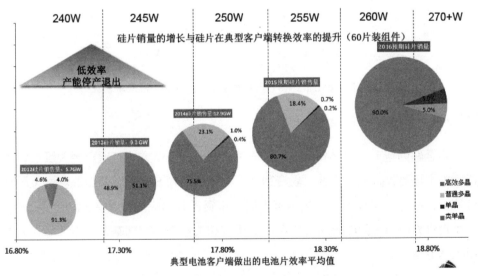

图38-3　保利协鑫硅片产品技术进步路线

资料来源：企业财报，2016年3月。

在技术创新上，保利协鑫将与国家集成电路产业投资基金（以下简称"大基金"）成立合资公司江苏鑫华半导体材料科技有限公司，在国内建设年产5000吨半导体级多晶硅生产线。协鑫集成研发了平单轴跟踪系统、集装箱式储能系统、漂浮电站，以及"协鑫绿色小镇"农业综合能源解决方案和"协鑫智慧城市"能源互联网解决方案等，在业内产生较大反响，其正在积极进行储能技术研发。其目标是力争在 2017 年前实现平价上网，在 2025 年前实现局部能源互联网。

在成本控制上，持续降低硅片生产成本，由于硅片售价在下半年反弹，利润获得增长。

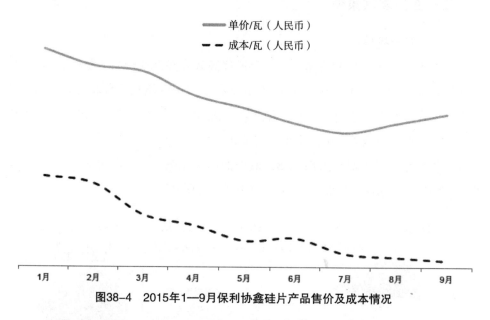

图38-4 2015年1—9月保利协鑫硅片产品售价及成本情况

资料来源：企业财报，2016 年 3 月。

在金融创新上，协鑫新能源已采取了多种金融创新方式打通资金关键点，包括资本市场股权融资、贷款、融资租赁、与金融机构成立基金乃至互联网金融众筹等。包括与中建投资本、银河资本研拟出资，共同成立协鑫新能源产业基金，主要投资方向为太阳能电站等协鑫新能源的相关业务。初期基金资本计划为人民币 12.5 亿元。

（二）市场战略

进入单晶领域。保利协鑫已在宁夏中卫布局了 1GW 单晶拉棒和切片项目，预计 2016 年第一季度陆续开始投产，第二季度满产。其未来拟投资 150 亿元，在 5 年内建设 10GW 高效单晶制造项目。

剥离非光伏发电业务。保利协鑫以 32 亿元人民币，出售旗下非光伏业务附属公司，其中发电厂涉及 17 座热电联产电厂、两座垃圾焚烧发电厂及一座风电场，总装机容量 1414.5MW，权益装机容量 843.8MW，及发展非光伏发电之待开发项目。出售后，公司主营业务包括生产及销售多晶硅及硅片产品，及开发、拥有及经营下游光伏电站。

提升硅片业务销售占比。

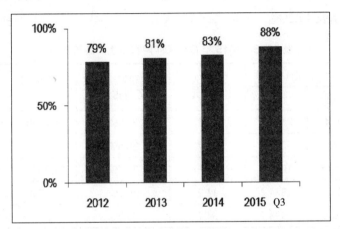

图38-5　2012—2015年Q3保利协鑫硅片产品占光伏材料业务销售比重

资料来源：企业财报，赛迪智库整理，2016 年 3 月。

战略路线选择上，主营业务在清洁能源、太阳能发电、能源互联网、光伏制造等方面。另外，协鑫也正在推动智慧交通业务，计划"十三五"期间在全国布设百万数量级的充电桩及物流车，实现发、充、车、厂、云、储一体化。协鑫正在着力打造包括基金、金融租赁、保险等金融服务在内的资本平台，提供从融资到系统、保险、运维等一揽子服务。

（三）投资合作

通过投资合作进入海外市场。协鑫集成与印度工业公司 Adani Group 签署协议，成立合资公司在印度开发上下游光伏业务。该合资企业计划利用协鑫的制造技术，在蒙德拉的一个经济特区打造一个完全整合的光伏制造综合设施，其中包括多晶硅、硅锭、硅片、太阳能电池和组件生产。

加强兼并重组。协鑫集成完成收购江苏东昇（1GW 普通电池及组件）及张家港其辰（1GW 高效组件项目已投产）100% 股权，拥有超过 4GW 的组件制造产能。收购盐城阿特斯协鑫阳光电力科技有限公司20%股权。

第四节　阿特斯阳光电力集团

一、总体发展情况

2015年光伏组件出货量达到4.38GW，同比增长56.4%。净收入达到34.7亿美元，同比增长17.2%。

表38-5　2015年Q1—Q4阿特斯生产经营数据

	组件出货量（MW）		净收入（亿美元）	系统和解决方案业务所占比重	净利润（万美元）	净利润率
	内部	外部				
2015Q1	124	906	8.61	35.9%	6130	7.1%
2015Q2	90	719	6.37	30.6%	1790	2.8%
2015Q3	110.5	1039.5	8.5	26.6%	3040	3.6%
2015Q4	63.8	1334.2	11.2	30.7%	6230	5.6%
2015年	388.3	3998.7	34.7	30.9%	17190	5%

注：组件出货量统计的为记为收入的组件出货量。

资料来源：企业财报，赛迪智库整理，2016年3月。

公司在河南洛阳的硅片产能至2016年6月预计扩产至1GW。位于江苏苏州和阜宁的电池片厂产能至2015年底分别达到2GW和500MW。位于江苏阜阳的电池片产能至2016年7月将达到1GW，另外一个位于东南亚的700MW电池工厂将于2016年下半年投产。位于江苏常熟、河南洛阳的组件产能在2016年底将分别达到3GW和1.1GW，此外将在海外建设1.63GW的组件工厂，包括加拿大500MW、越南300MW、印尼30MW、巴西300MW以及东南亚500MW。

表38-6　2013—2016年阿特斯产能增长情况

年份	硅片	电池	组件
2014年（GW）	260	1500	3000
2015年（GW）	400	2700	4330
2016年6月（GW）	1000	2700	4630
2016年底（GW）	1000	3900	5730

资料来源：企业财报，赛迪智库整理，2016年3月。

二、企业发展策略

（一）创新战略

在新产品发布上，在"MaxPower"品牌系列下，正式推出 320W 高功率档多晶组件。

在成本控制上，组件生产成本已降至 0.42 美元 /W。

表 38-7　2013—2015Q3 年阿特斯各环节成本控制数据

年份	多晶硅/硅片环节（美元/瓦）	电池环节（美元/瓦）	组件环节（美元/瓦）	总成本（美元/瓦）
2013年	0.22	0.14	0.17	0.53
2014年	0.21	0.13	0.16	0.5
2015年Q3	0.18	0.1	0.14	0.42

资料来源：赛迪智库，2016 年 3 月。

（二）市场战略

已成功转型为国内较大的下游光伏系统集成商。至 2015 年底，已建成并网发电的光伏电站装机量达到 1396.4MW，预计 2016 年将达到 2806.4MW。

对美出货比例下降。受美国"双反"影响，阿特斯对美出货比例有所下滑。

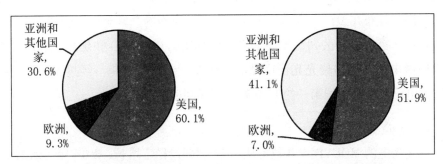

图38-6　2014年及2015Q4年阿特斯组件出货区域（左为2014年，右为2015Q3）

资料来源：赛迪智库，2016 年 3 月。

（三）投资合作

15% 入股光伏浆料企业苏州晶银，后者目前自主研发产品可双层印刷、适合高低方阻晶体硅太阳能电池正面电极用银浆、低成本型背面用银浆、薄膜太阳能电池用银浆等浆料，年产能 100 吨以上。

第三十九章　半导体照明（LED）行业重点企业

第一节　三安光电

一、总体发展情况

（一）发展历程

三安光电成立于 2000 年，其母公司为三安集团。1992 年成立之初，三安集团的主要业务为钢铁冶金、贸易等。2000 年，公司向 LED 产业转型是集团发展历程中的第一次突破。2008 年 7 月在上海证券交易所上市，总部位于福建省厦门市，拥有分布在厦门、泉州、天津、芜湖、淮南的 7 家全资子公司、1 家控股子公司及 3 家参股子公司，主要从事全色系超高亮度 LED 外延片、芯片及化合物太阳能电池、高倍聚光光伏产品等的研发、生产与销售。经过 15 年的发展，三安光电已经成为中国第一的 LED 外延芯片制造企业。

（二）企业规模

三安光电的 MOCVD 设备数量从 2011 年开始稳定增长，2014 年达到 170 台。2015 年公司进入新一轮的扩产增长周期，2013 年非公开发行为 LED 产业化项目募资 50 台 MOCVD（折算成 2 英寸 54 片机相当于 100 台），随后厦门三安产业化二期的 50 台（折算成 2 英寸 54 片机相当于 100 台）也将逐步到位，进入安装调试过程，后期将逐步释放产能。使得 2015 年和 2016 年公司的 MOCVD 机台数将达到 270 台和 370 台，巩固国内龙头企业的位置，产能规模在全球也仅次于日本的日亚和中国台湾的晶元光电。若以 2015 年全球 MOCVD 总数量为 2937 台计算，三安的产能市占率达到 9%。

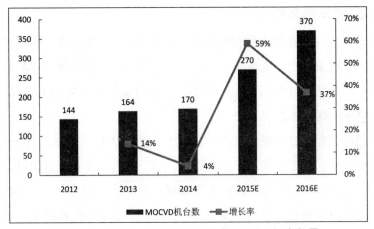

图39-1　2012—2016年三安光电MOCVD机台数量

资料来源：公司财报，2016年2月。

（三）经营情况

2011年以前，三安的LED业务收入规模尚小，利润率维持在较高的水平。而到了2012年，由于公司芜湖一期项目尚未完全达产，同时产品价格下降，三安经历了毛利率的大幅下跌和利润的负增长。2013年，公司在加强产品研发的基础上，同时展开产业链并购整合，虽然收入速度放缓，但是利润率显著回升。2014年三安的MOCVD设备实现满产满销，营收45.8亿元，同比增22.7%，净利润14.6亿元，同比增长41.2%，说明公司在LED领域盈利能力持续提升以及市场份额不断扩张。同时从具体指标层面看，公司毛利率水平在2014年有显著提升，45%的毛利水平在整个LED行业处于领先地位。另外值得注意的是，2014年公司海外业务增长171%，收入达到5.7亿元，显示出芯片产品在海外布局的良好开端。2013年和2014年，以LED为主的业务已经占到三安集团收入的65%和72%，成为集团的支柱业务。

表39-1　2011—2015年三安光电财务信息

年份	2011	2012	2013	2014	2015E
营业收入（百万元）	1747	3363	3732	4580	6466
增长率	102.4%	92.5%	11.0%	22.7%	41.2%
净利润（百万元）	936	810	1036	1462	2061
增长率	123.4%	−13.5%	27.9%	41.2%	40.9%
毛利率	42.3%	26.8%	36.2%	45.0%	43.1%

资料来源：企业财报，2016年2月。

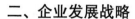

二、企业发展战略

三安光电抓住绿色能源的发展机遇，通过 LED 产业链的一体化布局，在全国多个地区投资新建产业化基地，不断拓展产业规模，同时加强产品和技术研发实力，部分产品已经达到国际先进水平，逐渐打破国际巨头的市场和技术垄断，在全球竞争中占据一席之地。

一是利用资金优势不断扩充产能。自落户厦门以来，三安光电不断发展壮大，利用发行股票或定向增发等方式募集资金，用于各地产业化项目建设，逐渐提升 MOCVD 设备数量和产能规模，连续十年市场占有率居全国之首。自 2009 年开始，三安光电连续两次非公开发行共融资 38 亿元；2011 年巨额投资 120 亿元，购置 MOCVD 设备 200 台；2013 年两次共投资 36 亿元，用于芜湖和厦门的厂区扩产；2015 年开始涉及半导体项目，共募集资金 39 亿元用于厦门扩产和新建化合物半导体生产线。

表 39-2 2009—2015 年三安光电扩产情况

时间	扩产情况
2009年2月	三安光电非公开发行不超过5000万股，募资不超过8亿元，用于天津三安光电LED芯片产业化项目。
2010年3月	三安光电发布定向增发预案，增发不超过5300万股，募集资金不超过29.8亿元，用于芜湖光电产业化（一期）项目。
2011年2月	三安光电投资120亿元建设芜湖项目，购置MOCVD设备200台，分两期实施，项目建设周期为4年。
2013年5月	三安光电发布33亿元定增方案，主要用于实施芜湖光电产业化（二期）项目，扩产100台MOCVD设备。
2013年6月	全资子公司厦门市三安光电科技有限公司出资不超过2.8亿元新增国际先进的20台单腔机或者5台四腔连体机氮化镓MOCVD设备及扩充部分LED芯片生产线。
2015年3月	三安光电以16.58元/股发行23522万股，募集资金39亿元投入厦门光电产业化（二期）项目和通信微电子器件（一期）项目。

资料来源：赛迪智库，2016 年 2 月。

二是通过并购合作等方式打造产业生态。三安光电不断通过收购、合作、合资等形式，打通全产业链各环节，获取大量优质资源，进而壮大自身实力。如在上游外延芯片环节，通过入股台湾璨圆、与韩国首尔半导体成立合资公司等方式，布局 LED 芯片海外代工业务；中游封装环节，先后与兆驰股份、国星光电、聚飞光电等大型 LED 封装企业签订近 10 亿元的战略合作协议，2200 万美元收购美国流明公司；下游应用环节，先后与珈伟股份、阳光照明等成立合资公司，以建立稳定的产品渠道，并与安信能源、南瑞智芯等公司签订大宗采购合作协议等。同时在 2011 年，三安光电成立福建晶安光电有限公司实施蓝宝石衬底产业化项目，解决光电产业所需的重要基础性原材料稳定供应的问题。通过一系列的上下游整合，使得三安光电打通了整个产业链，进一步巩固了龙头地位。

三是注重自主研发强化技术优势。三安光电能够在竞争激烈的市场中脱颖而出，除了规模优势和成本领先之外，坚持不懈的技术积累也是其迅速发展的原动力。三安光电的 LED 芯片覆盖了可见光的全部波长范围，正在开发紫外和红外产品，与台湾巨头晶元光电的芯片光谱覆盖范围基本一致。高功率芯片白光光效研发水平已与台湾一流光电企业持平，量产技术已接近美国、日本等国际 LED 领先企业。特别是在专利储备方面，公司坚持独立自主的知识产权，目前已累计申请及拥有国内外专利 650 余件，其中发明专利占 76% 以上。通过专有的技术基础和完善的知识产权保护体系的建立，进一步提升了三安光电的市场竞争力。

四是抢抓发展机遇进军集成电路产业。随着《国家集成电路产业发展推进纲要》的发布和国家大基金的设立，国内迎来了集成电路产业发展的重大机遇期。三安光电依托在化合物半导体领域的技术积累和竞争优势，积极布局生产线项目，获得大基金、国开行等金融机构的支持。大基金、华芯投资及国开行共给予公司近 400 亿人民币的资金支持，这也是大基金成立之后单笔投资规模最大、金融工具运用最丰富的投资。此次与大基金的合作，有助于三安快速将产品线延伸至化合物半导体领域，支持三安开展境内外并购、新技术研发、新建生产线等业务，体现出国家在半导体特色生产线领域的战略布局。凭借这次合作，三安也顺利跻身集成电路产业国家队的主力阵容。

表 39-3 三安光电布局化合物半导体过程

时间	事件
2014年4月15日	与成都亚光、厦门中航联合成立厦门三安集成电路有限公司，主要用于从事应用于通信、遥感、导航及各种节能器件的半导体集成电路。
2014年12月29日	与成都亚光签订合同，力争在2015年7月提供8种集成电路产品，在三安集成电路工艺线进行6英寸GaAs生产流片。

（续表）

时间	事件
2015年3月23日	非公开发行股票,募集资金39亿元,其中16亿元用于通信等电子器件项目,项目总投资30亿元。产品包括GaAs高速半导体器件和GaN高功率半导体器件两类产品,主要用于微波集成电路及其他高压、高功率领域。
2015年6月15日	三安集团将其持有的三安光电2.17亿股(占总股本的9.07%)以22.30元/股价格转让给国家集成电路产业投资基金(大基金),总金额48.39亿元。
	华芯投资、国开行和三安集团签订了为期10年的《关于投资发展集成电路产业之战略合作协议》,华芯投资拟以不超过25亿美元与三安设立III—V族化合物集成电路发展专项基金,同时国开行将用最优惠利率向三安提供200亿元融资。

资料来源:赛迪智库整理,2016年3月。

第二节　国星光电

一、总体发展情况

佛山市国星光电股份有限公司是广东广晟旗下专业从事研发、生产、销售 LED 及 LED 应用产品的国家火炬计划重点高新技术企业,广东省优秀高新技术企业。公司建于 1969 年,1976 年开始涉足 LED 封装,是国内最早生产 LED 的企业之一。经过四十多年的发展,公司借助资金、技术、人才和管理等方面的优势为行业所认可。2014 年,广东省属大型国有骨干企业广晟资产经营有限公司入资,国星光电成为混合所有制模式的 LED 企业。国星光电在做大做强 LED 封装主营业务的同时,兼顾上游 LED 芯片、下游 LED 照明产品的发展,建立完善的 LED 全产业链,实现垂直一体化。

国星光电股份有限公司专业从事研发、生产、销售 LED 及 LED 应用产品。2015 年实现销售收入约 18.39 亿元,同比增长 19.15%,归属上市公司的净利润约为 1.6 亿元,同比增长 10.6%,封装产能处于全国领先地位。同时,国星光电立足封装主业,实施扩产,做大做强,并通过上游质的提升与下游量的扩展,逐步推进 LED 产业链上中下游的整合,建立完善的 LED 全产业链。

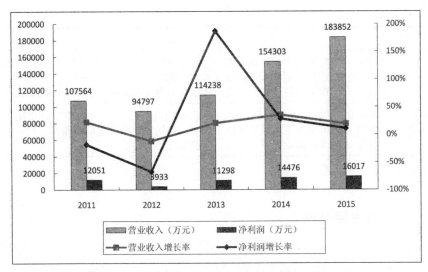

图39-2　2011—2015年国星光电营业收入及净利润

资料来源：赛迪智库整理，2016年3月。

表39-4　2015年国星光电发展介绍

项目	情况
基本介绍	2015年销售收入18.39亿元，同比增长19.15%，主要来自LED器件及组件收入，占据全国0.43%的市场份额。净利润1.6亿元，同比增长10.6%。研发支出为0.7亿元，占销售收入的4%。
主要产品	2015年推出非隔离降压型有源PFC高效率电源驱动技术，该款电源具有可靠稳定的工作能力、负载调整率高、高恒流精度、高效率、高功率因数等性能，不仅可以适配全球电压，而且外围应用电路非常简单。同时该款电源只需要较少的元器件就可以实现浪涌1000V和过EMC，电源尺寸小，对于电源效率、PF和安装体积有要求的地方用此电源更佳。可以应用于球泡灯、射灯、日光灯、筒灯等室内LED照明灯具。
	为了满足紫外线不同用途对产品波段和尺寸要求的不同，进一步丰富紫外LED器件产品系列，推出COB 1215、3535、6363系列紫外LED产品。COB系列采用陶瓷基板以及特殊抗UV硅胶封装，散热性能好，热阻低，可靠性高，涵盖波长范围395—405nm产品。
应用领域	主要产品涵盖外延芯片、封装器件、照明应用。
投融资	6月5日，国星光电发布公告，以自有资金1650万元收购亚威朗25%的股权，同时向亚威朗增资6000万元，亚威朗成为公司控股子公司。
	11月14日，国星光电发布公告，以不超过4亿元人民币自有资金投资公司封装项目扩产，以持续扩大中游封装领域的生产规模，做大做强。
	11月14日，国星光电发布公告，拟向亚威朗增资1725万元，向国星半导体增资6000万元，以不断强化公司在LED上游芯片领域的市场竞争力，增强公司的综合实力。

（续表）

项目	情况
发展战略	除封装产品外，公司还向上游LED芯片和下游终端照明拓展，实现全产业链布局。在芯片方面，公司全资子公司国星半导体负责从外延片到芯片生产的全过程；在终端照明方面，公司产品全部为自有品牌，其中60%销往国外。
热点事件	8月30日，国星光电获得丰田白光LED专利授权，进一步拓展国际市场。9月23日，国星光电注册成立德国子公司，加快完善全球化战略布局。12月8日，国星光电注册成立美国子公司，加快推进国际化进程。

资料来源：赛迪智库整理，2016年3月。

二、企业发展战略

立足封装业务，兼顾上下游产业。国星光电从LED封装行业起家，封装产能规模和销量已经达到国内领先水平，为抵御价格风险和行业竞争压力，国星光电向全产业链扩展。特别是2015年以来，国内经济环境复杂多变，宏观经济也面临下行压力，使得LED整个行业的市场竞争日趋加剧。国星光电全力推进"立足封装，做大做强，兼顾上下游垂直一体化"的企业发展战略，一方面加强全产业链的整合力度，从封装延伸到上游，加强上游芯片的布局，提高上游业务的盈利水平，调整与优化公司产业结构，以分散竞争压力，实现LED全产业链产品的多元化均衡发展，同时全方位而有效地抵御外部环境的冲击。另一方面，国星光电首次公开发行股票募集资金投资的项目目前已经陆续达产，通过进一步释放产品的产能，为公司的长足发展创造了广阔的空间。同时，公司进一步加大产品技术研发和质量管理等方面的投入，增强成本控制能力，全面提升公司在LED产业链的核心竞争力。

第三节　鸿雁电器

一、总体发展情况

杭州鸿雁电器有限公司是中国普天旗下的大型央企。公司成立于1981年，并于次年率先开发86型电器装置件产品（即中国第一款自主研发的电器开关），被誉为当时"电气装置件领域的一场革命"。随后，鸿雁发布"国内第一根PVC电线导管以及第一只家庭信息箱"。经过30余年的发展，鸿雁电器已升级为专业的建筑电器连接和建筑电气控制系统的集成供应商，成为LED智慧照明、智能家居等领域的行业集成供应者。

公司从 2009 年开始进入 LED 照明产业，依托于其在传统建筑电气领域的品牌优势和渠道优势，目前已经形成了以替代光源、道路灯具、景观灯具为主体的三大产品领域，合计 7 大类产品，62 个系列，分为通用类、分销类和工程类三大类产品。

表 39-5　2015 年鸿雁电器发展介绍

项目	情况
基本介绍	2015年上半年，在宏观行业环境并不乐观的大背景下，截至6月份，公司营收同比增长7.52%，其中，照明产业和电力电气产业增幅明显，尤其是照明产业，在2015年1—4月全国照明行业累计亏损额9.26亿元的背景下，逆市增长73.7%，电工、智能与上年持平。
主要产品	开发H型稀土节能灯、T5大功率节能荧光灯，LED吸顶灯、灯管灯等。
应用领域	主要产品涵盖电工电气、智能电气、LED照明、水电管道等应用领域。
投融资	10月28日，鸿雁电器与杭州中为光电，达成了"机器换人"的战略合作。计划通过三年时间，投资不低于5000万人民币，进行生产线、装配线的自动化、智能化改造以及新型智能工厂的建设。
发展战略	持续发力智慧单品，打造创意LED照明产品；结合O2O需求进一步展开梳理智慧照明、智能家居解决方案。
热点事件	1月28日，亚明、阳光、鸿雁、欧普、飞利浦、木林森、科瑞、锐高、莹辉、柏年、鼎晖、顿格等13家企业与小米签订共建智能照明联合声明，小米将与这些照明企业联合，共同推进智能照明在家庭的落地。
	12月，鸿雁与华为、京东、乐视、国网、古北、庆科达成"鸿米生态，互联互通"战略合作。以智能面板等多种控制终端为入口，以物物相连为基础，为用户提供包括安防监控、智能照明、能源管理、健康管理等在内的场景化智能家居解决方案。

资料来源：赛迪智库整理，2016 年 3 月。

二、企业发展战略

抓住智能照明机遇，打造产业生态。在移动智能终端快速发展的时代，鸿雁电器抓住智能家居行业的发展前景。从技术层面上来说，当前，智能终端已是常规消费品，且无线和远程控制技术已经成熟，安防与移动监控、LED 照明与智能控制实现了技术和应用层面的结合；从经济层面来说，智能照明产品的价格系统已经有所下降，用户认知渐趋成熟，购买意愿日趋增强等，也为智能照明的发展奠定了基础。鸿雁电器发展自身的传统优势，把"开关面板"作为智能家居操控选择。鸿雁开发的智能面板具有不改变传统的开关布线规范，可实现 LED 灯具亮度、色温、色彩等的无级调节，同步支持手机 APP 远程控制，场景面板集中控制和管理等特征。同时，除了在智能面板上的优势以外，鸿雁电器拥有智能家居云平台和相关的硬件设施等资源，也为鸿雁电器打造智能家居产业生态提供了强大保障。鸿雁电器从三个维度打造智能家居发展模式，一是产品维度，通过硬件技术和通信技术，实现"物物相连"；二是数据维度，以智能面板等固定端为核心的数据交互，以手机等移动端为平台保障数据安全及远程管理，实现数据的统一处理；三是销售维度，通过为客户提供"以生态场景"为主的系统解决方案，以实现智能家居的快速推广。

第四十章 电子材料、元器件及仪器设备行业重点企业

第一节 北京当升材料科技股份有限公司

一、总体发展情况

北京当升材料科技股份有限公司（简称"当升科技"）成立于2001年，是专业从事锂离子电池正极材料研发、生产与销售的高新技术企业，主要产品包括钴酸锂、锰酸锂、多元材料等锂离子电池正极材料，以及四氧化三钴、多元材料前驱体等前驱体材料，产品应用领域涵盖小型锂电和动力锂电领域。当升科技已经发展成为国内锂离子电池正极材料的龙头企业之一，于2010年4月成功登陆创业板，是国内唯一一家锂电正极材料上市公司。

2015年我国电动汽车产销量延续爆发式增长势头，带动锂离子电池以及相关配套材料市场需求急剧增长，锂离子电池正极材料尤其是动力电池用正极材料基本上处于供不应求局面。在此带动下，当升科技2015年主要营业指标全面回升。2015年，当升科技实现主营业务收入8.2亿元，同比增长35.3%，实现净利润0.13亿元，扭转了2014年净亏损0.3亿元的态势。截至2015年12月31日，当升科技的总资产达到17.4亿元，比上年同期增加71%，其中净资产为12.4亿元，比上年同期增长51.9%。

二、企业发展战略

在未来三年里，当升科技将立足于锂离子电池行业，深入推进产业链整合，持续做强做大锂电材料业务，跻身行业全球前三名；拓展自动模切设备业务，加快核心技术开发，进入智能装备领域，跻身世界先进行列，实现两大业务领域的

同步发展。

（一）强化产业链战略合作，加快动力产品市场开发

当升科技车用高镍多元材料自批量供应客户以来，其优异的能量密度和循环性能受到了动力电池客户以及新能源汽车企业的高度评价，市场需求旺盛。因此，加快车用高镍多元材料的市场推广和大客户开发是当升科技2016年工作的重中之重。当升科技将按照"材料—电池—车企"产业链协同发展的思路，充分利用车用高镍多元材料方面的技术优势和客户渠道，加强与国内外动力电池企业、汽车企业的战略协作，在保持与现有大客户深度合作的同时，积极开发其他知名品牌汽车供应链，让更多、更优质的产品应用于全球一线品牌新能源汽车。

（二）布局高端车用锂电正极材料，持续保持技术领先优势

当升科技将依托"国家企业技术中心"平台，积极组建"锂电材料技术开发与评价中心"，全面加强与高校、科研院所、政府的合作，持续提升自主创新能力，将技术优势进一步转化为市场竞争优势，集中力量完成下一代车用高镍正极材料的研发及中试，为抢占高端车用正极材料市场提供有力的技术支持和产品保障。

（三）充分释放江苏当升产能，积极开展后续产能规划

当升科技将在加快释放江苏当升现有产能，充分发挥其技术装备优势的同时，根据市场和技术发展情况，研究制定公司未来锂电正极材料发展路线，积极做好江苏当升后续产能的规划，持续加大对江苏当升的投入力度，将江苏当升打造成国际一流、国内领先的动力锂电正极材料生产基地，持续巩固公司在高端新能源汽车市场的技术和产能优势。

第二节　有研新材料股份有限公司

一、总体发展情况

有研半导体材料股份有限公司（简称"有研硅股"）成立于1999年，其前身是半导体材料国家工程研究中心，同年在上海证券交易所挂牌上市，2014年变更为有研新材料股份有限公司（简称"有研新材"）。有研硅股是国内半导体材料行业的主导企业，多次承担"九五""十五"硅材料研究重大课题，完成了2项国家产业化工程，实现了我国硅单晶行业的九个"第一"。2014年在合并有研稀土、

有研亿金和有研光电后更名为有研新材，从原来的单一从事半导体硅材料的企业，发展成为集半导体材料、稀土材料、光电材料、高纯/超高纯金属材料、生物医用材料等多个重要领域于一身的新材料企业，

2015年，有研新材重新整合/分划业务板块，加大有研亿金市场开拓力度，加强稀土产业链建设，但受国内外稀土材料产业市场需求不足、稀土价格下降的影响，净利润出现明显下滑。2015年有研新材实现营业收入25.9亿元，同比增长5.5%；实现净利润0.3亿元，同比下降49.6%。截至2015年12月31日，有研新材的总资产达到30.9亿元，同比下降1.4%。其中净资产为27.6亿元，同比增长1.0%。

二、企业发展战略

有研新材未来将重点围绕微电子与光电子工艺制程配套材料、稀土金属及合金、稀土磁功能与发光功能材料、光纤配套材料、红外光学材料等与公司主营业务相关的领域，充分利用自身技术优势和行业地位，积极采取"走出去"策略，开展对外投资、并购重组等业务，加强与关联企业合作，高速推进在建项目的落地实施，努力将有研新材建设成为国内领先、国际一流的微电子与光电子材料、稀土冶金与功能材料的科技创新和产业基地。2016年重点推进以下工作。

（一）加强战略规划

有研新材将引进外部咨询中介机构，成立项目组，结合公司实际，制定出公司"十三五"发展战略规划，并组织开展战略实施。

（二）加快"走出去"步伐

有研新材将成立投资部，依据发展战略规划，加大对外投资并购力度，并积极采取"走出去"策略，开展海外优质资产并购，加强对资本运作项目的管理，用好上市公司平台，助力公司发展，做优做强企业。

（三）加大研发产业化支持力度

有研新材将把握"十三五"开局机遇，加强科研争项。部署各产品领域的重大研发专项，推进新品项目、重点项目、重大专项相结合的项目管理模式和循环推进模式。积极加强对外合作，促进成果转化的推广和应用。

第三节　广东生益科技股份有限公司

一、总体发展情况

广东生益科技股份有限公司（以下简称"生益科技"）成立于 1985 年，是我国最大的覆铜板生产企业。1998 年在上海证券交易所上市，是目前国内唯一一家覆铜板上市公司。主要产品有各类覆铜板和多层板用系列半固化片。生益科技技术力量雄厚，是东莞市唯一一家拥有国家级企业研究开发中心的企业，产品质量始终保持国际领先水平。

2015 年在国内、国际宏观经济及消费电子产品市场不景气的影响下，全球印制线路板工业整体呈现稳中有降态势，生益科技在积极开发新产品的同时严控成本，保持平稳增长势头，实现营业收入 76.1 亿元，同比增长 2.6%，增速较 2014 年下降 10.3 个百分点；实现净利润 5.4 亿元，同比增长 5.6%，增速较 2014 年提高 5.5 个百分点。截至 2015 年 12 月 31 日,生益科技的总资产达到 88.6 亿元，其中净资产为 46.8 亿元。其中，2015 年生产各类覆铜板 6314.3 万平方米，比上年同期减少 2.5%；生产粘结片 8240.5 万米，比上年同期增长 6.5%。销售各类覆铜板 6433.9 万平方米，比上年同期增长 3.2%；销售粘结片 8187.7 万米，比上年同期增长 4.0%；生产印制电路板 738.4 万平方英尺，比上年同期增长 19.6%；销售印制电路板 727.8 万平方英尺，比上年同期增长 27.9%。

二、企业发展战略

生益科技将以做大做强覆铜板为核心，积极开发新产品，拓展应用市场，同时加强产业链整合，巩固从覆铜板—半固化片—印制电路板的全产业链优势，利用自身基础继续强化公司综合竞争力，打好"十三五"开局。

（一）强化技术创新

2016 年生益科技将根据确定的"十三五"技术路线图明确技术平台、产品平台、工程化的三大技术着力点及相互关系，加强挠性基材技术、高阶高密度积层板、超大容量功能集成背板技术等研发力度，加快实现新技术、新产品产业化。

（二）加强管理机制改革

生益科技在全面完成公司岗位任职资格评定及薪酬制度改革基础上，加快推动全面预算管理，实现集团资源有效调配，研究制定从公司实际出发的体现顶层设计的、以客户满意为目标的、以订单实现全流程为纲的、以提高工艺能力、提高品质、提高工作准确率，提高效率等为目标的分阶段、分时间、分步骤、多角度、全员参与的"智能制造路线图"。

（三）积极优化产业结构

在继续做大做强覆铜板基础上，生益科技将积极研究关注与主业技术或业务相关的产业项目，以及新兴产业、高新技术项目的投资机会，以保证公司的可持续长远发展逐渐改变过分单一的主营业务局面，实现多元化发展，让股东可以在资本市场有更佳的投资收益。

第四节　上海飞乐音响股份有限公司

一、总体发展情况

上海飞乐音响股份有限公司（以下简称"飞乐音响"）成立于 1984 年，是我国第一家股份制上市公司。最早从事音响生产，后不断调整产业结构，已经成为集绿色照明、IC 卡、电子部件、计算机系统集成与软件开发于一体的多元化公司。2014 年，飞乐音响通过发行股票及支付现金方式收购申安集团 100% 股权，打通并延伸了 LED 照明灯具至应用端照明工程市场的产业链条，实现强强联合。经过深度融合后的飞乐音响，拥有遍布全国近 80 万平方米的十大研发生产基地，和一个国家级技术中心，并由近一个世纪家喻户晓的中外驰名商标"亚牌"统领，使之成为全国照明行业企业布局最广，实力最强的民族品牌龙头企业。

2015 年我国 LED 照明市场需求持续快速增长，飞乐音响抓住这一市场机遇，积极推动从传统照明向绿色 LED 低碳照明转型，在这一基础上向智慧照明发展，同时积极加快战略兼并重组，主要经营指标实现跨越式增长。2015 年飞乐音响实现营业收入 50.7 亿元，比上年同期增长 137.6%，实现净利润 3.8 亿元，同比增长 482.0%，主要是申安集团纳入财务报表所致。截至 2015 年 12 月 31 日，飞乐音响的总资产达到 83.7 亿元，其中净资产为 32.6 亿元，分别比上年同期增长 51.0% 和 12.5%，主要原因在于收购了喜万年集团 80% 股权。

二、企业发展战略

飞乐音响将继续专注于绿色照明产业的发展，致力于从传统制造型企业向提供整体照明解决方案的现代服务型制造企业转型。同时，以成功收购喜万年集团80%股权为契机，做大做强绿色照明业务，实现"成为世界智慧照明巨头"的愿景。2016年飞乐音响的战略目标为营业总收入达到70亿元。

（一）修订公司战略规划和业务规划，构建与其相适应的组织架构

2015年，飞乐音响成功收购喜万年公司80%股权，成为拥有国际一流品牌和遍布全球销售渠道的世界一流照明企业。面对新的经营格局和环境，飞乐音响为实现2016年70亿销售收入的战略目标，将对原有的发展战略和业务规划进行适时修订，使其满足飞乐音响所面临的新格局和新发展的需求。

（二）稳步发展海外业务，建立海外投资管理框架体系，提升协同效应

2016年是"十三五"开局之年，也是飞乐音响成功并购喜万年集团迈出国际化步伐的重要一年。飞乐音响将通过落实海外工程项目、深化海外经销渠道的方式，稳定开展海外业务。同时，飞乐音响将以风险控制作为第一要素，通过建立海外投资管理框架体系，实施境外子公司经营责任体系，做到风险防范与控制。

（三）加快智能控制照明产品布局，实现渠道与工程项目并举

飞乐音响将继续以智能路灯产品为抓手，加快智能照明产品的产业链布局。积极培育和发展新的业务模式和新的业务应用，同时引入增值业务、联合投资及收益分成等新商业模式，扩展智能照明产品的盈利模式和盈利空间。

第五节　浙江永贵电器股份有限公司

一、总体发展情况

浙江永贵电器股份有限公司（以下简称"永贵电器"）成立于1973年，专业从事连接器、端接件及接线装置等产品的研发、生产、销售，主要产品包括：轨道交通连接器、新能源电动汽车连接器、通信连接器，2012年在深圳证券交易所上市。作为国内轨道交通连接器制造的龙头企业之一，永贵电器生产的连接器产品大批量供应给中国南北车集团、十八个铁路局以及建有轨道交通的省份和城市，应用于铁路机车、客车、高速动车组、地铁、磁悬浮等轨道交通车辆上。

2006 年在深圳证券交易所上市。

2015 年，永贵电器实现平稳快速增长。尽管受南车、北车合并影响轨道交通连接器业务大幅下滑，但在新能源汽车产销量迅猛增长、4G 网络建设快速推进带动下，相关连接器产品销售显著增长。2015 年，永贵电器实现营业收入 5.1 亿元，同比增长 33.1%，实现净利润 1.1 亿元，同比上年增长 0.6%。截至 2015 年底，永贵电器的总资产达到 12.8 亿元，净资产为 10.7 亿元，分别比上年增长 11.2% 和 7.7%。其中，轨道交通连接器的销售收入为 2.3 亿元，较上年下降 26.5%，新能源电动汽车连接器销售收入为 1.8 亿元，同比上涨 288.7%，通信连接器销售收入为 0.7 亿元，是上年同期的 55 倍。

二、企业发展战略

借助资本市场平台，进行同行业并购整合，以轨道交通连接器市场为核心，重点拓展新能源和通信领域市场，同时积极拓展军工等领域市场，努力形成四大领域齐头并进的发展格局。

（一）提升产品品质

逐步提升制造水平，重点提高生产工艺水平，优化设备配置，努力提高生产设备自动化程度，逐步实现生产管理信息化。全面提升产品品质，健全质保控制程序，追求产品品质的零缺陷，提高产品的品牌知名度和美誉度，提高供应商质量管控工作。

（二）优化管理机制

推行精细化管理模式，千方百计降低生产成本，增强市场竞争能力，提高市场的占有率。提高公司经营目标完成率，严格控制未完成项目数。建立快速反应、科学决策、令出必行的企业运营机制，进一步提高和细化绩效考核工作，加强人员动态管理工作。

（三）积极促进光伏业务扭亏为盈

太阳能事业部 2016 年将继续"逐步转向积极、适度追求销量"，"电池以产定销，优化毛利空间"及"聚焦客户需求，促进产品提升"的经营策略，通过专注晶硅制造、聚焦电池组件、单晶多晶并重、多元市场布局来提升市场竞争力拓展市场空间。同时，在确保已建成光伏电站安全运营前提下，积极争取更多电站建设指标，促进光伏业务实现扭亏为盈。

第六节　深圳顺络电子股份有限公司

一、总体发展情况

深圳顺络电子股份有限公司（简称"顺络电子"）创建于2000年3月，2007年6月在深圳证券交易所挂牌上市，专业从事片式元器件研发、生产和销售，主要产品包括超小型化的精密片式电感、大电流功率型电感、新型天线、LTCC元件、近场支付天线、新型变压器、新型保护器件、精密陶瓷等，产品广泛应用于通信、消费类电子、计算机、LED照明、安防、智能电网、医疗设备以及汽车电子等领域。顺络电子已经发展成为国内最大的片式电感/磁珠生产企业，2006至2015连续十年被中国电子元件行业协会评为"中国电子元件百强企业"。

2015年在国际市场需求疲软以及中国经济增速放缓，日元、欧元相继贬值的大背景下，长飞股份在加强技术研发、提升产品核心竞争力的基础上，抓住下半年市场转暖的大好时机积极拓展市场，各项营业指标持续创历史新高。2015年，顺络电子实现营业收入13.2亿元，比上年增长13.5%，实现净利润2.6亿元，比上年增长23.8%。截至2015年底，顺络电子总资产32.4亿元，净资产24.1亿元，分别同比2014年增长17.8%和13.9%。

二、企业发展战略

"十三五"期间，顺络电子将秉承创新发展模式，强化在高端片式电子元件领域的全球竞争力，着力于成为在全球同行中具有一定的影响力和受尊敬的一流企业。

（一）加快服务转型

通过市场区域多样性、产品技术多样性和行业应用多样性，持续拓展汽车电子、工业电子、LED照明、物联网等新领域，致力于成为方案解决供应商，通过技术服务为客户创造更多更新价值，不断提高产品附件加值和技术竞争优势，增强公司的综合竞争实力。

（二）强化技术优势

加大研发支持力度，紧跟市场需求及发展趋势，加强超小型片式电感、

LTCC 元件、新型变压器、新型保护器件等新产品研发和产业化，逐步从元件到器件、模组方向发展布局，进一步丰富产品结构。

聚焦主流大客户和行业主流客户，与重点客户的合作紧密度得到有力提升；完成了国内生产据点和海外营销据点的布局，为未来可持续稳定快速发展打下了坚实的基础，甚至有望实现更加快速的成长。

（三）实施全球化发展战略

结合"一带一路"发展战略，选定合适地区建立海外销售平台，完善海外营销据点布局，加快产品出口。聚焦主流大客户和行业主流客户，加强与重点客户的合作力度，加大海外欧美市场源头开发力度。

第七节　山东共达电声股份有限公司

一、总体发展情况

山东共达电声股份有限公司（简称"共达电声"）成立于 2001 年，是专业的电声元器件及电声组件制造商和服务商、电声技术解决方案提供商，主营业务为微型电声元器件及电声组件的研发、生产和销售，主要产品包括微型麦克风、微型扬声器/受话器及其阵列模组，广泛应用于移动通信设备及其周边产品、笔记本电脑、平板电视、个人数码产品、汽车电子等消费类电子产品领域。共达电声业绩一直保持稳定快速增长，2012 年在深圳证券交易所成功上市。

2015 年全球智能手机、平板电脑市场增速进一步放缓，共达电声收入增速明显下降；同时公司处于战略转型期，新业务投入增大，相关研发支出和可转债费用增加。2015 年共达电声实现营业收入 7.1 亿元，比上年同期增长 7.9%，实现净利润 0.2 亿元，同比下降 20.1%。截至 2015 年 12 月 31 日，共达电声的总资产达到 11.6 亿元，比上年同期增长 14.6%，其中净资产为 6.3 亿元，比上年同期增长 2.2%。

二、企业发展战略

2016 年，共达电声将深化产品结构调整，完善营销渠道，满足客户需求，提供一站式采购服务，巩固提高微型驻极体麦克风市场地位，大力拓展微型扬声器/受话器、硅微麦克风、车载通信、智能家居等系统、模组产品市场空间，提高整体声学解决方案服务能力，抢占高端电声产品市场。

（一）提高产品研发能力

共达电声将依托现有微型电声元件产品研发技术平台，整合国际、国内研发中心力量，借助电声领域高等院校及实力企业资源，培养技术创新人才，积淀技术创新文化，持续提高产品研发、创新能力。继续大力吸引和招聘各类技术、管理人才，实施有效的竞争激励机制，建立人才梯队，为公司健康快速发展提供人力资源保障。

（二）提高自动化装备、生产水平

共达电声将改进现有自动化生产设备，提高产品组装、测试设备生产效率，加大自动化装备投入，进一步优化生产工艺，提高自动化生产设备在生产中所占比例，采用柔性自动化手段，降低人工成本，满足不同品种、不同规格产品生产需要。

（三）加大市场开拓力度

定位中高端客户群体，共达电声将以卓越的技术创新能力和品质保障能力，全面、全方位满足客户需求，深入客户供应体系，紧跟客户发展步伐，优化产品结构，推广新产品，推动微型电声元件及其组件、模组、系统在平板电脑、智能家居、语音识别、可穿戴设备等领域的应用，进一步提高产品市场占有率。

第八节　深圳市赢合科技股份有限公司

一、总体发展情况

深圳市赢合科技股份有限公司（简称"赢合科技"）成立于 2006 年，2015年在深圳证券交易所上市。赢合科技一直致力于锂离子电池自动化生产设备的研发、设计、制造、销售与服务，产品主要应用于锂离子电池制作的关键工序。目前产品系列已经涵盖涂布、辊压、分切、制片、卷绕、模切、叠片、注液、软包干燥、软包化成机等大类，涉及锂离子电池生产设备的全系列生产工序。

在新能源汽车持续"井喷式"增长的拉动下，2015 年我国锂离子电池市场需求趋紧，各方投资热情高涨，投资规模超过 1000 亿元，带动生产专用设备供不应求，赢合科技抓住这一历史机遇，各项经营指标创历史新高。2015 年赢合科技实现营业收入 3.7 亿元，同比上年增长 62.3%，实现净利润 0.6 亿元，同比增长 19.2%。截至 2015 年底，赢合科技的总资产为 9.8 亿元，其中净资产 5.2 亿元，分别同比 2014 年增长 83.3% 和 104.6%，主要是由于公司 2015 年实现上市。其中，锂离子电池生产专用设备实现营业收入 3.3 亿元，同比增长近 50%。

二、企业发展战略

赢合科技以成为"国内领先、国际先进的锂电全套装配供应商"为目标，致力于引领锂电设备技术革新、提升民族装备水平。立足锂电设备制造产业，成为集"研发+制造+服务"的锂电设备整体解决方案服务商，向外延伸发展其他相关自动化装备产业。

（一）扩大产能+行业整合，提高锂电池设备市场占有率

为抓住我国制造业和锂电设备行业发展的历史机遇，赢合科技将进一步扩大产能，满足快速增长的市场需求，公司于 2015 年 12 月 3 日披露了非公开发行股票预案，在本次非公开发行股票募集资金到位前，拟以自筹资金方式开展项目实施以扩大产能，解决产能瓶颈问题。同时，赢合科技将加强和国内外同行企业、科研院校之间的合作，在条件成熟时适时开展行业内整合，以实现技术、产品、产能等方面互补，提升企业竞争力和市场占有率。

（二）推进外延式发展，进行产业布局

随着信息技术与先进制造技术的高速发展，我国智能制造装备的发展深度和广度日益提升，以新型传感器、智能控制系统、工业机器人、自动化成套生产线为代表的智能制造装备产业体系初步形成。赢合科技将利用产业转型升级的契机，布局更具价值竞争力的智能制造领域，以技术创新引领产业升级，提升国际竞争力。

（三）深耕整线解决方案

随着产品的不断丰富和整线工艺布局完成，赢合科技将继续完善整合锂电芯生产各工序的设备，将各种单工序的设备通过机械手连接成自动化程度更高的自动生产线，减少人工操作和人工控制环节，大幅提高生产效率和减少管理难度，提高锂离子电池的产品品质，提高通线率，提高整线自动化及智能化水平，满足新能源汽车动力电池等高品质产品的要求。

展 望 篇

第四十一章　主要研究机构预测性观点综述

第一节　整体产业和技术趋势研判

一、IDC《2025四大新格局引领中国IT市场未来》

IDC 发布《2025 四大新格局引领中国 IT 市场未来》报告称，到 2025 年，中国的经济总量、财富 500 强中国企业数量、制造业增加值、网络购物规模、中产阶级人口数量等都将处于全球第一位。这也给中国的 ICT 市场带来了前所未有的挑战和机遇：

一是经济新格局，决定市场机会与投入。到 2025 年，中国的经济总量将达到 25 万亿美元，居于世界第一位。中国经济的新格局将逐渐形成：服务业与智慧制造拉动经济增长，中国企业将是全球化的企业，创新创业将成为社会的新常态。在此经济新格局下，"十三五"规划的 10 大关键词在未来十年将对中国 ICT 市场产生显著的影响，它们是：基础设施、中国制造 2025、现代服务业、农业现代化、节能环保、互联网+、大数据、智慧城市、全球化、安全可控。根据 IDC 的研究，2016—2025 年中国 ICT 市场的 10 年总量将达到 6 万亿美元，年均增长率近 7%。这将为 ICT 市场提供的巨大的成长空间。

二是技术新格局，决定产品方向与发展。第三平台与行业创新加速器技术"4+6"也将在中国大规模应用，根据 IDC 的研究，到 2025 年"4+6"技术市场规模将占到中国 ICT 市场总量的 80%，2016—2025 年均增长率超过 15%，中国也将进入超级数字化时代，ICT 真正实现从支持到引领。技术的新格局是：物联网与智能硬件将无处不在，安全的云服务已变成像水电一样的基础设施，大数据资产将引领人工智能与用户体验。

三是用户新格局，决定销模式与策略。数字化转型将成为未来 10 年所有行业用户的主旋律，也将影响每个家庭与消费者。到 2025 年，中国 80% 以上的组织都将成为技术组织；中国每个消费者将平均拥有 5 个数字化智能设备。用户的新格局是：所有组织都将开始数字化转型之旅，CIO 的三重角色（配合、创新、整合）实现 IT 从支持到引领，90 后、00 后将成为 ICT 产品与服务的核心使用者与消费者。

四是生态新格局，决定资源整合与拓展。随着技术的发展与商业模式的演进，ICT 新的生态系统也将逐渐成熟，过去以大厂商为主体衍生出的多层级控制式的生态系统将逐渐演化为扁平的、松耦合的以平台为中心的生态系统，个人、行业用户、互联网公司、投资机构都将进入这个大的生态系统，资源的整合与拓展能力将成为厂商最为重要的竞争力。生态的新格局是：拥有最多用户的平台级厂商越来越能够引领市场，创新能力强的个人、行业用户、中小企业对市场的影响日益强大，跨国公司将用新的模式与本土厂商合作开拓市场。

IDC 认为，未来 10 年既是中国经济调结构、转方式、创新升级的 10 年，也是 ICT 技术和商业模式创新升级的 10 年，更是行业用户全方位数字化转型的 10 年，未来的挑战和机遇前所未有，ICT 厂商和用户应充分理解经济、技术、行业、生态的新格局，累积自己的技术实力与整合资源的能力，在超级数字化时代实现全方位的转型，赢取未来先机。

二、Gartner《2015至2016年中国10项最重要的技术趋势》

Gartner 预测了 2015 年至 2016 年中国 10 项最重要的技术趋势：

一是无所不在的计算正在改变中国人的生活体验。Gartner 称，移动互联网已经成为中国消费者日常生活中的一个重要组成部分，目前有超过 14 亿台的移动设备正在投入使用。随着人们携带的移动设备的数量不断增长，"无所不在的计算"趋势正在将关注点从个人移动设备转移到个人移动体验上来。此外，中国政府努力通过"互联网+"行动计划实现产业升级，同时推动"无所不在的计算"这一趋势的发展。

二是物联网（IoT）使所有设备具有计算能力。

三是 3D 打印技术正在走向关键转折点。Gartner 认为，材料科学与 3D 打印方法的进步，以及低成本 3D 打印机的出现，已经给越来越多的行业带来更大的影响，并正在向消费品领域延伸。作为全球制造业中心，中国为 3D 打印技术的发展创造了许多良机，也推动了 3D 打印机的需求。尽管工业级 3D 打印机的普及程度仍不及消费品级 3D 打印机，但工业级 3D 打印机仍会为供应商带来新的机遇。

四是先进分析正处于上升阶段，并增强商业运营及用户体验。

五是情境感知系统使业务运营更加敏捷，进而主动响应商业契机。

六是智能机器扩展人们应对日益复杂环境的能力。Gartner 表示，中国政府和企业都已经意识到劳动力成本增加带来的挑战和人口老龄化所造成的风险，因此智能机器在中国已经成为一个热门话题。虽然中国仍处于商业化进程的初级阶段，各类智能机器还是大量涌现出来。这引起了制造业、矿业、物流、汽车、医疗和其他重体力劳动密集型产业的极大兴趣。目前，智能机器作为一项"超类"新兴技术，可以帮助中国企业将其核心竞争力的重点从劳动力成本转移到高科技上来。

七是云计算是企业不容忽视的技术。据 Gartner 称，到 2014 年底，中国公共云服务市场规模达到了近 70 亿美元，并有望在 2018 年底增长至 207 亿美元。由于移动互联网用户众多以及公共云服务市场的蓬勃发展，许多中国企业已经计划部署云计算，以顺应网络驱动的、超连接数字化的电子商务业务的增长趋势。

八是软件定义架构强化数据中心对数字化业务的支持。中国，软件定义架构的发展不一、外部竞争格局与内部操作需求存在的差异导致其发展速度和成熟度不尽相同。对于电子商务公司和云服务提供商等互联网依赖型企业来说，软件定义网络（SDN）应用较广泛，技术也较成熟。

九是网络规模 IT 将帮助企业实现数字化创新。网络规模 IT 是一种计算模式，使企业具备大型云服务提供商的计算能力。中国三大互联网公司（百度、阿里巴巴和腾讯）正在将其业务向云服务扩展。不同于目前采用传统方法的大多数企业，它们采取了一系列独特模式来构建其 IT 基础架构，设计其开发与操作流程。这种模式将颠覆传统 IT 在可扩展性、成本和敏捷性方面的服务交付能力。由于中国拥有全球最多的移动互联网用户，所以中国企业必须利用网络规模 IT 来满足其不断增长的数字化业务需求。

十是数字化业务需要基于风险的安全与自我保护策略。中国一直面临着安全和风险管理的重大挑战，这是由于中国作为世界上最大的多元化增长引擎，拥有众多移动互联网用户、各类终端设备、多种生态系统以及不断增长的数字化企业。

这些因素导致中国外部互联网接入率颇高，也使中国成为大量网络攻击的众矢之的。

第二节　重点行业和细分领域市场现状与趋势

一、智能手机

根据 IDC 统计，2015 年全年中国智能手机市场出货量同比增长 3%。同时，IDC 分析了影响 2016 年中国智能手机市场发展趋势的几个方面：

一是线下渠道的扩展。手机线上限时抢购的新鲜感已经开始消退。IDC 认为，今后几年通过线上渠道销售的手机份额不会再出现 2015 年一样的剧增态势。2016 年，各家厂商将设法拓展线下渠道。

二是高价格段的竞争。换机用户很可能会寻求更好的设备体验，厂商需要向上游市场移动，以迎合这些用户的需求。

三是小型厂商的整合。厂商将面临拓展线下渠道所产生的成本上涨，小型智能手机厂商或将迎来整合浪潮。

IDC 预计，2016 年中国智能手机增幅将与上年持平，这主要是因为市场日趋成熟，并非经济增长放缓导致。尽管面对经济逆流，但 IDC 认为，随着消费者将追求更高端的产品，苹果、华为等主要厂商在 2016 年仍将会保持出色的业绩。

二、个人电脑

（一）商用 PC

IDC 统计数据显示，2015 年中国商用 PC 市场的整体采购量同比上年持平略降。IDC 认为，2016 年商用市场有以下行业和政策值得关注：

一是医疗领域，三大细分行业迎机会。医疗行业一直是国家重点投入的行业之一，"十三五"规划仍将延续这一政策，且重点方向更为细化，其中医疗信息化、高性能医疗器械和生物医药被确定为重点突破领域，将成为国家重点扶持的对象，相关企业数量会大幅增加，这将在很大程度上带动 PC 采购量。在政策和资金投入以及行业内在需求的激励下，医疗行业信息化市场规模增速将明显高于信息化行业整体市场增速，这也就意味着 PC 的购买和更新速度都会快于整个行业市场。到 2020 年，中国医疗行业市场规模预计将突破 1000 亿元人民币，年复合增长率达 24%。移动医疗、远程医疗以及就医信息开通三个方面都将迎来机会，这无疑将会刺激商用 PC 需求。

二是环保领域，三大细分领域投资达 6 万亿。"十三五"期间，环保三大领域（固废、大气和土壤治理）投资需求将达到 6 万亿元人民币，依然是发展重点。此外，国家对环保行业的定位是"支柱产业"，未来不仅环保行业相关企业数量会不断增加，业务上也将对企业信息化提出更严格的要求。第一，粗放式的环保管理显然不能满足国民和政府的要求，精细化管理必然要走信息化道路，而且对信息化的依赖程度将越来越深。第二，信息化管理有助于减少企业在环保设备上人力、物力的投入，节省运行成本。第三，信息化无疑是降低环保风险的最好手段。因此，作为基础的 IT 设备采购，PC 将会迎来巨大的增长空间。

三是农业领域，政策实施力度有望加强。与工业化、信息化和城镇化相比，农业现代化是中国当下的薄弱一环。在确保粮食安全的前提下，中国将加快农业发展方式转变和技术创新的步伐。目前我国的农业信息化程度还非常落后，预计"十三五"规划将会为农业提供更好的发展空间。农业信息化是农业现代化的基础，这为 PC 设备采购的增长提供了强大的政策支持。

四是国防军工领域，国防科技工业快速扩容。国防科工局的消息显示，"国防科技工业 2025"和国防科技工业军民融合的"十三五"规划正在编制，这也是官方首次确认正在编制国防科技的顶层规划。国防科技工业将获得更多国家专项发展资金，重点细分行业的需求也将激增。虽然整体制造业环境仍然不是非常乐观，但是相关制造型企业将迎来快速扩容期，这对于 PC 的更换及采购都将产生巨大的促进作用。

（二）高清影音笔记本

IDC 认为，高清影音笔记本市场在 2016 年将呈现以下特点和发展趋势：

一是受到更多厂商关注，市场份额快速增长，竞争加剧。越来越多的厂商关注到高清影音笔记本这个快速发展的细分市场，市场份额明显增长，品牌竞争也在日益加剧。传统笔记本厂商采用和游戏本相仿的品牌和产品策略推出主打高清影音要素的产品加入到市场的角逐。而一些互联网品牌也抓住市场增长的机遇，加入到竞争行列。消费者的选择性呈现多样化。

二是配置和价格从中高端走向普及，全民高清 4K，人人影音娱乐。和游戏本追求高端配置和强劲性能略有不同，高清影音本应力图让更多消费者享受更高的视觉体验，让高清影音成为人人触手可及而非少部分人的乐趣。IDC 数据显示，

2015年第二季度，中国笔记本消费市场中屏幕分辨率在1920×080以上的产品占比超过30%，未来一年将持续增长并有望成为市场主流；同时，支持HEVC硬件解码的新一代处理器能够有效降低能耗和对显卡的负担，将产品配置需求和价格空间进一步下探到中端市场，让追求影音娱乐的消费者除了游戏本外多了一个选择。

三是高清需求快速发展，桌面设备和移动设备互相促进持续增长。随着苹果的iPhone6s/6s Plus发布，4K视频录制成为智能手机的又一个热点话题，根据IDC 2015年的研究，近60%的城镇居民消费者在外出或平日会使用智能手机录制高清视频（1080P），可以预见未来大量产生的高清视频录制、存储、播放以及编辑的需求不仅对智能手机和个人电脑的计算性能和存储空间提出了更高的要求，同时也有望带动高性能智能手机和个人电脑细分市场的快速增长。

IDC认为，在笔记本应用场景专业化和细分化的发展趋势下，2016年有望成为高清影音本快速发展的重要时期，市场竞争也将更加激烈。游戏本和高清影音本将双管齐下刺激原本沉寂的笔记本消费市场市场，在这种格局下，厂商需要抓住新机遇，以细分市场需求为导向，赢取新的增长。

三、平板电脑

IDC认为，2016年中国平板电脑市场将呈现如下4大发展趋势：

一是商用市场愈发成熟，"生产力工具"特点逐渐显现。2015年中国经济的下行压力也给商用平板电脑市场带来一丝寒意。然而，国家政策对于数字信息化和移动互联化办公的引导下，加之软硬件厂商不断向商业应用倾斜，使得平板电脑在商用市场给传统PC带来不小的竞争压力。IDC预计，2016年商用平板出货量同比下降2.8%，低于整体9.2%的降幅。而到2017年，商用平板市场将重现正增长，主要体现在教育行业的多媒体化、金融机构以及政府的信息化办公等领域。

二是Windows操作系统普及度加大。Windows 10在移动设备端的深度优化以及同桌面操作系统的深度融合，让Windows系统逐渐被用户所接受。Windows系统在商用办公领域的先天优势，也令Windows平板电脑在逐渐增长的商用平板市场极具竞争力。同时微软和Intel对国内平板厂商在操作系统及芯片方面的支持，也加速了Windows平板电脑的推广速度。IDC预计，到2019年，Windows平板电脑占比将从目前的 7.9% 上升到 13.3%，出货量年复合增长率达到 9.5%。

三是二合一平板电脑增长明显。苹果 iPad Pro、微软 Surface Pro4 的发布无疑会对二合一平板电脑的发展起到引领作用。在此趋势下，会有更多的厂商进入到该市场当中。IDC 预计，2016 年将是二合一平板电脑快速发展的一年，出货量同比涨幅将超过 70%。

四是大尺寸是未来发展方向。2015 年是 Phablet 迅速发展的一年。IDC 数据显示，Phablet 在 2015 年全年的出货量同比涨幅有望达到 91.3%。平板电脑中，所受冲击最大的当属屏幕尺寸介于 7.0 英寸到 8.9 英寸间的设备，2015 年同比降幅超过 20%；而 9 英寸以上设备，却逆势上涨，同比增长 11.6%。IDC 预计，2016 年市场将继续向 9 英寸以上平板设备倾斜，占比将达 43%。

IDC 认为，2016 年对于中国平板电脑厂商来说，困难是客观存在的，但是行业的转变也为每一个厂商带来新的机遇。大浪淘沙，真正在这一次行业变革中存活下来的，才是最后的王者。

四、无人机

IDC 报告显示，中国航拍无人机市场依然处于发展初期阶段，产品形态及品牌竞争格局尚未完全形成，预计 2016 年该市场规模将达到 39 万台。随着无人机市场从兴起到普及阶段，预计未来 5 年复合增长率将达到 68%，到 2019 年市场规模将达到 300 万台。

IDC 认为，2016 年中国航拍无人机市场将呈现以下几点：

一是是否搭载 4K 相机将成为航拍无人机的重要分水岭。航拍无人机最核心的功能是"拍"，目前市面上仅有大疆、Yunnec 标配搭载 4K 相机的航拍无人机。随着进一步的消费升级和用户细分，搭载 4K 相机的产品将会成为专业航拍的主流产品，初级用户或航拍爱好者则会选择较低像素的产品。

二是 5000 元以下入门级航拍无人机市场竞争将进一步激烈。大疆在第三季度发售 4799 元精灵 3 标准版，开始向 5000 元以下价格段的航拍无人机市场发起进攻。同时，国产厂商曼塔智能、星图智控等也陆续在第三季度发售 5000 元以下的航拍无人机，他们对包括零度、亿航、派诺特在内的入门级航拍无人机产品造成了一定的冲击。

三是航模渠道向通用渠道转型将成为必然。随着航拍无人机市场发展的规模化，原有的专业航模渠道将会向 IT 总代理、电商平台、零售终端卖场进行多元化转变。伟仕佳杰和神州数码在第三季度接盘大疆无人机全国总代理，标志着航拍无人机渠道模式开始向 IT 通用型模式转移。

四是 2019 年商用市场出货量将达到 93 万台。随着航拍无人机在矿产勘探、交通执法、灾情监测、职业教育等行业应用上的普及，商用市场将在 2016 年底进入爆发阶段。IDC 预计 2019 年中国航拍无人机商用市场出货量将占整体市场的 30% 左右。

五是无人机厂商数量进一步增加，将会使该行业进入新的发展阶段。IDC 报告显示，2015 年第三季度大疆出货量市场份额达到 68.5%，处于绝对的领导定位。但是随着无人机解决方案商联合资本市场，以及互联网公司陆续进入无人机市场，布局 IOT，市场格局将会进一步调整。而像 Gopro、SONY 等影像厂商的进入，将会通过原有的用户群体及具有优势地位的影像技术和渠道通路，挑战消费级无人机市场。

五、虚拟现实（VR）

IDC 预测，2016 年中国虚拟现实设备（VR）出货量将达到 48 万台，同比增长 476%。中国 VR 企业如大朋、蚁视、3Glasses 等已于 2015 年进行市场开拓，且有所斩获，目前已开展了从硬件设备到软件生态系统的布局。而国际 VR 主流厂商如 Oculus、HTC、Sony 等都将正式对外销售的日期定在了 2016 年。VR 作为 IDC 第三平台上数字转型的六大创新加速器之一，在内容生态日渐丰富、国内外厂商合力的基础之上，预计将在 2016 年初步迎来爆发。

在个人应用场景方面，目前 VR 最主要的个人应用是游戏和影视产业。例如身临其境的游戏体验以及能够带来视觉震撼的家庭 IMAX 影音可以瞬间击中消费者的需求点。目前围绕游戏以及影视产业进行开发、集成、共享的软件商也最为活跃。然而随着 VR 设备及配件如遥控器、虚拟手套、动感座椅、虚拟跑步机等的完善，更多个人 VR 应用，如在线购物、虚拟旅游、运动健身等将成为可能。

在行业应用场景方面，IDC 认为，虽然 VR 始于个人消费需求，然而 VR 厂商已经找到很多针对不同行业的应用。得益于利润率高的优势，VR 的行业应用甚至可以成为部分厂商优先开发的重点。IDC 研究表明，排名前三的 VR 热点行业为房地产、零售、教育。除此之外，医疗、演出、展览、模拟驾驶、游乐设施等领域也有明显的可开拓市场。

当前，PC 行业陷入产能过剩的僵局已久，软件商也在浩瀚的应用商店看不到尽头，VR 设备的出现成为激活行业的金钥匙。从上游芯片、面板厂商，到中间设备制造商，再到下游内容、服务提供商都享有大好前景。因此，IDC 认为，VR 将会成为厂商的一次盛宴，一个多方盈利的市场将会受到产业链的追捧，这将进一步加速 VR 行业的发展。

六、集成电路设计

TrendForce 旗下拓墣产业研究所认为 2016 年集成电路设计（IC 设计）产业趋势如下：

一是处理器芯片持续下跌，中国 IC 设计业者持续竞争。拓墣产业研究所称，2015 年全球与台湾前十大 IC 设计厂商超过半数呈现衰退，包括排名第一的处理器芯片商高通与联发科。处理器芯片市场竞争依然剧烈，中国 IC 设计商展讯挟着充裕的资金，不断祭出低价方案以提高低端芯片市场的市占率，加上美元强势，使得处理器芯片价格平均滑落了 15%—20%。同时，由于各芯片厂处理器功能差异不大，加上中国 IC 设计业者积极投入开发相关芯片，2016 年处理器芯片价格将继续滑落。

二是手机商自制处理器创造差异化。拓墣产业研究所认为，当智能手机的同质化愈来愈高，自制处理器成为手机商在开发手机时的差异化方式之一。如三星于 Galaxy S6/S6 Edge 中完全使用自家处理器 Exynos 7420，华为旗下海思透过台积电代工麒麟 950。此外，乐金则预备于 2016 年的旗舰机内搭载第二代 NUCLUN 处理器，而小米也公布了与联芯的合作，不排除自行研发处理器的可能性。由于处理器所需投入成本极高、技术进入障碍大，新进手机商除需具备足够的技术含量，亦须确保终端出货有足够数量以支撑处理器的开发成本。因此短时间内还不至于对芯片商构成威胁，但长期来说确实有机会成为芯片商的潜在危机。

三是针对车用电子、物联网、数据中心等具成长潜力领域的整并风潮持续进行。拓墣产业研究所认为，2016 年全球 IC 产业整并风潮仍会持续进行，且并购案将多针对车用电子、物联网、数据中心等具成长潜力的领域。事实上，此情形于 2015 年便已发酵，如 IC 设计大厂安华高（Avago）为布局电信市场及云端运算领域，于 5 月并购了博通；紫光集团则以 51% 持股入主华三通信技术有限公司（H3C），并入股美商威腾（Western Digital），深耕数据中心市场。

第四十二章　2016年中国电子信息制造业发展形势展望

第一节　整体运行发展展望

展望 2016 年，我国电子信息制造业增速预计将维持 8% 左右，出口增速有望实现正增长，但所面临的发展环境仍有较大不确定性。我国电子信息制造业面临着内外部经济环境继续走弱和全球新一轮科技革命持续发酵等发展环境，应注重加强国家战略落实、把握制造强国战略实施机遇、加快智能硬件创新、统筹布局战略领域、建立世界级产业集群和培育壮大龙头企业国际竞争力。

一、从内外环境看，电子信息制造业仍将处于平稳发展区间

2015 年和 2016 年是"十二五"收官与"十三五"开局之年。为应对我国经济新常态，实现制造业转型升级，电子信息制造业将面临更高要求。与此同时，通信设备和智能手机增速整体下滑，集成电路、平板显示等产业产值增长速度较往年放缓，表明产业发展将面临更大压力。处于新旧动能交替期的我国电子信息制造业在 2016 年的首要任务是探索确定新的动力支撑，为"十三五"时期产业的稳步、创新发展奠定基础。据 Gartner 最新预测，2016 年全球 IT 支出将增长 0.6%；并预计 2016 年计算机和智能手机等设备市场增长将继续缩减 1.9%，个人电脑与平板电脑市场将持续走弱。由此预计，2016 年我国电子信息制造业的增速将维持在 8% 左右，并有一定可能在部分时间段低于 8%。

具体来说，2016 年，4G 发展开始进入稳定阶段，以智能手机、平板电脑为代表的智能终端行业增速很难实现逆转提升，可能逐渐从前两年的 20% 以上降至 10% 左右，行业引领作用明显减弱。计算机、家用视听市场由于持续的价格战，预计将维持 5% 以下的低速增长。展望 2016 年，全球信息产业市场需求依然不旺，

进出口、出口和进口金额都回复到正增长状态的可能性较小。作为三驾马车之一的出口一直处于正负之间的低位增长，对出口导向型的电子信息产业的负面影响仍将持续发酵。

二、从技术演进看，我国需要紧抓全球新一轮科技革命机遇

全球新一轮科技革命和产业变革兴起，信息产业的战略地位日益提升。全球正处于新一轮技术创新和产业变革浪潮之中，第三次工业革命、工业 4.0、工业互联网等新的产业发展理念密集产生，产业形态、组织形式及研发、制造、服务等模式发生重大变革，产业发展的跨领域、协同化、联盟化趋势更加突出，以互联网为代表的信息产业日新月异，在这一轮技术创新和产业变革中居于关键位置。以"互联网 +"等为核心构建的新兴经济形态，具有创新性突出、发展潜力大、带动引领作用显著，加强全球创新资源掌控和应用能力，加快打造健全的产业生态圈，进而实现集群化发展，成为产业创新和产业发展的重要模式。依托已有的科研技术、产业基础，补齐设备和材料等上游领域的短板，推进先进制造工艺研发，推广云计算、大数据、物联网等新手段、新方式，有助于我国新兴经济形态的培育与壮大，在新一轮科技革命和产业变革中掌握先机。

在全球科技革命继续发酵的形式下，我国电子信息制造业的技术创新与商业模式创新融合将进一步加速。根据国际著名 IT 咨询机构 Gartner（2015）最新发布的新兴技术成熟度曲线显示，全球技术创新正处于高度活跃期，以数据营销、处理、分析等为核心的新兴技术正在进入成熟期。随着云计算、大数据、移动互联网和物联网在技术、产品和商业模式方面逐渐成熟，我国产业发展逐渐从概念萌发期向实际应用期过渡。近年来，以海尔为代表的"企业平台化、员工创客化、用户个性化"的组织创新模式，以小米为代表的"硬件 + 软件 + 移动互联网"一次性收入与持续性收入相结合的盈利创新模式，电子信息制造企业在科技创新与模式创新结合方面的实践层出不穷。

三、从发展阶段看，急需一系列新的政策措施推进产业发展

一是贯彻落实《中国制造 2025》与"互联网 +"等战略部署。进一步加强电子信息产业支撑能力，为实现制造业的数字化、智能化、网络化夯实基础。大力提升本土芯片设计、制造等能力，加强本土化显示技术水平和产品质量，不断满足智能手机、平板电脑、智能电视、可穿戴设备等新型移动终端需求。不断完善

布局物联网，加快发展传感器产业，形成从敏感材料、传感器件到系统集成、信号处理的全产业链升级。注重加强产业集群生态体系建设，通过把握电子信息制造业核心环节，实现对其他行业领域的跨界融合与渗透，抢占新的产业发展制高点。

二是把握制造强国战略实施带来的产业发展新机遇。有步骤、有部署地推进我国制造强国战略的实施，尽快推进信息化建设的基础上，加强互联网和智能制造技术对农业、工业和服务业的渗透，增强信息技术在企业生产、经营、管理等方面的决策支撑作用。加强国内企业在金融、汽车制造、电力、铁路等领域的互联网化。当前，国内企业在云计算的技术和设备已经基本具有与国外企业竞争的实力，在操作系统、数据库、服务器、云计算、大数据等方面都具备实现去"IOE"的基础条件，应积极推动我国各行业领域应用的国产化替代。

三是以智能硬件创新发展推动建立产业新增长点。构建以大型企业构建生态、中型企业塑造品牌、小微企业特色配套的企业生态，构建以智能手机、平板电脑、可穿戴设备等为核心的产品生态，构建以去中心化组织协调机制、协同创新网络体系和综合公共服务平台等为核心的组织生态。着眼便捷、智慧、个性、公共服务的应用需求，采用移动互联技术提升生活服务的便捷性，挖掘数据分析、精准营销等智能技术提升个性化、专业化、一体化需求，贴合和创造个性化需求，依托微信等平台增强公共服务能力，丰富完善基于本土化策略的智能终端服务。

四是统筹布局集成电路和平板显示等领域。统筹国家集成电路基金及地方集成电路的资金使用方式，明确基金使用的边界，引导更多市场资金投入集成电路相关行业。注重平板显示行业资源整合，推动资源聚集以提升整体效能，防范盲目建设和低水平建设，鼓励具有自主知识产权和较好产业基础的企业投资，引导投资主体进一步集中。从根本上提升我国广播电子器件、高频器件等长期薄弱元器件生产能力，推动刻蚀机等高精尖设备的自主研发，加快气相外延生长（MOCVD）等自主设备的市场推广，充分挖掘我国智能制造的潜力。

五是依托区域发展战略推动建立世界级产业集群。通过贯彻落实京津冀协同发展和长江经济带发展战略，继续发挥东部地区的辐射带动作用，进一步增强长三角、环渤海等优势地区的集聚效应。支持中西部地区和东北等老工业基地立足自身优势，积极吸引国外投资，因地制宜地承接产业转移，提高在产业分工体系和价值链中的地位。形成东、中、西部优势互补、良性互动、特色突出、协调发展的产业格局，培育一批具有较强辐射带动作用的新型工业化产业示范基地，加

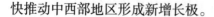

快推动中西部地区形成新增长极。

六是培育和壮大龙头企业的国际竞争力。随着我国电子信息产业迅速做大做强并在全球居于重要地位，我国已经培育出一大批在国内外具有一流实力的电子信息龙头企业，企业规模大、品牌知名度高、研发创新能力和市场竞争力强，在汇聚与整合发展资源方面具有丰富经验。要实现我国电子信息产业的持续发展和转型提升，就必须发挥龙头企业作用，以之为引领、为核心，打造企业集团，形成业务间相互配套、功能互补、联系紧密的发展格局；引导和推动龙头企业瞄准产业链高端环节进行战略并购，实现企业发展能力的提升。对于竞争较为激烈骨干企业多，但龙头企业不突出，集中度不高，甚至已出现产能结构性过剩的领域，更要通过推动并购，使骨干企业达到必要规模，为政府资金和社会资本集中投入创造条件，得以集中力量打造世界级大企业。

第二节　重点行业展望

一、计算机行业

国务院先后印发《中国制造 2025》《关于积极推进"互联网＋"行动的指导意见》《促进大数据发展行动纲要》等战略层面的政策，为 2016 年我国计算机制造业的发展带来历史性发展机遇，预计全年行业增速将保持在 0.5%—1.0%。同时，在《中国制造 2025》《关于积极推进"互联网＋"行动的指导意见》《促进大数据发展行动纲要》等战略的强力推动下，国内 IT 市场规模将呈现高速增长，由此国产服务器市场也将保持较高增长率。

（一）多架构持续齐头并进

当前，我国市场上存在 x86、ARM、POWER 多架构服务器并行前进的发展趋势。在政府的推动下，我国服务器芯片正在走一条引进、消化、吸收、再创新的道路。预计 2016 年，在 x86 领域，中国厂商的技术实力和市场影响力将继续稳步增强，国产 x86 服务器国内市场份额有望接近 70%，并在涉及金融、电力、能源等关系国计民生的关键业务领域得到广泛应用。在非 x86 领域，国内以开放 POWER 处理器为核心的产业生态圈继续构建，基于自主研发设计的 POWER 芯片服务器开始量产并进入国内市场。

（二）信息安全行业发展空间巨大

目前，我国信息安全产业投入占 IT 投入比重仅约 1%，远远低于欧美国家。MarketResearch 数据显示，全球信息安全市场将从 2015 年的 1063.2 亿美元增长到 2020 年的 1702.1 亿美元，潜在成长空间很大。国内方面，相关市场机构预测，到 2017 年国内安全市场规模有望达到 15.62 亿美元，到 2022 年的年均增长率将达到 13.5%。从 2015 年上半年的数据分析看，信息安全和国产化板块上市公司整体收入增速达 43.32%，净利润增速为 254.36%，预计 2016 年将继续保持高速增长态势。

（三）国产品牌实力继续提升

2015 年以来，国内"互联网 +"浪潮愈演愈烈，云计算、大数据、物联网等新一代信息技术的应用催生了国内数据中心规模的持续增加，也全面带动了服务器等信息基础设施产品出货量的提升。同时，在国产化的背景下，党政军等关键领域将会优先采购基于国产芯片的 IT 信息设备。国家的大力扶持，将推动联想、浪潮、曙光等国内优秀企业进一步提升研发、生产的实力，迅速成长为与惠普、戴尔、IBM 相抗衡的服务器厂商。

二、通信设备行业

持续旺盛的信息基础建设需求保障行业延续快速发展。通信网络基础设施以及传输设备市场需求将激增，相关产业将迎来持续景气周期。我国通信设备产业具有市场集中度较高的显著特点。随着 4G 网络的持续普及以及光通信产业的进一步发展，我国通信设备行业的市场空间在未来一段时间内将会呈现市场需求持续增大的趋势，产业发展将迎来新的需求增长点。

新技术商业化推进持续加速。4G 加速发展的同时 5G 进入国际标准化研制的阶段；下行载波聚合的速度将再次提升，上行载波聚合技术也将迎来大规模商用；VoLTE 部署进度加快；基站的小型化、智能化、低功耗成为重要趋势，融合了 PicoCell、MicroCell 和分布式无线技术的 Small Cell（小基站）在移动通信网络中扮演着越来越重要的角色；超 100G 市场定位趋于清晰；千兆超宽带网络在国内的规模商用大大推进。随着接入技术的不断发展和成熟，千兆接入网将会逐渐走入寻常百姓家；多项硅光子关键技术相继突破，预计在三年内将开始商用。光纤和 4G 网络经过多年经营后进一步铺开，视频消费拉动捆绑业务成为增收主力。

工信部2016年开展5G商用研究，参与制定国际标准，中国5G技术标准有望成为国际标准，实现"引领"全球通信产业发展；5G时代中国通信设备商将能攫取更多的海外市场份额，支撑行业实现高速增长。

宽带业务获战略支撑。随着宽带中国战略发展，IPTV/OTT迎来爆发，并体现为接入更高速、终端智能化，架构云化的特点。国内三大运营商未来3年光网宽带用户发展目标合计超过2亿户，同时把视频业务与光网宽带业务绑定发展，按照保守的40%—50%的转换率，未来三年国内TV视频业务新增用户数量将达8000万—10000万。视频业务市场规模与宽带网络发展趋势紧密相关，4K格局决定未来3年光网时代IPTV系统和终端格局。在无线建设方面，中国移动计划在2016年新建30万座4G基站和发展5亿4G用户；联通、电信也全力投入4G建设，调整市场战略助力4G用户增长。可以预见，持续旺盛的电信基础建设需求将保障行业延续快速发展。

新兴应用发展前景广阔。"十三五"规划建议明确提出，我国将支持绿色城市、智慧城市、森林城市建设和城际基础设施互联互通。截至目前我国已经出现了较多有关智慧城市的政策性文件，对智慧城市建设进行了积极的引导和支持；同时，新一代信息技术的应用，包括物联网、云计算、新一代移动通信技术、系统集成技术等也推动了智慧城市的发展。量子通信产业正处于启动阶段，我国将在5年内步入规模发展阶段。未来其规模化应用将带动激光器光源、光器件、光纤光缆等上游行业，量子通信产业化必将对光通信形成良好的促进作用，光通信将成为量子通信产业发展的明显受益者。中兴通讯发布"中兴付"，构建移动支付新生态，手机巨头逐渐涉足移动支付，对于推动移动支付发展普及具有积极作用；移动支付领域已经形成运营商、银联、手机厂商三方逐鹿的格局，在参与方共同推动下，中国移动支付产业有望在2016年迎来爆发式发展时机；NFC移动支付产业链涉及硬件、TSM平台建设及运营，后续支付金融服务等，中国移动支付加速发展必将给全产业链厂商带来难得的发展机遇。

三、家用视听设备行业

（一）视听产业发展保持平稳，延续低速增长态势

世界经济发展形势依然复杂，不确定因素对视听产业发展构成一定影响。全球彩电行业在经历了十年的快速增长后，于2012年首次出现下滑，Wits View数

据显示，2014 年全球液晶电视出货量增速仅为 3%，较为低迷的全球市场对我国彩电产业也产生了一定影响。随着刺激彩电高速增长的人口红利和政策红利的消失，低速增长甚至负增长将成为彩电产业发展的新常态。彩电市场的增长动力将逐渐从增量市场转向存量市场。据奥维咨询预测，2016 年彩电规模将突破 4500 万台，今后两年将保持平稳的低速增长。未来显示技术的创新虽能激发部分需求，但不足以形成大规模的升级换代的现实需求，不能使现有市场格局发生彻底改变。同时品牌竞争亦会加强。将来产品、技术、品牌、渠道以及商业模式的集成创新成为取胜的关键。预计 2016 年我国视听电子产业将保持平稳增长，但增速有所放缓，其中，智能电视、超高清电视等产品进一步快速发展，将成为产业发展新的利润增长点。

（二）新型显示技术持续演进，人机交互方式更趋灵活

随着新型显示技术的应用，柔性显示、OLED、激光投影显示、量子点显示等技术使电视机的成像方式和产品形态发生很大变化，带来了显示效果的提升和显示应用的灵活性。同时，随着图像编解码和处理技术的进步，彩电正在向超高清分辨率和大尺寸发展，更好地满足人们现场感和真实感的观看需求。奥维咨询预测，2015 年曲面电视的零售量将达 150 万台，渗透率 3.3%，同比增长 1054%；超轻薄电视的零售量将达 90 万台，渗透率 2%。2015 年量子点电视的零售量将达 50 万台，渗透率 1.1%；OLED 电视的零售量将达 10 万台，渗透率 0.2%。新型人机交互技术是智能电视功能的重要特征，传统的遥控器已不能满足控制和交互的需要，语音、手势、体感等新型交互技术将得到广泛应用，手机和可穿戴设备等控制方式不断探索，使交互应用更为灵活，为用户提供更简便、更拟人化的交互体验；低功耗和节能技术将进一步应用，通过改进背光、节能面板、智能电源管理等技术降低能耗，提高电视机产品的节能环保水平。

（三）产业融合创新步伐加快，生态体系面临重构

随着信息技术的不断发展，"4C"融合的不断深入，我国数字视听产业将从单纯整机生产向上游高附加值领域延伸，从产品制造向内容服务、运营服务和生产服务等领域渗透，产业集群将加速从成本导向型向创新驱动型升级，形成以融合创新为特征新产品和服务形态，使生产与服务融合、软件与硬件融合的趋势愈加明显。以智能电视为例，智能电视以多样化应用服务为核心，商业模式向"制

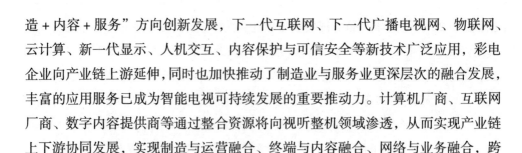

造+内容+服务"方向创新发展，下一代互联网、下一代广播电视网、物联网、云计算、新一代显示、人机交互、内容保护与可信安全等新技术广泛应用，彩电企业向产业链上游延伸，同时也加快推动了制造业与服务业更深层次的融合发展，丰富的应用服务已成为智能电视可持续发展的重要推动力。计算机厂商、互联网厂商、数字内容提供商等通过整合资源将向视听整机领域渗透，从而实现产业链上下游协同发展，实现制造与运营融合、终端与内容融合、网络与业务融合，跨企业、跨行业之间的竞争与合作将不断加剧。

（四）智能家居发展升级，网络连接和云服务成重点

网络连接和云服务是智慧家庭的重要支撑条件，有广阔的发展前景。随着智能家居产品创新和生态系统建设的不断完善，网络连接和云服务在家庭互联网中的核心地位进一步巩固，成为各方布局的焦点。华为推出智能家居战略，以"连接"为核心构建五大能力，包括海量终端用户、家庭网络连接设备、Hilink 通信协议、操作系统 Lite OS 和 IoT 芯片，目前已经与包括海尔、美的、创维、BroadLink 在内的 60 多家企业联手合作，共同搭建智能家居生态系统。金山云获 10 亿美元融资，全面拓展智能家居云服务，特别在家庭安防监控云存储方面提供全面解决方案。未来围绕"客厅"的竞争变得异常激烈，运用新的商业模式占据客厅入口，通过打造功能强大的服务平台，成功构建企业专属智能家庭生态圈成为企业的主要发展战略。

（五）智慧家庭应用深化，健康养老服务加快推广

随着智能终端和宽带网络的日益普及，以及云计算、大数据技术的快速发展，智慧家庭应用不断丰富，能够实现养老关怀、健康医疗、安防控制、远程教育、电子商务、电子政务等多样化服务。智慧家庭健康养老服务是依托新一代信息技术应用，以居家为基础、社区为依托、机构为支撑，以家庭和社区健康管理为核心，运用新型智能终端和大数据技术促进家庭内部、家庭与社区医疗机构、家庭与专业医疗机构间信息互联互通和分析处理，从而实现面向老年人的社会化服务模式，为老年人提供便捷、舒适、个性化的居家健康养老服务创新。开展智慧家庭健康养老服务，是积极应对人口老龄化快速发展趋势的战略选择，也是破解巨大养老服务难题的根本出路。智慧家庭健康养老服务创新了养老服务方式、提升了养老服务效率、提高了养老服务质量，能有效提升我国的健康养老能力。在"互

联网＋养老"的浪潮推动下，智慧家庭健康养老服务将加快推广。

四、集成电路行业

2015 年是中国集成电路承上启下的关键一年，《国家集成电路产业发展推进纲要》（以下简称《推进纲要》）系统实施，国家集成电路产业投资基金（以下简称国家基金）实现平稳起步，金融杠杆作用逐步显现，产业政策环境和投融资环境进一步优化并完善。在政策支持以及市场需求带动下，产业保持了平稳快速的发展态势。与此同时，全球经济复苏乏力，经济形势不确定性再次增加；国内经济增速放缓，工业下行压力加大。展望 2016 年，在上述诸多因素共同作用下，国内集成电路产业将面临"稳中有进，进中有难"的形势。

（一）全球市场增长乏力，我国产业稳中有进

与全球情况不同，在市场需求带动以及国家相关政策支持下，我国集成电路产业仍保持较快的增长速度。中国半导体行业协会统计数据显示，在整体经济增速放缓的大背景下，2015 年上半年，全行业实现销售额 1591.6 亿元，同比增长 18.9%，高于全球同期增长水平 13.4 个百分点，产业规模进一步扩大。展望 2016 年，随着"中国制造 2025"、"互联网＋"行动指导意见以及"国家大数据战略"相继组织实施，"双创"工作持续深入推进，创新创业的氛围逐步形成，中国半导体产业面临着前所未有的发展机遇。

（二）竞争格局面临转折，产业发展进中有难

海外龙头企业不断调整与我国合作策略，逐步由独资经营向技术授权、战略投资、先进产能转移等方式转变。国际先进技术、资金加速向国内转移。继 IBM 开放 Power 授权、英特尔战略入股紫光之后，2015 年上半年台湾几大龙头企业也纷纷与大陆开展深入合作，如联电公司与厦门合作建设大陆第一条合资 12 英寸生产线，台积电与力晶也分别透露了拟在大陆建设 12 英寸集成电路生产线的意愿。长期来看，凭借技术及成本优势，台企纷纷登陆将打乱大陆原定的技术路线布局。展望 2016 年，国内外产业竞争格局均面临重塑，国内企业将面临较大的竞争压力。

（三）产业技术水平持续提升，重点产品有望实现突破

2015 年，国内集成电路产业在多个技术领域取得了喜人的成果。芯片设计

方面，先进设计技术成功导入 16 纳米级别，华为海思的麒麟 950 成为业界首款商用台积电 16 纳米 FinFETplus 技术的 SoC 芯片；晶圆制造方面，采用中芯国际 28 纳米工艺制程的高通骁龙 410 处理器已成功应用于主流智能手机，手机芯片制造成功落地中国大陆；共性技术研发方面，由中芯国际、华为、高通、IMEC 共同投资成立了中芯国际集成电路新技术研发（上海）有限公司，开发下一代 CMOS 逻辑工艺，打造中国最先进的集成电路研发平台。

在重大产品方面，存储器一直是国内产业发展的短板，几乎 100% 依赖进口。2015 年 10 月，经多方协商，达成共识，拟在武汉共同建设国家存储器基地。以武汉新芯集成电路制造有限公司为主体，组建存储器公司，实现每月 30 万片存储芯片的产能规模。该项目如能在 2016 年顺利落地，将对于"十三五"期间我国集成电路产业国际竞争力的提升，产生重大利好。

展望 2016 年，随着《推进纲要》实施的不断深化，将进一步调动国际国内资源积极性，推动产业链协同能力不断增强，进而促进技术进步，在如重点工艺（14 纳米级以下逻辑工艺）、重大产品（存储器）等多个层面实现突破性进展。

（四）资本市场持续活跃，中资"海淘"仍将继续

《推进纲要》发布实施以来特别是国家基金设立后，在政府引导、市场资源配置、企业自身发展需要等因素驱动下，国内集成电路行业也涌现出多宗并购案例。这些并购重组呈现以下特点：一是整机企业通过并购集成电路企业，加速向上游延伸，提升核心竞争力；二是国内企业积极"走出去"，并购国外制造企业；三是资本市场高度关注，多家投资公司和基金积极参与集成电路领域的并购。特别是紫光集团在今年频频出手，在国内外产业界引起了巨大震动。先后完成了收购华三科技、邀约收购美光以及入股西部数据三个高难度动作。虽然收购美光的计划最终未能成形，但这一成套的"组合拳"反映出国家基金对社会资本的撬动作用日渐明显，以及国内资本整合海外优质标的从生硬购买走向策略入股。展望2016 年，随着国内资本对国际并购运作的逐步成熟，以及满足国内产业快速切入高端市场迫切需求，国内资本的"海淘"行动仍将持续展开。

五、平板显示行业

（一）全球竞争进一步加剧

2015 年第三季度以来，随着供需平衡发生变化，供给端竞争日益激烈，企业纷纷采用限产保价或主动降价的方式占据市场份额，液晶电视面板价格今年降幅达 15%，其中我国占比最大的 32 英寸面板价格降幅为 25%，已跌破面板企业的现金成本，另一方面，日本和台湾产业界兼并重组不断涌现，韩国产业转型的速度明显加快，产业格局的新变化将进一步加剧竞争。

（二）新技术、新产品市场不断拓展

以液晶为主的面板产业已进入成熟阶段，新技术产业化以及新产品量产化成为产业发展的重要驱动力，以 AMOLED（主动有机发光显示）面板为例，不同于几乎停滞增长的液晶面板，2015 年 AMOLED 营收增长高达 30%，然而中国出品的 OLED 电视的面板供应却完全由韩国企业提供，我国面板产业在新技术开发和应用的意识和水平还处于跟随状态，自主发展能力仍不健全。

（三）汇率市场存在波动

新型显示行业全球化程度高，受汇率影响较大。与石油、芯片、铁矿石并列我国前四大单一进口产品。2015 年 8 月因人民币中间价报价制度改革，中间价大幅下调，人民币连续 3 天跌幅近 5%，创 28 个月以来新低。受人民币急剧大幅贬值影响，新型显示企业当月汇兑损失 8.5 亿元，不仅给企业带来较大的财务损失，也加剧了企业经营风险。2016 年汇率改革仍将继续，虽然大幅贬值出现的可能较小，但人民币汇率下行风险犹存，汇率市场化调整将会更加频繁和灵活，在面板毛利率不断下滑的大行情下，汇率波动将会对我国面板企业经营能力提出严峻的挑战。

（四）高端应用供给能力不足

超大尺寸电视、高分辨率屏幕、可穿戴设备、曲面显示、智能家居等新兴应用是驱动产业持续发展的主要动力，但我国面板产业在新兴显示领域供给能力有限，以超高清电视面板为例，2015 年第三季度，我国超高清电视面板市场占有率仅为 8.1%。远低于我国电视面板 23.9% 的全球市场占有率。

六、太阳能光伏行业

（一）生产规模持续扩大

展望 2016 年，随着下游应用市场的不断扩大，对多晶硅市场需求也在提高，另外，我国新增产能投产和复工产能利用率逐步提升，预计我国多晶硅产量将

达到 18 万吨，产品价格仍将在 11 美元 /kg 以下，企业仍将承受低价压力。在电池组件方面，随着光伏行业的整体好转以及由于组件价格下降使得光伏发电成本不断逼近甚至达到平价上网，预计我国光伏组件产量（含海外工厂）有望超过50GW，产业集中度进一步提高。但仍需注意由于全球主要光伏市场如日本补贴持续下调、美国税收抵免政策到期等带来的波动影响，企业扩产仍需理性。

（二）技术不断进步

展望 2016 年，技术进步仍将是产业发展主题。预计产业化生产的多晶硅电池转换效率将超过 18.5%，单晶硅电池有望达到 20%，主流组件产品功率将达到265—270W。硅烷流化床法多晶硅生产工艺有望实现规模化生产，单晶连续投料生产工艺和 G7、G8 大容量铸锭技术持续进步，金刚线切割技术将得到进一步应用，PERC 电池、N 型电池规模化生产进一步扩大。与此同时，我国近 99% 光伏产品采用晶硅技术，新型薄膜、异质结、高倍聚光等技术路线发展缓慢，技术路线单一化程度偏高，产业后续发展隐患明显。国内光伏制造业关键工艺技术研发和基础理论研究不足，创新投入乏力，新产品、新技术储备欠缺，核心竞争力与国际先进水平仍有差距。亟待资金、技术、人才等要素持续投入，推动我国光伏制造向光伏智造转变，提升产业核心竞争力。

（三）"走出去"步伐不断加快

展望 2016 年，光伏企业在加速拓展新兴市场的同时，正积极实施产业全球布局计划。除了在传统市场并购现有产能外，部分企业开始在马来西亚、泰国、越南、土耳其、印度、巴西等地新建工厂，以规避"双反"和靠近终端市场。同时，在《关于促进先进光伏技术产品应用和产业升级的意见》政策引导下，国内高效电池市场将会逐步扩大，企业也将会加大对国内已有产线的技术改造投入，通过技术升级提升产品性能，在国内的扩产也将集中于提升 PERC、IBC、MWT 等高效电池组件的规模化生产能力。

（四）市场稳步增长

光伏发电上网标杆电价政策于 2016 年 6 月底下调，将会使得抢装提前至上半年，下半年则由于西北部地区限电，市场需求将往中东部地区走，但由于土地性质、补贴拖欠以及商业模式等问题，市场将会放缓。预计 2016 年我国光伏装机在"领跑者"计划和电价下调带来的抢装驱动下，全年光伏装机市场将达到

20GW 以上。

（五）光伏制造向光伏智造转变

在《中国制造 2025》国家战略引导下，以及企业降本增效的客观要求，智能化改造成为 2016 年我国光伏企业发展重点，主要包括以下三个方面。一是加强技术与产品创新，提升电池转换效率、劳动生产率，降低产品不良率、降低库存和服务成本；二是提升工程运维的信息化，实现生产过程远程集控、全产业链信息协同管理；三是提升自动化设备的智能互联，实现设备智能化、在线工艺自动控制以及设备信息通信等。

七、半导体照明（LED）行业

（一）产业规模增速放缓，市场需求回归理性

受全球经济低迷和应用需求牵引乏力的影响，预计 2016 年全球 LED 行业仍将呈现低迷的发展态势，LED 应用需求增速放缓，拉动不足，使得整个 LED 产业增长趋缓。我国 LED 产业近几年来在国家的大力扶持下发展迅速，但是 2015 年扩产的 LED 产线在 2016 年将逐步释放，产业继续保持供过于求的局面，未来 LED 芯片价格仍将低迷，使得 LED 行业产业规模增速放缓，预计 2016 年国内 LED 行业产值增速在 10% 左右。

LED 照明成为应用市场的主要拉动力，但是随着白炽灯替换计划的广泛实施，使得通用照明领域的 LED 替换已经逐渐饱和。同时技术水平的提升促使单个芯片的尺寸进一步缩小，芯片集成度的提升使得 LED 外延片数量的需求下降，整个 LED 的市场需求增长速度放缓。

（二）金融资本深度切入，兼并重组成为常态

2010 年以前，LED 行业的上市公司只有寥寥几家，行业的影响力和知名度也有限。伴随着 LED 在照明领域的大规模应用，照明相关的上市企业迅速增加。目前在上交所主板、深交所中小板以及创业板上市的照明公司已经超过 40 家，新三板超过 70 家，还有很大一批企业在上市或者排队的过程中。2016 年中国股市实施注册制，将更加有利于公司的上市。LED 企业将有更多的上市途径获得融资，加快公司发展。

过去几年，LED 作为一种新型的节能光源，具有高效节能、绿色环保等特征，

吸引了国内各级政府的广泛关注和支持，纷纷出台优惠或者补贴政策，引发社会的投资热潮。部分有资金和技术实力的企业通过转行或拓展业务进军 LED 领域，使得从事 LED 研发和生产的企业数量迅速增加，如照明企业数量在短短几年时间已经达到 2 万余家。随着市场渗透率的提升，产能的逐步释放，加上 LED 长寿命，市场需求下降，导致企业竞争加剧，中小企业难以维持生存，行业的兼并重组成为常态。LED 产品价格迅速下跌，企业利润趋薄，大企业通过横向或者纵向并购的方式，继续发展壮大；中小企业破产或者退出市场竞争，逐渐被淘汰。近两年来 LED 行业兼并重组已经发生十几起，2016 年将进一步加剧。

（三）跨界融合创造机遇，细分领域成为突破口

跨界融合、互联互通成为当前的热门话题，随着"互联网 +"行动计划的推进，这一趋势在照明行业也开始深入。照明产品的应用十分广泛，LED 的易控性和照明产品的结合使得智能化成为可能。如在智慧城市的建设中，利用路灯这一信息载体，可以将交通、安全监控、气象、空气质量监控、医疗救援、WIFI、广播、信息显示、充电桩、大数据采集等功能集成，为提高城市管理水平、加快信息处理速度、处理紧急情况能力提供了新的方式。同时，LED 具有调光和调色等优势，在农业、医疗、健康保健等领域也有广泛应用。不同应用领域和 LED 相关技术的整合，使得照明产品成为重要入口，提高照明产品的附加功能，使其成为跨界融合、互联互通的工具，提升了照明产品的作用，拓展照明业务的发展空间。

2016 年，智能照明的重要性将受到广泛认识。在未来智能照明将是一个系统的解决方案，通过无线通信和网络通信的方式，在室内外照明的控制、数字家庭、物联网、移动互联网的应用融合发展，为我们的生活工作带来极大的便利。智能照明使得照明与电子信息、网络、集成电路、软件、系统解决方案和相关服务紧密联系在一起，带动各大产业融合发展。未来智能照明的顶层设计和架构将进一步完善，通信协议和标准化得以制定，给智能照明提供更好的发展环境。智能照明的发展空间巨大，伴随生活水平提高，智能照明的应用将会愈加普遍，将会成为照明产业发展的新风口。

八、电子材料、元器件及专用设备行业

2016 年是我国"十三五"规划开局之年，同时也是"中国制造 2025"战略

全面实施之年，随着科技体制改革持续深入，创新活力不断释放，我国有望迎来新的发展阶段，开始由"量变"向"质变"转化。

（一）产业保持平稳增长态势

展望 2016 年，全球主要国家纷纷加快推进智能制造，推动传统制造业转型升级，对基础电子行业带动作用增强，但同时也消费电子市场疲软，智能手机、微型计算机等主要终端产品增长缓慢，不利于电子元器件市场需求增长。就我国而言，"中国制造 2025"战略全面实施，将加大对电子基础领域支持力度，加速关键产品进口替代，而我国作为全球最大的电子产品制造基地，终端市场需求疲软影响到整个产业链健康发展，电子材料、元器件和专用设备行业必然受到不利影响。整体来看，2016 年我国经济下行压力仍然较大，市场需求不振，电子信息制造业增速稳中有降，我国电子材料、元器件及专用设备行业预计保持平稳增长态势，销售产值将达到 4.82 万亿元，同比增长 9.5%。

（二）创新活力持续增强

2015 年，第 28 届中国电子元件百强企业研发投入强度达到 3.3%，全年研发经费总额同比增长 30% 以上，增速远远超过收入增速。国内企业积极参与国际标准制修订工作，2015 年我国积极主导制定了在射频连接器、同轴通信电缆、太阳能光伏、新型显示等领域的国际标准，对自主技术和产品走出去起到了重要的推动作用。展望 2016 年，随着《中华人民共和国促进科技成果转化法（2015修订）》正式颁布实施以及国务院印发《实施〈中华人民共和国促进科技成果转化法〉若干规定》，我国科研院校的科技成果转化速度和水平将明显提升，对于作为电子基础的电子材料、元器件及专用设备行业来说是一大利好消息，将进一步激发企业创新活力和提升企业技术水平，高水平创新成果取得突破。

（三）加快海外布局步伐

近两年，国际经济走势疲软，电子信息制造业市场竞争激烈，部分国际企业面临危机，给我国电子材料、元器件及专用设备行业实施兼并重组提供了契机，尤其是在我国实施"走出去"战略的推动下，电子材料、元器件及专用设备行业企业全球布局步伐加快，2015 年在集成电路、太阳能光伏、电子元件等多个领域都有跨国并购的成功案例。展望 2016 年，在全球经济增长未见起色的背景下，我国电子材料、元器件及专用设备行业还将利用这一机会加快海外布局步伐，积

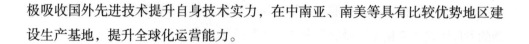
极吸收国外先进技术提升自身技术实力，在中南亚、南美等具有比较优势地区建设生产基地，提升全球化运营能力。

第三节　重点区域展望

一、长江三角洲地区发展展望

一是产业集聚优势进一步提升，产业转型升级加快。长江三角洲地处"一带一路"核心区域，在国家"一带一路"和"中国制造2025"等发展战略引领下，以上海、苏南、浙北为中心的电子信息产业集聚优势进一步提升，产业链配套日趋完善。以上海、苏州、无锡、常州、嘉兴为中心的制造业产业集群，分别以南京、杭州为中心的软件和信息化产业集群，在主管部门和地方政府的推动下，借助于当地已有的工业基础和政策环境，加快产业转型升级，传统制造业与软件服务业不断融合创新，智能制造和网络化、信息化概念在制造业不断得到集中体现，"机器换人"进程加快，使电子信息制造业加快标准化、智能化发展，生产制造人力成本持续降低。

二是制造业支撑作用增强，实体经济发展环境趋好。随着我国经济增速下行压力增加，虚拟经济对于国民经济的带动作用进一步弱化，制造业等实体经济对国民经济的支撑作用逐步得到显现。长三角区域是我国传统制造业基地，电子信息制造业发展呈现规模化发展模式，以大企业、大工业发展为主，且地方政府在项目备案、环保、用地等方面的管理较为完善，工业发展环境优于国内大部分地区。2016年，随着工业实体经济推动国民经济发展的重要作用逐步显现，长三角地区制造业支撑作用将率先得到体现，这也将带动该地区实体经济整体发展环境逐步趋好，工业转型升级加快。

三是区域一体化进程加快，应用市场多样化发展。我国改革开放30年来的高速增长，主要靠投资引导，下游需求带动效果不佳。随着经济增长逐步靠近中等收入陷阱，资本市场资金过剩、投资项目缺乏等，导致以投资主导经济增长的模式已不适用，未来我国经济增长将逐步过渡到以消费拉动模式。新一代信息技术是国民经济转型的重要基础性和支柱领域，长三角作为我国电子信息制造业最发达地区之一，在国民经济特别是传统制造业转型升级过程中，也形成了电子信息产品的重要应用市场，集成电路、太阳能光伏、新型显示、锂离子电池、信息通信产品、高端视听产品等重要产品在工业转型及生产生活领域的交叉应用，推动该地区电子信息产品应用市场多样化发展，并带动了长三角区域经济的协同一体化发展。

二、珠江三角洲地区发展展望

一是创新驱动作用增强，产业基础进一步夯实。珠三角地区是我国电子信息制造业重要的传统产业基地，深圳市电子信息制造业在工业领域占比超过50%，对工业增速贡献率超过80%。2016年，随着珠三角地区电子信息制造业加快转型升级发展，技术创新对产业发展的驱动作用持续增强，高端制造业占比不断提升，制造业基础进一步夯实。以华为、华星光电等骨干电子信息企业为代表，以深圳、广州为核心，以新一代信息技术为支柱的新型工业化产业制造集群得到不断巩固，高端制造业产业基础基本形成。

二是产业支撑作用提升，推动区域经济协同发展。2016年，在"中国制造2025"发展战略带动下，"互联网+"、智能制造等战略的实施，均以新一代信息技术为基础，以深圳、广州为核心的电子信息产业集群对珠三角地区工业、经济增长的支撑作用不断得到提升。与此同时，上述城市电子信息制造业的进一步转型升级发展，也带动了周边配套产业链及应用市场的快速发展，并向广东全省及周边地区辐射，形成从电子材料、关键设备、电子信息产品到下游应用的完整产业生态，区域工业经济加快协同发展。

三是制造业发展增速回落，应用市场带动作用增强。产业生态的不断完善，其代表是技术水平的持续提升和工业经济增速的回落趋稳。2016年，珠三角地区电子信息产业生态将进一步完善，但制造业发展增速也将持续回落趋稳，制造业利润摊薄但发展质量将继续提升。另一方面，重要领域产品的交叉应用使珠三角地区形成重要的电子信息应用市场，特别是智能制造及互联网络对电子信息产品的巨大需求，使当地电子信息应用市场加快拓展，这也带动了珠三角地区电子信息产业创新活动的开展和产业的转型升级发展。

三、环渤海地区发展展望

2016年，环渤海地区电子信息产业布局将进一步得到改善，电子信息产业集群对周边的辐射效应将更加明显，并带动周围关联产业迅速发展，形成配套功能日趋完善，具有特色的电子信息产业聚集园区。2016年1月，河北固安工业园区管理委员会、华夏幸福全资子公司三浦威特园区建设发展有限公司与京东方科技集团股份有限公司及京东方河北移动显示技术有限公司联合签署《移动显示系统项目二期投资框架协议》。京东方在固安建设的手机触控模组项目总投资达30亿元，将建设国际先进的 TLCM 生产线 13 条，可年产中高端触控一体化显示模组 7200 万片。在供给侧结构性改革的宏观背景下，平板显示产业优化升级步伐将加速，区域经济将向着高质量、可持续性的方向发展。

2016 年，"互联网＋"行动计划、大数据行动纲要、三网融合方案、信息产业培育等政策红利的不断释放和"宽带中国""信息惠民"等试点工程的实施落地，环渤海地区智慧城市建设将更持续、更快速、更深入地推进，一大批智慧城市新成果和新技术将应用于基础设施、城市管理、公共安全和民生服务等领域。

2016 年，天津将总投资 1167 亿元推进十大项目建设，电子信息产业领域包括投资 127 亿元的国产 CPU 及操作系统研发、投资 84 亿元的 3D 打印与智能机器人研发制造、投资 73 亿元的国能萨博新能源汽车研发制造等。智能手机市场整体低迷态势将延续，天津移动智能终端产业在 2016 年将面临日益严峻的生存压力。

四、福厦沿海地区发展展望

2016 年，福建省将加快建设北斗位置服务与应急通信系统，在福建省公共位置服务平台的基础上，建设福建省统一的应急北斗位置服务系统、北斗预警通信系统和卫星通信系统等，实现应急人员、车辆、物资等应急资源的统一位置监控管理，在基础地理信息和应急资源信息的基础上，通过北斗定位、北斗短报文通信和地面移动通信技术实现灾害的预测预警，为应急调度提供决策依据，并提供及时的应急指挥手段。

2016 年 2 月，厦门天马微电子第 6 代 LTPS 产线全线贯通，首款 5.5 英寸 FHD LTPS 产品成功点亮。该产线是目前最先进的 LTPS 产线，也是中国大陆首条成功点亮的第 6 代 LTPS 产线。第 6 代 LTPS 产线将于 2016 年第三季度实现小批量生产，2017 年满产后，加上第 5.5 代 LTPS 产线，厦门天马的产能将达到每个月 1000 万片。

2016 年，福厦沿海地区将持续抓好集聚发展。依托厦门火炬、福州高新区、莆田高新区、连城光电园、云霄光电园和武平新型显示产业园等产业园区，继续培育壮大产业集群，促进一批稳增长，扶持一批提质增效，引进建设一批好项目，推动产业集聚良性发展。通过跟踪、引进一批产业链配套重点项目，整合和延伸产业链，有效提升企业间业务协同发展。

五、中西部地区发展展望

在当前经济下行压力加大的背景下，2016年中西部地区投资步伐将不减。2015年11月，富士康在甘肃兰州建设西北富士康电子产品加工基地。2016年1月，富士康启动建设智能工厂项目，富士康智能工厂全球认证中心落户重庆。富士康将在中西部地区布局太原、晋城、郑州、济源、南阳、鹤壁、武汉、长沙、衡阳、南宁、北海、重庆、成都、贵阳、六盘水等地，重点发展精密模具、自动化设备、镁铝合金、汽车零部件、光机电模组、智能手机、平板电脑、智能电视等，助推"中部崛起"和"西部大开发"战略实施。

2016年1月，工业和信息化部、重庆市人民政府在重庆签订"基于宽带移动互联网的智能汽车与智慧交通应用示范合作框架协议"，将共同推动构建4.5G/5G、智能汽车与智慧交通融合发展的产业生态，研发一批智能汽车与智慧交通关键技术和产品，带动电子信息、宽带移动通信、移动互联网、物联网、汽车制造等相关产业的发展。

2016年，中西部地区基于移动互联网、云计算、大数据、物联网的应用和创新将日益活跃，催生出一系列新业态、新模式。贵州大数据产业规模总量达到2000亿元人民币，"十三五"时期，贵州大数据产业规模总量预期超5000亿元，年均增长20%以上，成为全国大数据的先行者和开拓者。陕西省积极发展云计算与大数据产业，落实"举旗大数据、形成大产业"的战略决策，提出到2017年信息消费规模达到3900亿元、大数据产业产值达到500亿元的目标。西安已开通国家级互联网骨干直联点，奠定了西安作为国家互联网枢纽的地位。

后 记

　　《2015—2016 年中国电子信息产业发展蓝皮书》由赛迪智库电子信息产业研究所编撰完成，力求为中央及各级地方政府、相关企业及研究人员把握产业发展脉络、了解产业前沿趋势提供参考。

　　参加本课题研究、数据调研及文稿撰写的人员有：中国电子信息产业发展研究院的卢山、安晖、王世江、温晓君、江华、耿怡、李艺铭、李晓昕、余雪松、张阳、宋德王、徐永健等。在研究和编写过程中，本书得到了工业和信息化部电子信息司领导，中国光伏产业联盟、中国半导体照明 /LED 产业与应用联盟、中国 OLED 产业联盟等行业组织专家，以及各地方工信部门领导的大力支持和指导。本书的出版还得到了院软科学处的大力支持，在此一并表示诚挚感谢。

　　本书虽经过研究人员和专家的严谨思考和不懈努力，但由于能力和水平所限，疏漏和不足之处在所难免，敬请广大读者和专家批评指正。同时，希望本书的出版，能为读者了解中国电子信息产业提供有益参考。

思想，还是思想
才使我们与众不同

编 辑 部：赛迪工业和信息化研究院

通讯地址：北京市海淀区万寿路27号院8号楼12层

邮政编码：100846

联 系 人：刘颖 董凯

联系电话：010-68200552 13701304215
　　　　　010-68207922 18701325686

传　　真：0086-10-68209616

网　　址：www.ccidwise.com

电子邮件：liuying@ccidthinktank.com

面向政府　服务决策

研究，还是研究
才使我们见微知著

信息化研究中心	工业化研究中心	规划研究所
电子信息产业研究所	工业经济研究所	产业政策研究所
软件产业研究所	工业科技研究所	军民结合研究所
网络空间研究所	装备工业研究所	中小企业研究所
无线电管理研究所	消费品工业研究所	政策法规研究所
互联网研究所	原材料工业研究所	世界工业研究所
集成电路研究所	工业节能与环保研究所	安全产业研究所

编 辑 部：赛迪工业和信息化研究院
通讯地址：北京市海淀区万寿路27号院8号楼12层
邮政编码：100846
联 系 人：刘颖　董凯
联系电话：010-68200552 13701304215
　　　　　010-68207922 18701325686
传　　真：0086-10-68209616
网　　址：www.ccidwise.com
电子邮件：liuying@ccidthinktank.com